Research on the Evolution of
Industrial Cluster
in Science and Technology Parks

科技园区
企业集群演化研究

段存广／著

同济大学出版社
TONGJI UNIVERSITY PRESS
·上海·

内容提要

本书以科技园区企业集群演化为研究对象，以科技园发展中存在的问题为导向，在科技园区研究相关文献分析及成功科技园区比较研究的基础上，引入系统科学的自组织理论，构建了科技园区企业集群演化研究框架；将科技园区企业集群演化的过程划分为自组织创生（形成期）、自组织成长（成长期）、自组织适应（成熟期）与自组织离散（衰退期）四个阶段，从共享性资源、专业化分工、知识溢出、社会资本与创新网络、大学及地方政府作用等方面论述了科技园区企业集群演化的动力机制；结合环同济科技园区企业集群案例进行实证研究，分析了环同济科技园区企业集群的演化过程及动力机制；回应科技园区发展的非集群化问题，在理论研究和案例分析的基础上，提出科技园区企业集群化发展的思路和政策建议。

本书适合高等院校师生、科研人员阅读，对从事科技园区管理、运营工作的人员具有参考、借鉴价值。

图书在版编目(CIP)数据

科技园区企业集群演化研究 / 段存广著. —上海：同济大学出版社，2022.12
 ISBN 978-7-5765-0699-0

Ⅰ.①科… Ⅱ.①段… Ⅲ.①高技术园区－企业集群－研究－中国 Ⅳ.①F279.244

中国国家版本馆 CIP 数据核字(2023)第 018357 号

科技园区企业集群演化研究
段存广 著

责任编辑 翁 晗　　**责任校对** 徐春莲　　**封面设计** 王 翔

出版发行	同济大学出版社　www.tongjipress.com.cn	
	(地址：上海市四平路1239号　邮编：200092　电话：021-65985622)	
经　　销	全国各地新华书店、建筑书店、网络书店	
排　　版	南京文脉图文设计制作有限公司	
印　　刷	上海安枫印务有限公司	
开　　本	710mm×1000mm　1/16	
印　　张	15.75	
字　　数	315 000	
版　　次	2022年12月第1版	
印　　次	2022年12月第1次印刷	
书　　号	ISBN 978-7-5765-0699-0	
定　　价	88.00元	

本书若有印装质量问题，请向本社发行部调换　　版权所有　侵权必究

前　　言

世界各国兴建科技园区的历史最早可以追溯到 20 世纪 50 年代。1951 年,斯坦福大学创建斯坦福研究园区——斯坦福工业园,这是全球最早的位于大学附近的高科技工业园区,也就是后来的"硅谷"(Silicon Valley)。此后,科技园区在世界各个国家或地区蓬勃发展。1963 年,日本开始建设筑波科学城(Scientific Town of Tsukuba);1969 年,法国建立索菲亚科技园(Sophia-antipolis);1970 年,剑桥大学建立剑桥科学公园(Cambridge Science Park);1973 年,韩国开始规划建设大德科技园(Daedeok Valley);1980 年 12 月,我国台湾地区在台北市西南的新竹县设立了第一个高新技术产业区——新竹科学工业园区(Hsinchu Science Park);1990 年,印度批准建立班加罗尔软件园(Software Technology Park of India)。

20 世纪 80 年代中期开始,我国其他省市相继筹办高技术园区。1985 年 7 月,深圳科学工业园的诞生,开创了我国兴办高技术园区的先河,此后,各地掀起科技园区建设热潮。1988 年 5 月,国务院批准设立第一家国家高新区——北京市新技术产业开发试验区(即中关村科技园区前身,1999 年 8 月更名为中关村科技园区),至 2007 年,国务院批准宁波市科技园区升级为国家高新区,国家高新区总数达到 54 个,基本完成国家高新区的总体布局(2021 年,国家高新区总数达 173 家)。20 世纪 80 年代末,我国开始在大学校园内或校园周边创建大学科技园。1990 年,东北大学建立国内第一家大学科技园——东北大学科技园,开启了中国大学科技园的发展历程,此后,大学科技园如雨后春笋般在全国各地兴起。2001 年 5 月,科技部、教育部首批认定清华大学科技园等 22 个大学科技园为国家大学科技园,至 2006 年 11 月,国家大学科技园总数达到 62 家(2021 年 5 月,国家大学科技园总数增加至 140 家)。

我国的科技园区(包括高新区、大学科技园区等)以远高于 GDP 增速的速度增长,成为所在地区经济增长快、具有发展潜力的新经济增长点。但与此同时,科技园区发展问题也日益显现。多数科技园区采取外延式的增长模式。有的科技园区"圈地发展",科技园区变成科技地产;有的科技园区主要通过财税、产业等政策,将企业聚集在特定的物理空间中,而不是依据产业分工、产业间互动发展而构建产业链的原则建立,入驻企业之间的共性和互补性不够,企业之间关联度低;有的科技园区创新能力弱,成长优势不明显,市场竞争力不强。总的来说,经过建设初期的快速成长后,基于非均衡区域发展理论的政府优惠政策在推动科技园区持续发展上缺乏动力,科技园区非集群化问题日益显现。

从世界范围内科技园的发展来看,成功的科技园区几乎都有一个共同的显著特点,即以集群化而发生企业之间的有机联系。美国的硅谷、印度的班加罗尔软件园、中国台湾地区的新竹科学工业园等,都具有明显的企业集群特征。这些地区的大量中小企业彼此间发展了高效的竞争与合作关系,形成实行专业化分工的生产协作网络,具有极强的内生发展动力,依靠不竭的创新能力强化其所处区域的竞争优势。

企业集群是科技园区发展的有效组织形式,科技园区应该成为企业集群或者成为企业集群的载体。但是像硅谷之类科技园区基于企业集群的发展模式的本质特征是什么?科技园区企业集群的形成机理和演化机制如何?作为知识创新源的大学、作为他组织力量的政府在科技园区企业集群的演化过程中起什么作用?只有清晰地回答这些问题,构建起科技园区企业集群演化的理论框架,才能为我国科技园区真正实施基于集群的发展模式、有效地提升竞争力提供理论依据。本书正是以上述问题为导向,在对国内外科技园区和企业集群理论进行述评的基础上,利用系统科学的自组织理论,对科技园区企业集群演化的过程及动力机制进行深入分析和探讨;结合环同济科技园区企业集群案例进行实证分析,在理论和案例分析的基础上,对科技园区存在的问题进行回应,提出科技园区企业集群化发展的思路和政策建议。

本书在以下几个方面做了探索性工作。

第一,本书引入系统科学的自组织理论,对自组织理论的条件、动力、演化过程以及自组织与他组织等进行了深入分析。本书认为:科技园区作为一个复杂的开放系统,符合系统自组织特征,并构建起科技园区企业集群系统。对科技园区企业集群的自组织动力条件进行分析,认为科技园区企业集群具有自组织与他组织契合的特征,自组织与他组织两种驱动力共同推动科技园区企业集群的发展。结合企业集群生命周期理论,根据企业集群自组织理论,将科技园区企业集群演化的过程划分为自组织创生(形成期)、自组织成长(成长期)、自组织适应(成熟期)及自组织离散(衰退期)四个阶段。通过四个演化阶段集群状态变量的发展趋势和集群熵的变化趋势,分析了科技园区企业集群的演化过程,并对四个阶段的特征进行总结。

第二,本书从共享性资源、专业化分工、知识溢出、社会资本与创新网络、大学及地方政府作用等方面论述了科技园区企业集群演化的动力机制。动力机制问题是科技园区企业集群演化的核心问题。科技园区企业集群系统的形成是由多种因素驱动的。本书认为:资源特别是共享性资源是科技园区企业集群形成的基础;专业化分工是科技园区企业集群形成的起点,作为一个具有正反馈、不断演进的动态系统,科技园区企业集群具有自我增强、自我繁殖的组织特点;知识作为一种异质性资源,已超越传统资源成为科技园区企业集群化成长的关键因素,科技园区企业集群内集中了大学、研究机构、集群代理机构等知识生产或促进机构,知识溢出的意义更加明显。本书论述了科技园区企业集群内知识溢出、吸收能力及集群学习等对于科技园区企业集群形成与演化的影响,以及大学作为集群内知识溢出源的特殊作用;社会资本对于科技园区企业集群的形成与演化具有重要作用,社会资本可以增加信任、促进合作、降低交易成本,推动集群学习,但应防止出现嵌入性依赖、网络失衡而导致的集群衰落;还对国内外科技园区的模式进行了比较分析。

第三,本书对环同济科技园区企业集群进行实证案例分析。本书深入分析了促进环同济科技园区企业集群演化的动力机制,包括环同济共享性资源、专业化分工、社会网络与社会资本,以及同济大学、地方政府(杨浦区政府)他组织动力等。环同济科技园区从20世纪80年代初起步,在市场机制下,同济大学校园周边地区形成产业群聚效应,自发形成了企业集群的萌芽,即自组织创生(形成期);发展到一定阶段后,集群企业强烈的配套制度改革需求,促使地方政府(杨浦区政府)他组织力量适时介入,联手大学(同济大学等)设立"科技园区",通过政策、制度、公共产品供给等外部动力,改善环境、创造条件,推动环同济科技园区企业集群演化和成长,即自组织成长(成长期);环同济科技园区在多种动力相互作用下,形成自组织发展和高度有序的企业集群系统,进入自组织适应(成熟期),逐步形成2.6平方公里范围内,聚集3 600余家企业,年产值500多亿元的知识型服务业集群,创造了"政府、大学、产业"紧密合作,自组织和他组织力量共同推动、集群化发展的"环同济模式"。本书认为：环同济科技园区符合企业集群演化的一般周期规律,集群进入自组织适应(成熟期)后,有进入自组织离散(衰退期)或者出现逆转的风险,这是值得警惕的。实际上,受外部市场环境及空间载体限制等影响,该集群的确正面临着自组织离散(衰退期)的风险。这个阶段,地方政府等他组织力量亟须转变角色,从企业集群的扶持者转为企业集群的改造者,积极推动企业集群的转型升级,在考虑原有优势的情况下主动实施企业集群再造,尽快使企业集群避免进入自组织离散(衰退期),而是直接突变到下一个企业集群演化周期中,实现企业集群的升级或跃升。

第四,本书提出了科技园区企业集群化发展的思路及政策建议。科技园区与企业集群在理论根源虽不相同,但世界上成功的科技园区背后的共同特征是专业化中小企业集群的存在。针对我国科技园区发展中的非集群化问题,经过对科技园区企业集群演化过程和动力机制的深入分析,以及对世界著名科技园区发展模式的比较研究,本书提出了科技园区企业集群演化发展的思路及政策建议。

第五,本书回顾总结了科技园区的新发展,并对科技园区的下一步发展和相关研究进行展望。2007年以来,我国科技园区又经历了十几年蓬勃发展,数量和质量等都发生了巨大变化,特别是科技园区集群化发展逐步成为各方的共识。在各级政府的推动下,科技园区集群化发展取得显著成效。以国家高新区为例,经过三十多年建设发展,国家高新区成功走出一条具有中国特色的高新技术产业发展道路,成为凝聚国家竞争优势的重要载体。近年来,随着高新区产业结构、产业布局以及技术创新能力的不断增强,在高新区规模与经济体量不断扩大的过程中,开始呈现出产业集群化的发展态势,涌现出一批世界级新兴产业集群,从源头创新到产业落地,加快培育创新型产业集群成为关键发力点。目前,科技部已在全国布局了109个创新型产业集群,包括48家创新型产业集群试点(培育)建设单位和61家创新型产业集群试点单位。其中,95家集群单位布局在国家高新区内,占总数的87%。科技部火炬中心提出要在现有创新型产业集群试点和培育基础上,充分发挥国家高新区的产业集聚作用,以"一区一主导产业"为布局原则,重点建设100个国家级创新型产业集群,形成若干万亿级产业规模和一批千亿级产业规模,掌握关键核心技术、产业技术体系完备、大中小企业融通发展、处于国际国内领先地位的创新型产业集群。与此同时,国家大学科技园也依托高校学科优势,整合产业链资源,服务创业企业和产业集群,各地政府积极发挥作用,推进大学科技园高质量发展。

本书是在笔者博士学位论文的基础上修改而成的。论文几经修改,于2008年年底定稿,本书内容引用的数据基本截至2007年年底,因此,本书最后一章补充了2007年以来环同济科技园区企业集群的最新发展情况,一定程度上弥补了数据较早的缺憾。2007年6月,同济大学与杨浦区签订合作协议,正式启动"环同济知识经济圈"建设(以下简称"环同济"),并联合发布《环同济知识经济圈总体规划纲要》,环同济的总产出从2007年的79.8亿元到2015年的300亿元(完成规划纲要提出的实现产值300亿元的目标),再到2020年的495亿元(实现"十三五"末接近500亿元的发展目标)。至2021年,环同济总产出563.75亿元,同比增长13.9%。环同济为科技园区集群化发展提供了一个极具价值的案例。通过对环同济的跟踪研究发现,环同济科技园区2007年以来十几年的发展过程,正是环同济科技园区企业集群不断演化的过程。

进入"十四五"时期,受外部市场环境及空间载体限制等影响,环同济科技园区企业集群也面临着自组织离散(衰退期)的风险。地方政府(杨浦区政府)已经认识到这些问题,并且开始从集群的扶持者向集群的改造者转变,积极推动环同济转型。杨浦区政府和同济大学于2021年9月30日签署新一轮全面战略合作协议,区校双方立足"十四五"新一轮重大发展机遇,进一步深化"三区联动、三城融合",开启全方位、宽领域、多层次的区校战略合作。杨浦区政府规划了环同济在"十四五"发展中力争2025年实现总产出1 000亿元的战略目标。从500亿元迈向1 000亿元,从1.0版到2.0版,环同济科技园区企业集群能否避免陷入自组织离散(衰退期)?或者直接从自组织离散(衰退期)突变到下一个企业集群演化周期中去,实现产业升级或跃升?期待环同济科技园区企业集群顺利实现企业集群的升级或跃升。

当前,新一轮科技革命和产业变革正加速重构全球经济结构,我国经济转向高质量发展阶段,经济科技的发展动力、发展方向和发展模式都发生了深刻变化。党的十九大报告提出"促进我国产业迈向全球价值链中高端,培育若干世界级先进制造业集群"的要求,将产业集群建设作为抢占全球产业发展制高点的重要手段;党的二十大报告明确提出"高质量发展是全面建设社会主义现代化国家的首要任务""深入实施创新驱动发展战略,开辟发展新领域新赛道,不断塑造发展新动能新优势""推动战略性新兴产业融合集群发展,构建新一代信息技术、人工智能、生物技术、新能源、新材料、高端装备、绿色环保等一批新的增长引擎"。面向"十四五",科技园区应着眼于世界级产业集群,成为"创新驱动发展示范区"和"高质量发展先行区"。

科技园区发展是一项复杂而重要的问题,相对于企业集群理论的研究,科技园区企业集群的形成和发展动力机制研究在国内还不够深入,本书在已有的研究基础上做出的是尝试性的和非常浅显的工作,受作者学识等多方面条件的限制,还存在诸多不足,期待学界和业界同仁不吝指教。

段存广

2022 年 10 月于同济大学

目　　录

前言

第1章　导论 ·· 1
　1.1　研究背景与问题的提出 ·· 1
　　1.1.1　研究背景 ··· 1
　　1.1.2　理论意义与实际应用价值 ··· 8
　1.2　基本概念的界定 ·· 9
　　1.2.1　科技园区的概念界定 ··· 9
　　1.2.2　企业集群相关概念 ··· 9
　1.3　结构与研究内容 ··· 12
　　1.3.1　结构安排 ·· 12
　　1.3.2　主要研究内容 ··· 13
　1.4　研究方法与本书创新 ·· 14
　　1.4.1　研究方法 ·· 14
　　1.4.2　本书创新 ·· 15
　1.5　小结 ··· 15

第2章　文献综述与基本分析框架 ·· 16
　2.1　科技园区发展及研究综述 ··· 16
　　2.1.1　科技园区的相关基础理论 ··· 16
　　2.1.2　科技园区的相关研究述评 ··· 24
　2.2　企业集群的相关研究述评 ··· 34
　　2.2.1　企业集群理论研究发展概述 ······································ 34
　　2.2.2　企业集群的相关研究 ··· 36
　2.3　科技园区企业集群演化分析 ·· 51
　　2.3.1　科技园区与企业集群：一种关系分析 ························· 51
　　2.3.2　科技园区企业集群演化框架 ······································ 52
　2.4　小结 ··· 52

第3章 科技园区企业集群演化的过程分析 ················ 54
3.1 科技园区企业集群演化的分析基础 ················ 54
3.1.1 自组织理论及其演进 ················ 54
3.1.2 自组织产生的条件 ················ 56
3.1.3 自组织演进的动力 ················ 58
3.1.4 系统自组织的演化过程 ················ 60
3.1.5 自组织与他组织 ················ 61
3.2 科技园区企业集群系统的自组织分析 ················ 63
3.2.1 科技园区企业集群的系统性 ················ 63
3.2.2 科技园区企业集群系统的构建 ················ 65
3.2.3 科技园区企业集群系统的自组织特征 ················ 67
3.2.4 科技园区企业集群系统的自组织与他组织契合特征 ················ 69
3.3 科技园区企业集群演化过程分析 ················ 71
3.3.1 科技园区企业集群演化阶段界定 ················ 71
3.3.2 基于自组织的科技园区企业集群演化过程分析 ················ 76
3.4 小结 ················ 83

第4章 科技园区企业集群演化的动力机制 ················ 84
4.1 科技园区企业集群形成中的共享资源 ················ 84
4.1.1 自然禀赋的作用与限制 ················ 84
4.1.2 资源、企业资源与企业集群 ················ 85
4.1.3 集群企业的共享性资源 ················ 88
4.1.4 基于资源观的科技园区企业集群形成机理 ················ 89
4.2 专业化分工与科技园区企业集群的形成、演进 ················ 92
4.2.1 专业化分工的概念界定 ················ 92
4.2.2 专业化分工与企业集群的创生 ················ 93
4.2.3 专业化分工与企业集群的自我增强机制 ················ 96
4.3 知识溢出与科技园区企业集群 ················ 98
4.3.1 科技园区与知识溢出的空间局限 ················ 98
4.3.2 知识溢出、吸收能力与集群企业学习 ················ 103
4.3.3 科技园区企业集群知识溢出的传导机制 ················ 121
4.3.4 大学知识溢出与企业集群 ················ 127
4.4 社会资本、创新网络与科技园区企业集群 ················ 135
4.4.1 社会资本的内涵、维度及类型 ················ 135

  4.4.2 社会网络、嵌入性问题及其关系分析 ………………………… 139
  4.4.3 社会资本对集群形成与发展的影响 …………………………… 141
  4.4.4 科技园区企业集群创新网络分析 ……………………………… 148
 4.5 **科技园区企业集群模式与政府他组织动力分析** ………………… 150
  4.5.1 世界著名科技园区发展模式比较 ……………………………… 150
  4.5.2 科技园区集群化发展的组织动力 ……………………………… 155
  4.5.3 科技园区企业集群中的政府行为定位 ………………………… 156
 4.6 **小结** …………………………………………………………………… 157

第5章 环同济科技园区企业集群演化的实证分析 ……………………… 159
 5.1 **环同济科技园区企业集群概述** …………………………………… 159
  5.1.1 环同济知识经济圈简介 ………………………………………… 159
  5.1.2 环同济科技园区企业集群的范围界定 ………………………… 160
  5.1.3 环同济科技园区企业集群的现状与特征 ……………………… 161
  5.1.4 环同济科技园区企业集群的演化过程分析 …………………… 166
 5.2 **环同济科技园区企业集群演化的动力机制分析** ………………… 176
  5.2.1 环同济科技园区企业集群的资源基础 ………………………… 176
  5.2.2 环同济科技园区企业集群的专业化分工 ……………………… 179
  5.2.3 环同济科技园区企业集群的知识溢出 ………………………… 180
  5.2.4 环同济科技园区企业集群的社会资本及创新网络 …………… 184
  5.2.5 环同济科技园区企业集群的大学作用 ………………………… 188
  5.2.6 杨浦区政府的他组织动力推动作用 …………………………… 192
 5.3 **杨浦环同济知识经济圈发展规划** ………………………………… 200
 5.4 **环同济科技园区企业集群的价值分析** …………………………… 202
 5.5 **小结** …………………………………………………………………… 205

第6章 科技园区企业集群演化的发展思路与政策建议 ………………… 206
 6.1 **科技园区企业集群演化的发展思路** ……………………………… 206
 6.2 **科技园区企业集群演化的政策建议** ……………………………… 208
 6.3 **小结** …………………………………………………………………… 217

第7章 回顾与展望 …………………………………………………………… 218
 7.1 **回顾总结** …………………………………………………………… 218
  7.1.1 国家高新区的新发展 …………………………………………… 218

7.1.2 大学科技园的新发展 …………………………………… 220
7.1.3 环同济科技园区企业集群的新发展 …………………… 222
7.2 未来展望 ………………………………………………………… 224
7.3 研究不足及进一步研究建议 …………………………………… 226

参考文献 ………………………………………………………………… 228

后记 ……………………………………………………………………… 238

第1章 导　　论

1.1 研究背景与问题的提出

1.1.1 研究背景

高新技术及其产业的发展成为推动世界经济发展的主导力量,对整个世界经济、政治格局的变动产生了巨大而深远的影响。世界各国逐渐认识到,任何一个国家要想在竞争异常激烈的国际环境中居于主动,关键就在于取得高新技术及其产业的优势。因此,从20世纪四五十年代开始,许多国家特别是发达国家,从国家的长远战略利益出发,把发展高新技术及其产业作为提升经济上的竞争力、政治上的影响力、军事上的威慑力、社会发展的推动力以及提升国际地位的主要手段,把发展高新技术及其产业纳入国家整体发展战略,重构国家创新系统、创新制度环境,在全球范围内集成创新资源,抢占世界高新技术及其产业发展的制高点。

技术创新和科技成果产业化是高新技术产业发展的两大关键因素,而科技园区则能同时满足二者要求的制度安排。它通过产学研结合和区域创新网络大大促进了技术创新,又因为聚集发展使企业获得最大规模的外部效应,降低了科技成果转化的成本。因此,科技园区逐步成为世界许多国家和地区尤其是发达国家实施本国高技术产业发展战略的主要路径和战略重点,成为科学技术这一生产力在地理空间存在的主要载体。

斯坦福大学于1951年创办的斯坦福研究园(Stanford Research Park)拉开了建设科技园区的序幕。1952年,康奈尔大学在纽约建立康奈尔商业科技园(Cornell Business and Technology Park),之后,俄罗斯、丹麦、澳大利亚、德国以及中国台湾地区等相继建立科技园区。① 纵观世界科技园区发展的历程,大致分为四个阶段。

——起步阶段(1951年至20世纪60年代):从20世纪50年代初斯坦福大

---

① Albert N Link. University-related research parks[J]. Issues in science and technology, 2003, 20: 79.

学创建世界第一个科技园区开始,科技园呈星火之势,在美国各大学所在地和法国的一些地区相继建立。

——发展阶段(20世纪60年代初至70年代初):随着世界第三次科学技术革命的到来,科技园区在全球范围内发展起来。1957年,阿根廷兴建了格莱特科技公园;1959年,苏联开始兴建西伯利亚科学城,并在莫斯科南郊兴建普希诺生物研究中心;1963年,日本开始建设筑波科学城;美洲、欧洲的很多国家也开始兴建科技园区。

——低潮阶段(20世纪70年代):由于石油危机的影响,西方国家经济发展停滞不前,并出现了各种社会问题,科技园区的发展受到很大制约和影响。

——高潮阶段(20世纪80年代至今):随着世界性经济发展的回升和国际竞争的加剧,高新技术产业和科技园区的发展也掀起新的高潮。发达国家加快了科技园区建设的步伐,发展中国家也纷纷兴建科技园区。据不完全统计,到2000年,全球90多个国家和地区共创办具有一定规模的科技园区400多个,其中美国133个,法国53个,英国44个,德国20多个,加拿大18个,澳大利亚18个,意大利11个。[①] 科技园区不仅数目激增、经济总量迅速扩张,而且创新绩效与能力也日益增强,成为所在国家与地区的发展动力源。

从20世纪80年代中期开始,我国许多省市相继筹办高技术园区。1985年7月,深圳科学工业园的诞生,开创了我国兴办高技术园区的先河;1988年5月,在"中关村电子一条街"的基础上,国务院批准建立第一个国家级高技术园区——北京市新技术产业开发试验区;1991年3月6日,国务院发出《关于批准国家高新技术产业开发区和有关政策规定的通知》,决定继1988年批准北京市建立新技术产业开发试验区之后,在各地已建立的高新技术产业开发区中,再选定武汉东湖新技术开发区等26个开发区作为国家高新技术产业开发区(以下简称"国家高新区");1992年11月,国务院在已经批准建立的27个国家高新区的基础上,又在苏州等25个城市建立国家高新区,国家高新区达到52个;1994年,国务院批准建立苏州工业园区,国家高新区总数达到53个;2007年1月,经国务院批准,宁波市科技园区升级为国家高新区。至此,国家高新区总数达到54个,基本完成国家高新区的总体布局。

此外,我国地方政府还设立了为数众多的地方性高新技术园区,这些科技园区得到超常规的发展。据统计,至2005年,53个国家高新区的国内生产总值(GDP)达到9 130.7亿元,占全国国内生产总值(182 321亿元)的比重达5.0%。另据对2005年高新区41 990家企业的统计,年末从业人员521.2万人,实现营业

---

① 周伟林.高科技园区比较研究[R].2000年上海市科学技术发展基金软科学项目:006921029.

总收入34 415.6亿元、工业总产值28 957.6亿元、工业销售产值27 872.4亿元、工业增加值6 820.6亿元、净利润1 603.2亿元、上缴税额1 615.8亿元、出口创汇1 116.5亿美元。①

从20世纪80年代末开始,我国许多大学在充分借鉴国外大学创办科技园的成功经验和自身进行科技产业实践的基础上,逐渐在校园内或校园周边创建大学科技园。东北大学于1990年建立国内第一家大学科技园——东北大学科技园,开启了中国大学科技园的发展历程。此后,北京大学、清华大学等高校纷纷建立大学科技园,至1998年年底,全国陆续建设大学科技园33个。1999年9月,科技部、教育部成立了全国大学科技园工作指导委员会,决定开展国家大学科技园建设试点工作,从国家层面联合推动大学科技园工作,大学科技园建设进入了一个新的发展阶段。2001年,科技部、教育部决定首批认定清华大学科技园等22个大学科技园为国家大学科技园,至2006年11月,经科技部、教育部认定的国家大学科技园已达62个。据统计,至2005年,入驻国家大学科技园的企业总数达到6 075家,2005年企业总收入271.9亿元,工业总产值201.1亿元,实现净利润30.1亿元,上缴税额17.8亿元,实现出口创汇1.8亿美元。大学科技园作为大学功能的重要延伸正蓬勃兴起,成为我国发展高新技术产业和建设高水平大学的新亮点以及各类创新要素与资源汇集、融合的新焦点。

无论是国家高新区,还是国家大学科技园,其产值都以远高于GDP增速的速度增长,成为所在地区经济增长快、创新能力强、具有发展潜力的新经济增长点。然而,在科技园区高速发展、作用日益彰显的背景下,科技园区发展问题也日益显现。主要表现为以下几个方面。

(1) 运作实践与指导思想的冲突。科技园区发端于西方发达国家,关于设立科技园区的目的,一项源于日本官方的调查做出了回答。表1.1显示,西方发达国家如英国和德国,其建设科技园区的主要目的是创立高科技企业,其次是扶植中小企业的成长;而日本扶植中小企业的目的性更强(51.4%),其次是吸引高技术企业。这显然是一种内源型的增长模式。我国政府建设科技园区的基本思想是:主要依靠我国的科技实力和工业基础,同时借用可能的国外资源来推动科技产业化进程,建设完整的高新技术产业体系;发展方针则是"以自主研究开发创新为主,以引进吸收创新为辅"。这也是一种内源式发展思想。

---

① 科技部火炬中心网站:http://www.chinatorch.gov.cn/plan/200610/147.html.

表 1.1　英、德、日科技园区设立目的比较

国家	扶持中小企业	地区重建	创造就业	创立高科技企业	吸引高技术企业	其他
英国	51.2%	14.6%	9.8%	61%	22%	9.8%
德国	54.9%	12.7%	19.6%	82.4%	9.8%	6.9%
日本	51.4%	18.6%	28.6%	28.6%	47.1%	20%

注：由于目的有两个以上，故横向加总之和不为100%。

资料来源：王永生(1999)[①]

但我国科技园区建设的实际情况是，多数科技园区采取了外延式的增长模式。在硬件设施相当完善的情况下，多数科技园区仍然盲目圈地进行土地开发，并通过土地等优惠政策来吸引企业入驻；同时，依靠提供税收优惠政策来吸引企业特别是外资较成熟的产业或世界知名企业入驻，片面地追求产值。这种方式虽然形成了企业的空间集聚，但弱化了企业作为企业聚集的主体作用，没能实现自下而上的凝聚力。这种企业空间集聚不是以内在机制和产业关联为基础的，因而缺乏根植性，造成企业间"形聚而神散"的现象。随着改革开放的深入，地区间政策上的差距日益缩小，地理空间上的聚集表现出很大的脆弱性，区内企业随时可能向区位条件更好、政策更优惠的科技园区流动。这种流动最终导致各科技园区产业结构乃至形态上的趋同，以及各科技园区之间在低水平上的恶性竞争。同时，科技园区建设的实践者在指导思路上进入误区，对科技园区建设的初衷以及其形成机制缺乏理解和认识，造成科技园区的发展逻辑与功能冲突。

(2) 区内企业的技术创新能力弱于区外企业。科学研究与试验发展(R&D)是整个科技活动的核心，科技园区持续创新能力是以R&D投入为基础的。企业的R&D投入是反映其创新特质的主要方面，科技园区中不同类型企业的R&D投入差异反映了它们持续创新能力的差异。科技园区区内、外企业的R&D投入比较见表1.2。可以看出，区外企业科技经费投入和R&D投入的增长率均高于区内企业；且区内所占份额连续两年呈下降趋势，这表明区外企业更重视R&D活动，而进入科技园区的很多企业不以科技创新为主要目的，这与科技园区的功能和性质不相称，与国家赋予的多种多类优惠政策形成反差。实际上，从企业的类型来看，外商和港澳台企业的R&D投入相对较低，这与我们平常对跨国(跨境)企业研发的高期待并不一致。同时也表明，期待外资带来高新技术并不现实。研究表明，外资企业与国内企业主要是一种替代关系，而不是有重大技术层次差异的互补关系。[②]

---

① 王永生. 技术进步及其组织：日本的经验与中国的实践[M]. 北京：中国发展出版社，1999.
② 左大培. 外向型经济刍议[J]. 经济学动态，2002(7)：79-83.

第1章 导　论

表1.2　区内、外企业科技经费投入情况比较（2004—2005年）

名称	科技经费投入（单位：亿元）			R&D经费投入（单位：亿元）		
	2004	2005	增长率	2004	2005	增长率
合计	2 023.4	2 873.8	42.00%	917.1	1 191	29.90%
区内	916.3	1 190.2	29.90%	559.3	716.6	28.10%
区外	1 107.1	1 683.6	52.10%	357.8	474.4	32.60%
区内所占份额	45.30%	41.40%	—	61%	60.20%	—

资料来源：根据科技部网站相关资料整理[①]

（3）成长优势不明显。从总体水平上看，科技园区内企业同区外的科技企业一样都得到不同程度的成长。表1.3为2000—2007年区内、外科技企业的成长指标比较。从表中可以看到，科技园区区内、外企业具有相对一致的成长速度，科技园区的优势并不明显。尽管园区内企业的数量超过区外企业，但总收入、总产值、利润、企业平均收入等指标均低于区外企业，园区企业的数量相对较多但其成长速度却不及区外，园区总体成长主要是数量型扩张，区内企业成长能力并没有因为位于区内而显著提高。

（4）市场竞争力不强。科技园区的企业市场竞争可以从两个方面来考察：一是其企业的经济绩效变动；二是园区的产业技术进步能力。竞争力用利税/总收入来衡量，技术进步能力由产业技术进步的智能密集度（智能密集度＝研发人员/从业人员）来标定。[②] 依据国家高新技术开发区相关统计数据，经计算形成图1.1。

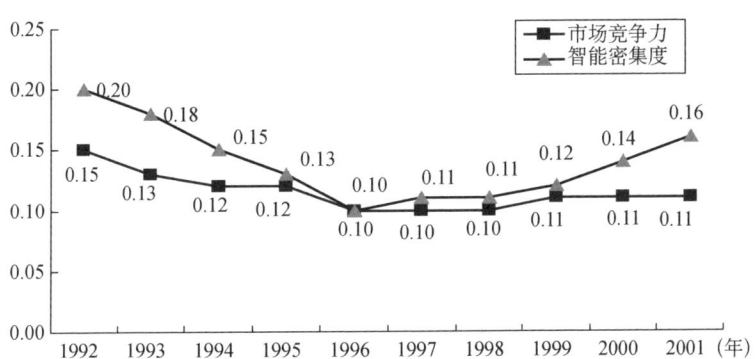

图1.1　国家科技园区的企业竞争力演变图（1992—2001年）

资料来源：周晖（2003），并经作者整理

---

① 科技部网站：https://www.safea.gov.cn/xxgk/xinxifenlei/fdzdgknr/kjtjbg/kjtj2006/201902/t20190226_145260.html.
② 周晖.我国高科技园区发展分析[J].证券市场导报，2003(9)：72-75.

表1.3 高科技企业成长指标区内外比较

	园区内/外	2000年	年增长率	2001年	年增长率	2002年	年增长率	2003年	年增长率	2004年	年增长率	2005年	年增长率	2006年	年增长率	2007年	年增长率
企业数（个）	区内	20 796	19%	24 293	17%	28 338	17%	32 857	16%	38 565	17%	41 990	9%	45 828	9%	48 472	6%
	区外	5 938	30%	7 646	29%	9 151	20%	11 154	22%	13 666	23%	15 956	17%	18 763	18%	23 700	26%
总收入（亿元）	区内	9 209	36%	11 928	30%	15 326	28%	20 939	37%	27 446	31%	34 416	25%	43 320	26%	54 925	27%
	区外	8 052	45%	10 085	25%	13 152	30%	18 753	43%	26 515	41%	34 039	28%	44 641	31%	64 790	45%
工业总产值（亿元）	区内	7 942	34%	10 117	27%	12 937	28%	17 257	33%	22 639	31%	28 958	28%	35 899	24%	44 377	24%
	区外	8 109	41%	10 258	27%	13 231	29%	19 101	44%	26 702	27%	34 019	27%	45 320	33%	63 451	40%
实现利润（亿元）	区内	597	50%	645	8%	801	24%	1 129	41%	1 423	26%	1 603	13%	2 129	33%	3 159	48%
	区外	599	55%	719	20%	830	16%	1 228	48%	1 744	42%	2 098	20%	2 692	28%	4 160	54%
人均总收入（万元）	区内	37	20%	41	2%	44	8%	53	20%	61	16%	66	8%	76	14%	84	12%
	区外	32	17%	34	2%	38	11%	47	22%	49	4%	52	6%	57	10%	65	15%
企业平均收入（万元）	区内	4 428	14%	4 910	11%	5 408	10%	6 373	18%	7 117	12%	8 196	15%	9 453	15%	11 331	20%
	区外	13 560	12%	13 190	−3%	14 372	9%	16 813	17%	19 402	15%	21 333	10%	23 792	12%	27 337	15%
年末从业人员（万人）	区内	251	14%	294	17%	349	18%	395	13%	448	13%	521	16%	574	10%	650	13%
	区外	254	25%	293	15%	345	18%	402	16%	544	36%	660	21%	787	19%	997	27%

资料来源：根据历年《中国火炬统计年鉴》整理得出

从图 1.1 来看,企业的市场竞争力呈现下降的情形,利税与总收入的比值自 1992 年的 0.15 逐年下降到 1998 年的 0.10 才稳定,1992—2001 年仍然稳定在 0.11 这个相对较低的水平。而反映园区企业技术进步能力的智能密集度指标,从 20 世纪 90 年代初开始下降,到 1997 开始稳定,逐步回升,但仍处于较低的水平。这两项指标的演变反映出科技园区的企业市场竞争力还处于较低的水平,科技园区尽管获得了较大的发展,但总体上看,量的扩张多,质的变化较少。园区企业集群机制的缺失导致了我国大部分科技园区内企业资源配置效率不高和竞争力不强,企业邻近所应有的集聚效应、创新效应远没有形成和发挥,企业的市场竞争力有待提高。

(5) 科技园区的"非集群化"现象。首先,科技园区内企业分工协作的程度反映了企业集群化的程度,而企业间的分工协作与企业自衍生机制的形成密切相关。以美国硅谷为例,硅谷大约 70 家半导体公司中的半数,是仙童半导体公司(Fairchild Semiconductor)的直接或间接"后裔"。以至于 1969 年在森尼韦尔举行的一次半导体工程师大会上,400 位与会者中未曾在仙童工作过的还不到 24 位。相比之下,首先,我国的大多数科技园区缺少分工、协作与企业衍生机制。园区内的企业绝大多数是外部植入的,而不是内部自衍生而成,企业之间分工与协作的机会少;园区内企业以技术引进为主,产业结构雷同,经营相对分散,集聚效果不明显;忽略了企业间内在的关联,引进的企业和本地企业也缺乏关联,企业间尚未形成知识转移与扩散的良性机制;基于纵向价值链的业务联系和横向合作关系较弱。其次,园区内企业弱关系的网络结构,使企业的信任关系较低,尤其是产学研机制不完善,知识溢出源(大学、研究机构)与知识受体(企业)间缺乏关于对方科研成果的适用性和技术配套功能的相互信任关系。即使是大学与研究机构密集的中关村科技园区,也未形成产学研密切合作的协同创新机制。再次,我国科技园区内缺少促进园区内企业集群成长的文化,缺乏鼓励冒险的企业家精神和重视合作与非正式交流的社团文化,园区内企业的文化凝聚力较弱,企业的文化归属感较低。最后,我国大多数科技园区没有风险投资机构进入,缺乏有效的风险投资机制。

从全球范围内的科技园区发展历程来看,成功的科技园区几乎都有一个显著特点,即以集群化而发生企业之间的有机联系。以我国台湾地区的新竹工业园区为例,建园之初的定位就是发展 IT 产业,紧跟世界发展潮流,并不断地升级演变,产业集中度越来越高,1994 年的产业集中度已达到 90%。如前文所述,我国大陆地区多数科技园区仍然是政府他组织动力推动的、外延式的发展模式,科技园区主要通过财税、产业等政策,将企业聚集在特定的物理空间中,而不是依据产业分工、产业间互动发展而构建产业链的原则建立,入驻企业之间的共性和互补性不够,企业之间联系不强,创新能力弱,技术开发水平低,整体产品档次偏低。这种产业的空间聚集只是企业的盲目堆砌,企业间"形聚神散",只是"成堆"而没有"成群",不是集群化发展。我国高新区产业集中度低,与成功的科技园区存在着较大的差异。

1.1.2 理论意义与实际应用价值

随着科技园区在全球范围的建设实践,国内外学者开始研究科技园区发展的理论支撑,为科技园区的建设与发展提供理论阐释。国外的相关理论如法国经济学家弗朗索斯·佩鲁(Francois Perroux)的增长极理论、美国经济学家雷蒙德·弗农(Raymond Vernon)的产品周期理论、苗床理论、区域要素结构理论以及社会经济网络理论等;国内的相关理论如宏观区位论、触发机制论、体制论等。

上述理论多是各种有关区域发展的理论,认为科技园区的建设源于发展经济学和区域经济学中各种非均衡区域发展理论。这些理论在建立和发展科技园区的过程中起到重要作用。但也应看到,这些理论多从区域非均衡经济增长模型出发对其进行分析,或从主流经济学的企业集聚的外部性,包括区域外部技术效应以及企业集群与市场的关系对园区的影响来分析园区发展态势、潜力,以得出相关政策结论。目前的研究很少从科技园区的微观层面进行分析,鲜有涉及园区内企业的自身性质和相互作用机理,忽视了高新技术企业与传统产业中企业的差别,忽视了创新的内涵、园区内高科技企业特殊的需求,忽视了对科技园区至关重要的知识产生、扩散、利用机制,导致分析研究结果常与实际情形相距甚远,所给出的政策建议也未能有效推动科技园区企业集群化的发展。

企业集群理论为研究科技园区发展提供了一个独特的视角。科技园区以其独特的优势为发展企业集群创造了条件,但从科技园区本身的特性和现实状况来看,它并不必然产生企业集群效应。科技园区和企业集群形式上看很相似,但在理论渊源和发展历史上都是不同的,前者主要是外力驱动,而后者是内力驱动。对科技园区来说,企业集群化是一种系统性的发展理念,二者的不同并不意味着集群只能事后被发现,因此,关于科技园区企业集群演化的研究具有一定的实践意义。

鉴于上述分析,本书以问题为导向,厘清科技园区建设与发展的各种理论,用集群理论来重新诠释科技园区的发展机制,研究科技园区企业集群演化的模式、集群演化的动力机制,并对科技园区建设实践提供新的发展思路和可行的政策建议。

1.2 基本概念的界定

1.2.1 科技园区的概念界定

科技园区是一个含义宽泛的区域描述,由于分析问题的角度不同,科技园区的内涵与界定也不尽相同。比较常见的称谓有:技术园(Technology Park)、技术城(Technopolis)、技术极(Technopole)、技术区(Technology Precinct)、研究园(Research Park)等。

本书采用国际科技园协会(International Association of Science Parks, IASP)的定义,即,科技园是这样一种组织:它由专业人士管理,主要目标是营造创新文化和环境,提高知识型企业和相关机构的竞争力,为所在区域创造财富。[①] 为实现这一目标,科技园主要从事以下工作:①激励和管理大学、研发机构、企业和市场之间的知识流动;②通过孵化、辅导等方式协助创新型企业的创建和成长;③提供高质量的空间和设施,以及其他增值服务。当然,为了考虑定义的全球化和各地的差异,该定义相对宽泛。结合科技园区发展的指向和全球化特征,本书所指的科技园区包括我国国家级高新技术开发区、国家大学科技园以及其他省市级科技园区、其他大学科技园等。

1.2.2 企业集群相关概念

1. 企业集群

一般认为,美国学者迈克尔·波特(2002)在其《国家竞争优势》一书中第一次正式提出产业集群(Industrial Cluster)的概念。波特的集群概念以不同的名称在不同的学者和机构处都得到回应。但不同的研究文献对集群又有不同的定义,如产业集群(Industrial Cluster)、企业集群(Enterprise Cluster)、集群或簇群(Cluster)、产业综合体(Industrial Complex)、产业区(Industrial districts)、新产业区(New Industrial District)、产业集聚(Industrial Agglomeration)、地方生产系统(Local Production Systems)、区域创新系统(Regional Innovative System)等。

迈克尔·波特(Michael Porter,1998)认为,集群包括一系列对竞争起重要作用的、相互联系的产业和其他实体,如零部件、机器设备和服务的供应

---

① 国际科技园及创新区域协会网站:https://www.iasp.ws/about-us/about-iasp。

商,专用性基础设施的供应商等。集群也往往向下游拓展到销售渠道和客户,横向扩展到互补产品的制造商和在技术、技能上相关或有着共同投入品的企业。

王缉慈(2001)认为,产业集群是一组在地理上接近的相互联系的企业和关联的机构,它们同处在一个特定的产业领域中,由于具有共性和互补性而联系在一起。产业集群越来越被认为是一种网络组织(Powell,1996)[①],与其他网络相比,学者们认为产业集群具有地理接近性和关系接近性的特征。地理接近性是指集群内企业和机构在地理位置上的集中,表明集群具有一定的地理范围限制;而关系接近性则表明集群内企业、相关机构等行为主体之间的相互联系、互相影响的特征。

仇保兴(1999)认为,企业集群指的是由众多自主独立又相互关联的小企业依据专业化分工和协作的关系并在某一地理空间高度聚集而建立起来的产业组织,这种组织的结构介于纯市场和纯科层组织之间。芮明杰(1999)[②]认为,中小企业集群是指通过信息共享和人员的相互作用形成的中小企业之间的结合,是一种新生的企业和产业组织制度。

对于集群概念,学术界使用最频繁的当属"产业集群"与"企业集群",对产业集群与企业集群概念关系持不同见解。李亦亮(2007)[③]曾总结如下:

(1)同一论。认为产业集群与企业集群是同一概念。从文献检索情况看,不少作者在有关集群问题研究的论文中对产业集群和企业集群两个概念并不加以区分,甚至在同一篇论文中,产业集群和企业集群两个词也不时存在交替使用现象。

(2)角度论。顾强、王缉慈认为,产业集群和企业集群是一回事,只是观察分析方法和角度不同,产业集群侧重于观察分析集群中的纵横交织的行业联系,企业集群侧重于观察分析集群中企业地理集聚特征。

(3)差异论。符正平认为,产业集群与企业集群含义是有差异的,企业集群有地理接近的要求,而产业集群可以是地理接近型的,也可以是地理分散型的,甚至跨越了国界。

本书主要使用"企业集群"概念,对文献中关于两个概念的提法,不做详细区分。这是因为科技园区企业集群内的企业并不总是属于同一产业,如硅谷的

[①] Powell W W, Koput K W, Smith-Doerr L. Interorganizational collaboration and the local of innovation-networks of learning in biotechnology[J]. Administrative science quarterly, 1996, 41: 116-145.

[②] 芮明杰. 中国企业发展的战略选择[M]. 上海:复旦大学出版社,1999.

[③] 李亦亮. 产业集群与企业集群概念辨析[J]. 商业时代,2007(14):105.

企业虽然都属于高技术领域,但包括生物科学、计算机与通信、半导体及其设备、软件等;同时,企业的集聚并不必然形成集群,集群的企业行为既竞争又合作,集群企业会形成一定的组织。

2. 高新技术企业集群

高新技术产业(High-tech Industry)还没有统一的、公认的定义和界定范围。一般认为,高新技术产业具有高知识密度、科技人员密集、高技术、高附加值和高研发投入等特征。1994年,经济发展与合作组织(OECD)对其10个典型成员国按国际标准产业分类(ISIC)中的22个制造业部门的R&D经费强度等指标进行评价,将航空航天制造业、计算机及办公设备制造业、电子及通信设备制造业、医药制造业定义为高技术产业。我国结合实际情况,采用列举法将高技术产业扩展为高新技术产业。1997年,原国家科委颁布《国家高新技术产品目录》共9大领域58大类327小类,主要包括电子信息、生物技术、光机电、新材料、新能源等领域。在此基础上,国家科技部门还组织专家对高新技术企业和产品进行认定,国家统计部门每年统计高新技术产业相关数据。

高新技术企业集群是指在一定地域内,同类技术或产业领域的大量中小高新技术企业聚集在一起,企业与其他机构之间、企业各种要素之间发生关联而形成的复杂经济系统。本书所指的科技园区企业集群一般指的就是高新技术企业集群,主要有如下特征:①经济活动的空间地理集中;②大量高新技术企业聚集形成经济系统;③企业间专业化分工形成网络或实现资源(信息、硬件设施等)的共享;④科技园区入驻企业与园区内大学等机构相互作用,并根植于本地社会文化。

3. 集群企业

集群企业是指处于企业集群内部且围绕某特定产业价值链组织经营运作的企业。研究企业集群,首先要界定与识别哪些企业是集群企业或者说需要界定出企业集群的边界。国外文献中,通常有六种辨认方法:区位商法、波特案例分析法、投入产出分析法、基于投入产出理论的主成分分析法(或要素分析法)、多元聚类分析法和图论分析法。① 另外还有"地点系数"(Location Quotient, LQ)法等方法。② 但至今为止,对于集群边界的界定仍然是学术界研究集群方法论上的难题。③ 本书的研究内容是科技园区的企业集群演化,凡是在科技园区这一地理空间内的企业,即注册在科技园区的企业,均视为本书研究的对象。

---

① 王发明.产业集群的识别界定——集群度[J].经济地理,2008,28(1):33-37,43.
② 王今,侯岚,张颖.产业集群的识别方法及实证研究[J].科学学与科学技术管理,2004,25(11):117-120.
③ Molina-Morales F X. European industrial districts: influence of geographic concentration on performance of the firm[J]. Journal of international management,2001(7):277-294.

4. 企业集群化

本书的企业集群化是指科技园区企业集群形成的演化过程。对于企业集群的存在,文献已有大量的论述,但多是从静态的角度去分析的,没有说明企业集群演化的内在动力与机制,本书正是从企业集群演化的角度出发,研究科技园区企业集群的演化过程与动力机制,并提出有价值的科技园区企业集群化发展的思路与集群政策建议。

1.3 结构与研究内容

1.3.1 结构安排

本书以问题为导向,以研究科技园区集群演化的微观动态机制为目标,利用自组织理论分析工具,深入研究集群自组织演化过程中的各种要素作用方式与机理,在提出的理论框架基础上,结合案例实证研究,验证理论框架,最后回应现实问题,得出有价值的政策建议。本书的结构安排如图 1.2 所示。

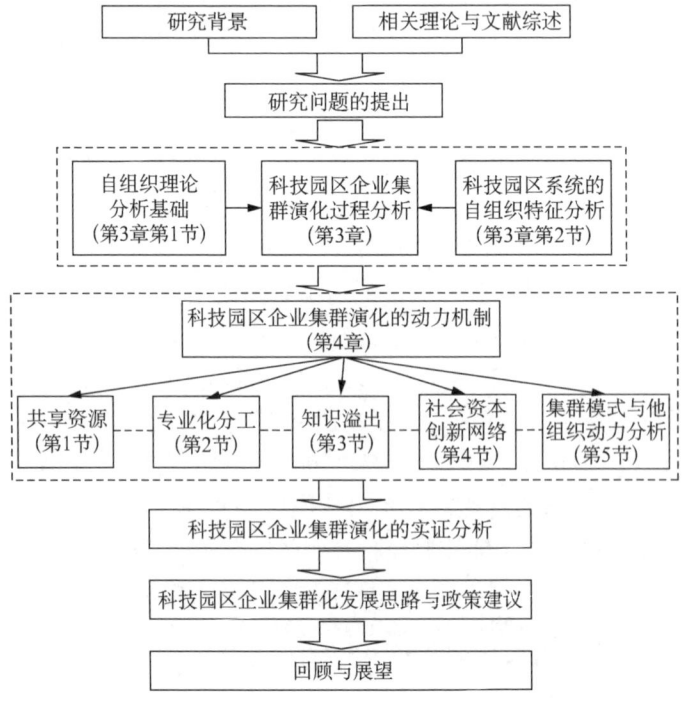

图 1.2 本书的结构安排

1.3.2 主要研究内容

第一章：导论。从一个现实的命题出发，以问题为导向，引出本书要研究的内容，并对研究相关的基本概念进行界定，最后对研究路线、主要内容安排以及可能的创新点进行提炼与概括。

第二章：文献综述与基本分析框架。对国内外关于科技园区的理论基础进行梳理，并对国内外科技园区的相关研究进行述评。通过文献的深入研读发现，科技园区建设与发展的主要理论基础，多是区域经济学中非均衡区域发展理论，这些理论多从中观出发，分析科技园区发展态势、潜力以及得出相关政策结论，虽然在科技园区的建立和发展初期起到了重要的作用，却忽视了科技园区的微观机制，对科技园区系统各要素之间相互作用的机理及园区各主体间复杂的联系缺少认识。通过分析科技园区与企业集群的关系，确定从企业集群自组织演化的角度分析科技园区的成长机制。

第三章：科技园区企业集群演化的过程分析。利用系统科学的自组织理论对科技园区企业集群演化过程进行分析。首先论述自组织的条件、动力及演化过程，分析科技园区企业集群系统的自组织条件，分析作为一个复杂的开放系统，科技园区系统符合自组织特征。在此基础上，构建科技园区企业集群系统。然后，结合企业集群生命周期理论、根据企业集群自组织演化的阶段特征，将科技园区企业集群的自组织演化过程进行划分，并引入集群熵概念，对科技园区企业集群的演化过程进行分析。最后，总结出科技园区企业集群各个演化阶段的特征。

第四章：科技园区企业集群演化的动力机制。从共享性资源、专业化分工、知识溢出、社会资本与创新网络、大学及政府作用等方面论述科技园区企业集群化发展的动力机制。

第五章：环同济科技园区企业集群演化的实证分析。在对科技园区企业集群演化动力机制深入分析的基础上，对环同济科技园区企业集群演化过程进行实证分析。深入分析环同济科技园区企业集群演化的动力机制，包括环同济科技园区的资源、专业化分工、社会网络与社会资本，以及同济大学、杨浦区政府等对环同济科技园区集群演化的动力机制。通过与世界成功科技园区企业集群发展模式的比较分析，探讨环同济科技园区企业集群的"自组织-他组织"模式的理论价值。

第六章：我国科技园区企业集群化的发展思路与政策建议。提出科技园区企业集群化发展的思路和政策建议。

第七章：回顾与展望。对本书的研究成果和我国科技园区新发展进行总结，特别是对环同济科技园区企业集群近十几年的新发展进行总结分析,把科技园区企业集群放进企业集群演化周期中去,对企业集群的升级或跃升进行展望,并提出研究不足和进一步研究的方向。

1.4 研究方法与本书创新

1.4.1 研究方法

本书的研究内容涵盖了管理科学、区域经济学、经济地理学、经济社会学,以及集群理论、创新理论、复杂科学自组织理论等学科及研究领域,是一种交叉研究的探索。

(1) 规范研究与实证研究相结合。科技园区企业集群化研究所涉及的内容十分复杂,运用一般管理学、经济学和知识管理、集群理论,以及复杂科学的自组织理论等去分析,揭示规律,同时结合国内外成功科技园区的典型案例进行案例实证分析,对本书提出的理论进行验证和提供事实依据。

(2) 定性分析与定量分析相结合。任何事物的发展过程都是量变和质变的统一,科技园区企业集群演化也是一定质的组合和量的比例不断变化的过程。要探讨其规律,就必须重视其发展变化过程中的数量比例和量的组合,从数量和质量的统一去研究和把握。

(3) 文献阅读方法。国内外对科技园区和企业集群的研究非常多,但两者结合起来专门深入研究的成果相对较少,利用复杂科学的自组织理论分析科技园区企业集群演化的研究更是鲜有学者涉及。现有文献对集群的研究都是描述讨论其发展机制与竞争优势,但这些大都是静态分析。从自组织演化的观点出发,透析企业集群化发展的动态机制特别是科技园区企业集群化发展的文献十分鲜见,且是散见于一些相关的研究之中。为了充分利用已有的成果作为研究基础,本书进行大量且深入的资料搜集和研读。

(4) 案例研究方法。本书主要研究科技园区企业集群演化及其动力机制,是回答集群化"是如何改变的""为什么变成这样"及"结果如何"等问题,案例研究是最为适用的方法。[①] 案例研究作为一种研究策略,是一种非常完整的研究方法,同时包含了特有的逻辑设计、特定的资料搜集及独特的资料分析方法。本书在案例研究过程中,进行了实地调查、专家访谈,并对大量文件、资料进行比较、分析,努力使案例生动、翔实。

---

① 陈晓萍,徐淑英,樊景立.组织与管理研究的实证方法[M].北京:北京大学出版社,2008.

1.4.2 本书创新

(1) 将复杂科学的自组织理论引入科技园区企业集群系统研究,在深入剖析科技园区企业集群的系统结构和系统的自组织特征的基础上,构建了科技园区企业集群系统,并对科技园区企业集群演化不同阶段集群状态变量的发展趋势和集群熵的变化趋势进行分析,得出了科技园区企业集群演化规律和阶段特征。

(2) 从科技园区企业集群演化的动力机制这一核心问题入手,结合自组织理论,分析了科技园区企业集群系统演化过程中资源要素、专业化分工、知识溢出、社会资本与创新网络及大学、政府他组织力量等系统要素推动科技园区企业集群形成和演化的作用机制。

(3) 本书利用自组织理论框架对环同济科技园区企业集群的演化进行深入分析,对本书提出的理论框架进行验证,得出了有价值的结论。

(4) 从企业集群自组织演化的角度,提出了我国科技园区企业集群化发展的思路和政策建议,对科技园区建设实践具有一定的指导意义。

1.5 小结

首先,本章分析了本书的研究背景,简单回顾了国外科技园区发展的四个阶段和我国科技园区的发展历程,肯定了科技园区建设所取得的巨大成就。同时,以问题为导向,提出了科技园区建设中出现的问题,从四个方面论述了科技园区建设实践与理论的偏差,指出出现上述问题的原因是科技园区企业之间缺少互补、分工不足、没有形成竞争与合作的关系,只是空间的简单堆砌,结合国内外成功科技园区的经验,提出科技园区企业的集群化发展才是解决问题的根本。

其次,本章对本书涉及的相关基本概念进行了界定,说明了本书的结构与内容安排。即以问题为导向,利用自组织理论分析科技园区企业集群演化过程,在此基础上进一步分析科技园区企业集群演化的动力机制,利用环同济科技园区企业集群案例对上述理论进行验证,并提出有价值的集群政策建议。

最后,对本书的创新之处做了说明。

第2章 文献综述与基本分析框架

2.1 科技园区发展及研究综述

2.1.1 科技园区的相关基础理论

学术界对科技园区的研究始于20世纪60年代,但缺乏广度、深度,没有成为研究热点。进入20世纪90年代,随着高新技术产业的蓬勃发展,学术界对科技园区的兴起和发展开始进行广泛而深入的研究,从不同的角度阐述了科技园区发展的基础理论。

1. 国外科技园区的理论研究

国外科技园区的相关理论主要可归纳为:增长极理论、产品生命周期理论、孵化器理论、区域要素结构理论、空间扩散理论、社会经济网络理论、集群理论等。

(1) 增长极理论。[①] 增长极(Growth Pole)概念是法国经济学家弗朗索斯·佩鲁(Francois Perroux)于1950年首先提出来的,后来经过美国区域规划专家约翰·弗里德曼(John Friedman)、法国经济学家布代维尔(Bouldeville)、瑞典经济学家缪尔达尔(Gunnar Myrdal)和美国经济学家赫希曼(A. O. Hischman)等加以发展完善,逐步成为指导经济不发达地区发展的一种重要理论,成为各国制定宏观经济政策的一个重要理论依据。[②] 20世纪70年代后期,该理论受到过国际上有关研究者的各种非议,但是从20世纪80年代末期开始,在分析科学园政策时又重新得到了青睐[③]。增长极理论于20世纪80年代传入我国后,很快被理论界的许多学者接受,有些学者用增长极理论来指导我国的区域开发实践。增长极理论实际上是在倡导一种通过政府人为干预形成聚集,促进地区经济发展的机制,它将政府在集群形成、发展过程中的作用放大了,认为有了政府对主导产业或专业化企业的投资建设,就会产生围绕这些关键性产业或企

[①] 颜鹏飞,马瑞. 经济增长极理论的演变和最新进展[J]. 福建论坛(人文社会科学版),2003(1):71-75.
[②] 孙万松. 高新区自主创新与核心竞争力[M]. 北京:中国经济出版社,2006.
[③] 王缉慈. 高新技术产业开发区对区域经济发展影响的分析架构[J]. 中国工业经济,1998(3):54-57.

业的聚集,最终带动整个区域的发展。①

(2) 产品生命周期理论(Product Life Cycle Theory)。该理论由雷蒙德·弗农(Raymond Vernon)于1966年在《产品周期中的国际投资与国际贸易》一文中首先提出,由威尔斯(Louis T. Wells)和赫希(Hirsch)等人加以发展,并由基辛(Keesing)、克鲁伯(Gruber)、梅达(Mehta)、梅基(Maggee)等人进行补充和验证。

弗农的产品周期理论,以美国为例对企业跨国经营的动因进行了分析,解释了国际贸易产生的原因,从而为这一原本不具备空间含义的概念赋予了区位维度,动态地解释了企业间竞争条件的变化、直接投资的动机、生产从美国向其他发达国家进而向发展中国家扩散以及伴随其过程所产生的贸易结构的演进规律。他认为,美国经济发达、技术先进、人均收入高,但劳动成本高,一方面有产品创新的强烈动机,另一方面也面临劳动成本上升的压力。这一特点决定了美国企业国际化经营的动机——在本国进行创新而在生产上国际化。但究竟何时在国内生产、何时出口以及何时何地在国外生产,决定于产品的周期。他将产品生命周期分为新产品阶段(New Product)、成熟中产品阶段(Maturing Product)和标准化产品阶段(Standardized Product)三个阶段。多数学者认为,该理论可以解释技术引入区域的结构变迁。它通过产品生命周期中早期的区位特征为密集的人力资本和产品创新,转移到晚期的以工资敏感性区域和过程创新为特征的外围地区(Sternberg,1996)②,来解释劳动分工和技术变迁(创新演变)的空间关系,从这个层面上看,完全可以利用该理论来解释高技术产业的区域定位。

对产品生命周期理论的主要批评是:它忽视了对高科技公司内部组织和创新的考察。该理论认为,产品的周期性特点适用于任何产业与产品,并且得出似乎外围地区永远无法得到产品早期创新地位的结论。毫无疑问,社会文化特征、政府政策对产品的早期阶段的影响特别大,而产品生命周期理论并没有注意到这一点。③

(3) 孵化器理论(Theory of Incubator)。孵化器理论又称苗床理论,由斯特鲁伊克(Struyk)和詹姆斯(James)于1975年最初提出,是一种关于在新生产部门、新建企业发生和发展的最初阶段所需要的地理人文条件的假说。孵化器理

---

① 林竞君.网络、嵌入性与集群生命周期研究——一个新经济社会学的视角[M].上海:上海人民出版社,2005.
② Sternberg R. Regional growth theories and high-tech regions international[J]. Journal of urban & regional research,1996,20(5):518-538.
③ 王振.基于集群理论的科技园区发展机制研究[D].上海:上海交通大学,2004.

论是西方学者分析科技园区政策时对传统增长极理论反思的产物。增长极理论过分强调外力(如吸引外资,嵌入推进型产业),因而易导致区域差距扩大的恶果。该理论强调,新企业尤其是小企业的崛起和繁衍是新兴区域发展的重要标志,政府应通过各种措施(如创立小企业创业服务中心)和优惠政策(如提供风险资金和良好的基础设施)创造良好的孵化环境和生长机制,用以降低创新企业的创业风险和开发成本,提高新兴企业的成活率和成功率。

1987年,我国创立第一家孵化器——武汉东湖新技术创业中心,至2006年年底,全国科技企业孵化器已有548家,数量上仅次于美国,居世界第二位。上海自1988年4月成立第一个科技孵化器——上海科技创业中心,至2008年,上海孵化器的数量已达到35家。[1] 多数孵化器建在国家高新区或大学科技园内,成为科技园区的重要功能和组成部分。这些孵化器提供种种优惠的条件如税收减免、资金融通服务、管理理财等增值服务,有力地提高了创新企业的生存能力,推动了企业的快速增长。

(4) 区域要素结构理论。该理论是一个线性思考的理论,它强调某些特定的区域拥有发展高科技产业所需的独一无二的要素条件,这些区域是建立科技园区的理想区域。[2] 该理论将成功科技园区的要素条件抽离出来,如:有科学与工程类学科的大学、交通便捷、临近军事研发基地、区域风险资本的可获得性、人口中科技员工比率、优美宜人的环境等(Premus,1982;[3] Hall & Markusen,1985)。[4] 这些条件似乎得到许多实证研究的证实。如昆斯(Quice,1985)[5]研究R&D区位时,发现R&D组织所形成的高科技企业集群就集聚在剑桥大学的周围。王铮等(2000)研究了美国计算机企业和生物企业的分布。发现这些企业都处于西海岸最热月ICL(人文气候指数)>0.7,最冷月ICL<2.5的范围;东海岸最热月ICL>0.4,最冷月<3.0,受气候条件的影响十分显著。对该理论的批评是:该理论完全忽视了增长综合体内部动态演化发展的中心问题。这些清单的表象可以被任意地剪裁来适合于每一种可能的情形,意味着它是无法带来具有一般解释能力的理论(Scott & Storper,1987)。[6]

(5) 社会经济网络理论。该理论是经济社会学的一种解释范式。经济社会

---

[1] 李湛.上海科技企业孵化器20年发展报告[M].南昌:江西教育出版社,2008.
[2] 王铮,等.理论经济地理学[M].北京:科学出版社,2002.
[3] Premus R. Location of high technology firms and regional economic development [Z]. Washington, D. C.: US Government Printing Office, 1982.
[4] Hall P, Markusen A. Silicon landscapes[M]. Boston: Allen and Unwin, 1985.
[5] 西·昆斯,等.剑桥现象——高技术在大学城的发展[M].郭碧坚,等,译.北京:科学技术文献出版社,1988.
[6] Scott A J, Storper M. High technology industry and regional development: a theoreticalcritique and reconstruction[J]. International social science journal, 1987, 112: 215-232.

学认为,个人生活和行动(包括经济行动)都是嵌入社会结构的。经济行动嵌入社会结构,从现在的具体社会结构或社会网络出发,社会学能够取得对经济行动和经济秩序更好的分析。经济社会学旨在从一个新的社会学视角,即社会结构或社会网络的视角对经济行动和经济秩序进行研究。社会经济网络理论的基本假设前提是:行动是理性的;经济现象是嵌入社会结构之中的;经济行动是被社会定位的,不能仅仅由个体动机来说明。它是嵌入当下的个人关系网络之中的,而不是单纯的原子式个体的行动。尽管社会经济网络理论本身没有内在的空间含义,但有着明确的空间实用意义,因为社会经济网络是在社会历史发展的过程中通过持续的集体行为而形成的,它依赖于过去的信任关系的积累或各方对共同利益的认知以及行为主体对未来收获的预期等因素,而地理上的接近使得这些前提条件成为可能,特别是当存在独特的本地经济基础和产业文化时,社会经济网络往往会产生决定性的影响。当然,地理上的接近可以成为建立联系的必要条件,但不是充分条件。

近年来,社会经济网络理论被大量运用于分析科技园区企业集群的实证研究,典型案例是美国硅谷,如萨克森宁(Saxenian,1991;1994)①②沿用GREMI(欧洲创新研究小组)创新网络的基本观点来解释美国硅谷的成功及其与128公路地区的发展绩效不同的原因。社会经济网络是经济社会学的一种解释范式,科技园区中社会网络的作用到底如何,还缺少足够的验证。但有一点可以肯定,该理论丰富了科技园区发展的理论基础,一定程度上解释了科技园区集群网络的作用机理。

(6) 空间扩散理论。从地理角度来看,扩散(Diffusion)是一种创新(Innovation)进行空间传播或转移的过程,这种创新可能是一种观念、技术、时尚或其他人类文化特征等。20世纪50年代,被誉为第四代区位论专家的瑞典学者哈格斯特朗(Hagerstrand)在熊彼特(Schmpeter)"创新理论"的基础上提出了空间扩散理论。扩散理论认为,一项创新由于它能够提高系统运行的效率和创造出更高的价值,或者能节约劳动和节约资本,或者提高系统的功能(质量)而创造新的市场,便在创新者与其周围的空间里产生"位势差",为了消除这种差异,一种平衡力量就会促使创新者向外扩散和传播。或者周围地区为消除差异而进行学习、模仿和借鉴。扩散可以发生在人群之间、企业(厂商)之间、地区之间或企业与地区之间等,经常通过技术转让、信息交流、人才流动及国际技术贸

---

① Saxenian A L. The origins and dynamics of production networks in Silicon Valley[J]. Research policy,1991,20(5):423-437.
② Saxenian A L. Regional advantage:culture and competition in silicon valley and route 128[M]. Boston:Harvard University Press,1994.

易等方式实现。

技术扩散可按扩散过程中空间区位的变化特征划分为三种类型:一是扩展扩散(Expansion Diffusion),即围绕创新起源点向周围地区扩散,在空间上表现出连续的扩展。它主要受距离因素的控制,邻近效应明显;二是等级扩散(Hierarchical Diffusion),即创新循着一定的等级序列扩散,如规模序列、文化层次、社会和经济地位、官职等级等,其决定因素为接受者的位势;三是位移扩散(Relocation Diffusion),即扩散接受者随时间产生非均衡的位移,它主要是由于移民或其他形式的人口流动而引起的。高技术的扩散可能主要是第二种,或三种类型的组合,在空间上的表现形式也更为复杂多样。高技术产业包含研究与开发、生产制造、销售与服务三个部分。作为技术创新起源的研究与开发,主要与大学和研究机构的分布有关,因而科技人才密集分布区则决定了创新的区位。而在高技术创新的产业化过程中,往往由于人才、工资、用地、政策及寻找市场等因素,生产制造的部分过程或销售服务的分支机构便会向其他地方(特别是城市)扩散,从而形成新的产业区位。高技术扩散在不同的空间层次上表现出不同的方式。在微观尺度上,由于剧烈的市场竞争和企业对信息的完全依赖性,企业围绕高技术园区的空间聚集才能使企业立于有利区位。同时,高技术产业区位的成长在微观上主要受扩展扩散过程所支配。换句话说,高技术产业和高技术公司之间的竞争是最激烈的,但越是如此,它们之间在区位空间上就越应该聚集在一起,具有很强的聚集效应。美国硅谷和128公路地区也是在这种扩散模式下形成的。《硅谷热》一书中专门论述了硅谷的影响和扩散。"硅谷的成功也促使高技术工业区在美国其他地方扩散,这些新兴工业区的设计者们以硅谷为模式,连取名也步硅谷的后尘,为他们的工业区冠以'硅原''硅山''东部硅谷'之类的名称。"这些新兴高技术工业区的发展吸取了硅谷的成功经验。

高新技术及其产业的扩散具有明显的阶段性,科技园区在扩散初期处于能量积蓄阶段,技术和产业的扩张很慢,而积累到一定规模后速度会急剧加快,一个系统只有内部各单元的扩散达到这个阶段后,才能表现出明显的系统成长。[1]

(7) 多元理论。

• 三元参与理论。[2] 三元参与理论是科技园区建设的基本理论之一,是在1993年6月举行的国际科学工业园协会第9届世界大会上提出来的。该理论认为,政府是协调者,协调大学、科研院所和企业的利益,大学、科研院所从企业获得经费可以缓解政府的财政压力;企业开发高技术可以增加政府的税收,同时

---

[1] 孙万松. 高新区自主创新与核心竞争力[M]. 北京:中国经济出版社,2006.
[2] 谢国忠,杨松华. 高科技园区发展理论探讨[J]. 中外企业文化,2000(8):56-60.

发展地区经济,促进社会稳定;大学和科技界是技术源和人才源;企业是资金的提供者和市场的开拓者。三方在共同利益的基础上相互协作,开发高新技术产业,促进区域经济发展(图 2.1)。

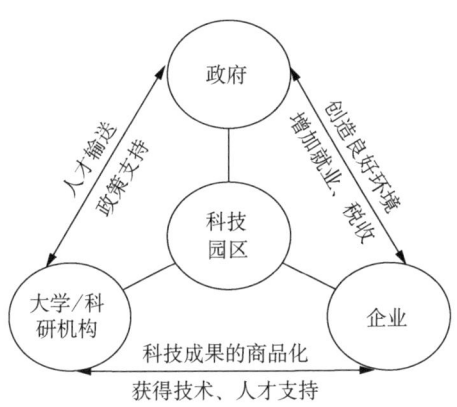

图 2.1 科技园区三元参与理论模型

资料来源:根据潘照安(2007)[①]研究绘制

科技园区为大学科技界、工商企业界和政府三方结合提供了一种很好的形式。在这里,大学和科技界通过与企业的合作,实现了科研成果的商品化,获得了应有的经济利益,补充了办学和科研经费,同时培养出适应经济竞争和社会发展需要的人才;企业则从大学和科技界获得了技术创新所需的技术和人才资源,同时通过自身的发展,增加了就业机会,发展了地方经济;政府则通过支持或直接参与组建科技园区,为大学和科技界同企业的合作创造了一个良好的环境,促进了创新要素的有效配置,获得区域经济发展、就业人数增加、综合国力增强的良好效果。政府是园区内外环境创立者和园区组织机制启动者,大学与科技界是高技术和高素质人才之源,企业是科研资金提供者和新兴市场开拓者,三方在共同利益的基础上进行强有力的协作,开发高技术产业,促进地区经济发展,促进综合国力增强,这就是三元参与理论的基本点。

• 五元驱动理论。景俊海(2001)[②]在三元参与理论的基础上提出了五元驱动理论,认为三元参与理论过于简单,不能准确描述科技工业园的发展。科技园区发展的关键在于:政府部门、工商企业界、大学科技界、企业孵化器及投融资

[①] 潘照安.浅析"三元参与理论"在中国的发展——以深圳高新园区为例[J].法制与经济(下半月),2007(9):78-79.
[②] 景俊海.科技工业园发展的五元驱动理论[N].科技日报,2001-05-31.

机构的共同驱动,产生了有利于园区发展的创业文化,构筑了创新企业发展的栖息地——即官、产、学、孵、金五元驱动理论,这一理论的灵魂是形成创业文化,核心是构筑创新企业的栖息地。

• 五元互动理论。张忠德(2004)[①]在三元参与理论与五元驱动理论的基础上提出了五元互动理论。认为三元参与理论与五元驱动理论主要强调了科技园区发展的各行为体,而科技园区发展不仅需要各行为体的参与,更需要它们之间的互动,形成官、产、学、金、孵五元互动的网络系统(图2.2)。

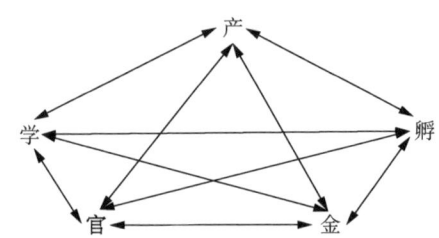

图 2.2　科技园区官、产、学、金、孵五元互动网络系统

在科技园区官、产、学、金、孵五元互动网络系统这一互动系统模型中,各行为体之间的关系都是双向的。一方面各行为体通过自身发展促进其他行为体的发展变化;另一方面,其他行为体的发展变化又能促进其自身在模型中的发展。作为高新区发展主体的企(产)业,位于模型的顶点,一方面,它的发展需要政府的政策、法律、金融的支持,它提出的问题需要科技界解决,新企业的发展壮大更是离不开孵化器;另一方面,其自身的发展壮大能牵动政府的制度创新、科技界的科技创新、金融机构的体系完善、孵化器的发展壮大。

虽然三元参与理论与五元驱动理论也强调合作,但不能很好地表达科技园区发展的真正机制。用五元互动理论能很生动地反映科技园区的运行机制。目前,我国科技园区发展的一个主要问题是未能使官、产、学(研)、金、孵五元互动起来。我国高新区区域发展的要素基本齐备,现在的主要问题是要使它们互动起来,形成有机系统,发挥系统整体功能。

2. 国内关于科技园区发展的理论

主要包括宏观区位论、触发机制论、体制论、知识溢出的空间局限论等。

(1) 宏观区位论。魏心镇和王缉慈(1994)[②]从高技术空间扩散的角度,研

---

① 张忠德. 高新区发展理论探析[J]. 西安邮电学院学报, 2004, 9(4):75-80.
② 魏心镇, 王缉慈. 新的产业空间——高科技产业开发区的发展与布局[M]. 北京:北京大学出版社, 1993.

究了科技园区的宏观区位。他们认为产业的成长与技术创新是密不可分的,而随着创新的完善和产业的成熟,创新必然开始扩散,从而引起产业空间分布的重大变化。科技园区是完全建立在技术创新的基础之上的,它一般不受传统硬资源(能源、矿产等)约束和大量运输条件的限制。高科技产业最重要的载体是创新技术及其市场信息,技术本身的创新和扩散特性决定了必须循着技术创新源和扩散的路径来研究科技园区的空间区位。沿着哈格斯特朗(Hagerstrand,1953)的工作,他们进一步认为技术的扩散遵从 Logistic 曲线,从而确定了扩散的时间维度,然后总结了布恩(Boon)、赫德森(Hudson)、贝里(Berry)等人的工作,确定了从创新源开始的创新等级扩散过程的特征方程,基于这两者就可以预测科技园区的总体成长曲线及空间区位的演变。结合 Boon 的实证工作,王缉慈认为,科技园区在开发初期必须依赖规模较大的城市,部分重点园区应同时面向国内外,不仅要具备较强的自我创新能力,同时还应能及时吸收外来的先进技术。这样科技园区自身能更快地成长,对区域经济的发展也有快速的推动作用。

(2) 触发机制论。顾朝林等(1998)[①]认为,高科技园区的成功要诀在于不断创新,因此必须关注高技术区具有特殊内涵的创新激发因子。创新的内在动力在于政府、企业和研发三方面的密切合作,基于此,他们认为科技园区的激发因子为政府、企业和研发机构,实现三个因子功能的关键是凝聚它们的共同目标、共同策略和相互间良好的合作。以此分析为基础,他们认为科技园区的演化机理表现在超流动性、孵化器、技术创新、创新载体、精英人才、风险资本及公司网络等方面。

(3) 体制论。鲍克(2002)[②]将高科技园区与经济技术开发区合称中国开发区,认为开发区前十几年的成功主要是体制的原因,将体制作为一个中心性的问题展开研究。他认为在边界给定的前提下,开发区体制的产生和发展紧密依靠其所处的环境。体制发展的力量源于一系列"体制运动员"的相互作用。体制的强度与体制所肩负的任务成正相关关系。体制的信任度与透明度成反比关系。初始黑箱特点的体制,随着博弈过程的推进,透明度提高,体制的合理预期将相应提高。体制的交易速度越高,其程序性越低。反之,提高程序的规范性,往往伴随着交易速度的下降。

(4) 知识溢出的空间局限论。梁琦(2004)[③]认为,知识具有外溢性,即所谓的知识外在性。但由于存在缄默知识和知识本身的黏性,知识溢出具有空间局限性,即存在地域性。因此,集聚的发生既是源于知识的外在性,更是源于知识溢出的地域性。创新发明活动倾向于产业集聚,而且那些新知识投入越是重要

---

① 顾朝林,赵令勋. 中国高技术产业与园区[M]. 北京:中信出版社,1998.
② 鲍克. 中国开发区研究[M]. 北京:人民出版社,2002.
③ 梁琦. 高技术产业集聚的新理论解释[J]. 广东社会科学,2004(2):46-51.

的行业,创新活动的产业集聚倾向越是明显。高新技术园区是创新活动的产业集聚地,正因为知识溢出具有地域性,集聚在一起的高技术企业才有更便利地获取知识的渠道和更多的创新动机,所以才有高新技术园区的诞生和发展。

3. 简单评论

从上述各种科技园区发展的理论可以看出,科技园区建立与发展的主要理论基础,多是区域经济学中非均衡区域发展理论,它们多从中观出发,从科技园区的影响来分析科技园区发展态势、潜力以及得出相关政策结论。这些理论在科技园区的建立和发展历程中起到了重要的作用,在推动社会发展方面作用巨大。但也应看到这些理论忽视了科技园区的微观机制,很少涉及科技园区内企业的自身性质和相互作用的机理,忽视了对高科技企业生存至关重要的创新内涵,忽视了科技园区内生知识产生、扩散、利用机制,忽视了科技园区主体间复杂的联系。尽管其中有社会经济背景的限制,但也不能不说是个缺憾。

2.1.2 科技园区的相关研究述评

自20世纪80年代以来,在总结世界高科技园区发展实践的基础上,国内外学者对高科技园区的发展模式进行了研究,其中以中国学者的研究居多,本书按研究范围进行综述。

1. 对科技园区的定义及其分类研究

由于科技园区在不同的国家或地区有着不同的发展过程、发展模式和开发规模,同时,各国学者分析问题的角度不尽相同,迄今为止,科技园区尚未形成确切的定义,多采用国际科技园协会(IASP)对科技园区的定义。此外,一些机构和学者也对科技园区进行了定义。

英国科技园协会(UKSPA)[①]对科技园区的定义是:科技园是一个商业支持组织,其主要目标是孵化和扶持创新型、高成长性的科技企业。为此,科技园将提供一系列基础设施和支持服务,其中包括:与地区开发机构建立合作关系、与大学和研究机构建立正式和日常的联系;为中小企业提供管理支持和技术转移服务。该定义反映出大学和科研机构在科技园区发展中的重要性,强调园区与科技中心的正式联系,鼓励技术和技能向企业的转化,并以此为基础来界定科技园区的概念。

美国大学研究园区协会(AURP)将大学研究园定义为一个基于地产的组织,认为其主要具备以下特征:①为公有和私有研发机构、高科技企业和支持服务机构提供土地和房屋;②与一所或多所大学或其他高等教育和科研机构有协

---

① 英国科技园协会网站:https://www.ukspa.org.uk/about-ukspa。

议或正式的所有权关系;③具有推动产学研紧密合作、扶持新企业成长、推动经济发展的功能;④具有协助大学和产业客户之间进行技术转化和商业技能培养的功能。

仇保兴(1999)[1]认为,科技园区是具有紧密经济联系的企业集群化而形成的,集群化可以降低以信息搜索成本为主的交易成本,降低企业所负担的技术创新投资成本,有助于降低为弥合企业间知识和经验技能差距所付出的成本,等等,因而企业群具有较强的创新能力。因此,科技园区是高技术企业集群的地域载体。

魏心镇和王缉慈(1993)[2]认为,科技园区是一种规划建设的科学——工业综合体,其任务是研究、开发和生产高技术产品,促进科技成果商品化;科技园区是一种以研究、生产和出口高技术产品为主要目标的科技型经济特区,它以大学和科研机构为依托,以科学研究为先导,以吸引外资和高技术为手段,以创立技术密集型和知识密集型的新兴产业以及提高产品出口竞争力为目的,是一种以科研带动高技术产业发展的特区。

谢国忠、杨松华(2000)[3]认为,高科技园区是以研究、开发、生产高技术产品,推动科研成果商品化,培育高技术企业与产业为内容,集研究、开发、生产、销售、服务多种功能,产、学、研、技、工、贸多种企业与经济组织,或通过规划建设,或经过较长时间的自我集聚发展,在地理上相对集中,从而形成的高技术产业群落。

吴林海(2000)[4]认为,科技园区是一种规划建设的科学-工业综合体,它以高质量的智力密集区为依托,以良好的大工业基础和发达的交通网络为支撑,政府赋之于一定的地域范围,并实施相应的优惠政策,以实现高技术成果商品化、产业化、国际化为基本功能,具有独特创新能力的经济社会区域,是众多既相互独立又密切关联的高技术企业所构成的高技术产业群落。

从文献分析来看,对科技园区出现了不同的称谓。如高新技术园区、高新技术开发区、高技术加工区、孵化器、科学园、科学公园、科技工业园、科学技术园、科学城、技术城、高技术产业带以及"硅谷""硅山""硅岛"等,这也反映了对于科技园区概念内涵不同角度的理解。

正是因为对于科技园区概念的理解不同,不同学者对于科技园区有不同的分类方法。从20世纪80年代开始,学者们出于研究的需要,在对高科技园区地

---

[1] 仇保兴.小企业集群研究[M].上海:复旦大学出版社,1999.
[2] 魏心镇,王缉慈.新的产业空间——高科技产业开发区的发展与布局[M].北京:北京大学出版社,1993.
[3] 谢国忠,杨松华.高科技园区发展理论探讨[J].中外企业文化,2000(8):56-60.
[4] 吴林海.中国科技园区域创新能力研究[D].南京:南京农业大学,2000.

理分布和外部特征描述的基础上,作了归纳总结和分类。

美国加州大学伯克利分校曼努埃尔·卡斯特尔(Manuel Castells)和彼得·霍尔(Peter Hall)在《世界的高技术园区:21世纪产业综合体的形成》一书中把世界科学园区的发展模式分为四类:①高技术公司产业综合体。这些综合体把研究、开发和制造联系起来,典型例子是美国的硅谷和波士顿128公路地区。②科学城。通常由政府进行规划与建设,把大批研究机构和科学专家集中在高质量的城市空间,为产生卓越的科学成就,进行协同的研究活动。如日本筑波科学城、苏联西伯利亚科学城、韩国的大德科学城,这些科学城具有行政区划的特征。③技术园区。它类似于新型的产业行政区划,其目的是在某一划定的地区集中兴建一批高技术产业公司,使该地区在国际竞争和以信息为基础的新的条件下增强生存和发展的能力,并不断追求经济的持续增长。④日本的高技术城。即在国家边远地区建立一系列全新的科学城,以促进新技术的应用,继而带动落后地区的科技开发,这是日本特有的一种模式。①

中国科学院"高技术开发区研究"课题组把高技术区分为孵化器、科学园区(或称科技工业园)、高技术地带(或高技术城市化地带)、科学城、技术城等(表2.1)。

表2.1 科技园区五种基本形式的对比

园区类型	物理形态	主体机构	主要活动	产出目标	机制
孵化器	单幢建筑物	孵化器经营者	服务	新企业	从不同部门集中生产要素,分散风险,帮助新建高技术企业
科学园区	小区	企业、研究所	研究、生产	高技术产品科技成果	以良好基础设施、环境、服务,吸引资金、人才来园区建立生产企业和科研机构
高技术地带	地带	企业	生产	高技术产品	在名大学和国防计划的作用下,高技术企业生长、聚焦、膨胀
科学城	小区或新型城市	研究所、大学	研究	科技成果	通过聚集效应使科研机构集结,对周围地区进行技术辐射
技术城	城市地区	企业、大学、政府	生产、研究、服务	地区经济的振兴	在完整、全面规划之下,以优惠政策和一定的技术经济基础,吸引外地人才和大企业,发展本地高技术研究和产业,实现地区振兴

---

① M.卡斯特尔,P.霍尔.世界的高技术园区:21世纪产业综合体的形成[M].李鹏飞,等,译.北京:北京理工大学出版社,1998.

王缉慈(1997)对上述分类提出不同意见,认为上述分类仅以"物理状态"为依据,没有实际意义,且地理界限相互交叠或包含。在上述分类的基础上,王缉慈抛开科技园区名称,以内部功能为标准进行了重新分类(表2.2)。

表2.2 世界高科技园区类型与渊源示意表

类型	技术城	科学园	高技术加工区
渊源	田园城市设想	工业园区	出口加工区
功能	产、学、住结合,扎根于技术和文化的新城建设	研究与开发为主,加强大学与工业合作	加工高技术产品
诱因	1. 追求理想的城市形式 ① 把田园的宽裕带给城市 ② 把城市的活力带给田园 2. 创造性的"技术立国"、80年代产业结构设想	1. 工业郊区化 ① 市内产住混合造成社会与环境问题 ② 现代大型装配生产线需要大面积土地 2. 现代交通工具发展,道路功能变化 3. 科研成果商品化	1. 生产国际化、标准化,生产寻找廉价劳动力的区位 2. 发展中国家、地区和新工业化国家发展经济需求
区位	有美丽自然风光的地区,建设新城和机场	在城市郊区、高速公路两侧、大学附近	在空港、海港等廉价劳动力区位

钟坚(2001)①在《世界硅谷模式的制度分析》一书中,综合了其他学者的研究成果,从不同的角度出发,得到了不同的发展模式分类(表2.3)。

表2.3 世界科技园区发展模式分类

划分依据	发展优势	形成过程	投资主体	经济活动	学科	管理体制
类型	优势主导型	自发型	政府投资型	外向型	单一专业型	政府管理型
	优势导入型	政府计划型	民间投资型	内向型	多学科综合型	民间管理型
	优势综合发展型	混合型	混合经济型	双向型	—	混合管理型

孙志强(2006)②将科技园区分为松散联合型、创建新区型、旧区拓展型等类型;同时依据管理模式把科技园区分为机构管理型(如英国剑桥科学园)、政府部门管理型(如新竹科学工业园区)以及政府、大学、企业联合机构管理型(如北卡罗来纳三角研究园)三种类型。

可以看出,国内外多数学者对科技园区的定义和分类依然停留在具有高技术活动的地理区域的现象罗列,对科技园区的功能和本质没有清晰的认识。实

---
① 钟坚.世界硅谷模式的制度分析[M].北京:中国社会科学出版社,2001.
② 孙志强.高新区域发展的国际比较研究[D].北京:中共中央党校,2006.

际上,科技园区应该作为科技企业的集聚地,成为企业集群创新的载体。

2. 关于科技园区的区位选择

国内外关于高新技术产业布局的早期研究主要集中在高新区的区位选择和布局方面,布鲁诺和狄柏基、马立基和尼卡波、魏心镇和王缉慈、张庭伟、顾朝林和赵令勋、王建安、费洪平、陈汉欣、吴林海和范从来等,对高新区的区位或布局做了不同程度的研究。

布鲁诺和狄柏基(Bruno & Tyebjee,1982)[1]认为,12个因子对高技术企业影响巨大,分别是:①风险资本;②经验企业家;③技术熟练工人;④供应充足便捷;⑤接近雇主与市场;⑥政府优惠政策;⑦邻近大学;⑧土地与设施易得;⑨交通便捷;⑩思想解放;⑪服务业繁荣;⑫具有吸引力的生活环境。

马立基(Malecki,1987)[2]将科技园区的特殊区位条件概括为:①具有作为新技术活动苗床的研究机构;②具有高素质熟练劳动力;③政府对新公司的研究与开发活动的支持;④具有空间差异的风险资本;⑤具有刺激和激励企业家的环境;⑥对新公司而言具有廉价的房地产市场。

张庭伟(1997)[3]以美国高科技工业开发区的建设与发展为例,分析了高科技工业的特点和发展过程,总结出高科技园区选址的十条原则:①靠近大学和研究机构;②优惠的地方政策;③靠近投资机构;④较低的启动资金;⑤寻求发展中的新区;⑥基础设施良好;⑦服务设施便利;⑧吸引专业人才;⑨具有创业精神的城市气氛;⑩整体生活质量优良。

顾朝林等(1998)[4]认为,高新区区位选择应依次考虑高新区智力密集程度、开发性技术条件、信息资源、基础设施条件、生产和生活环境等各项因素。

关伟等(2008)[5]从空间扩散的角度分析高新技术产业空间组织形式的演变过程,结合产业布局演变的一般规律探讨高新技术产业的主要布局模式。以大连市为例,研究了高新技术产业在市域范围内的布局模式和演变。

3. 关于科技园区的发展模式与运作机制

在对科技园区概念、内涵和分类研究的基础上,国内外学者开始将研究重点放到科技园区形成机制、发展模式、发展动力、创新网络、创新能力以及绩效评价上。这些研究大多是基于硅谷等成功科技园区的案例。国内学者除了介绍硅谷

---

[1] Bruno A V, Tyebjee T T. The environment for entrepreneurship[M]//Kent C A, Sexton D L, Vesper K H. Encyclopedia of entrepreneurship. Englewood Cliffs: Prentice-Hall, 1982: 288-315.

[2] Malecki E J. Technology and regional development: some thoughts on policy[Z]//VU University Amsterdam, Faculty of Economics, Business Administration and Econometrics, 1987.

[3] 张庭伟. 高科技工业开发区的选址及发展——美国经验介绍[J]. 城市规划,1997(1):47-49.

[4] 顾朝林,赵令勋. 中国高技术产业与园区[M]. 北京:中信出版社,1998.

[5] 关伟,胡艳慧. 基于市域范围的高新技术产业布局模式研究[J]. 人文地理,2008,23(3):92-96.

成功之谜的研究成果,主要基于国内科技园区的建设与发展进行了一些研究,如高新区、大学科技园等方面的研究。但总的来看,研究尚不系统,且对深层次问题的解析匮乏,缺乏关于科技园区发展微观机制特别是科技园区企业集群形成机制方面的研究。

王缉慈(2000)[①]分析了中关村的发展模式,肯定了中关村发展的历史功绩,同时也提出了中关村发展的制约因素。罗良忠等(2003)[②]认为,硅谷主要是小企业集群,研究型大学、风险投资、独特的文化、气候与生活质量、社会结构形成了硅谷小企业集群成长和发展的支撑体系,并提出上海科技园区中小企业集群化程度偏低,推动企业集群化成长将成为上海高科技园区的必然选择。许庆瑞等(2003)[③]认为,硅谷生态系统不仅为企业的"灵活再循环"提供环境条件和机制保证,而且为科技企业家群体的生成提供环境条件和机制保证。他们对硅谷科技企业家的生成机制进行了分析,并提出在我国创造企业家生成环境的必要。张雷(2002)[④]对国外科技园运行模式进行了分析,并提出对我国大学科技园建设的启示。韩野等(2003)[⑤]对世界大学科技园发展过程中的内在动力机制、生命周期、管理模式、功能定位和发展道路等进行了论述和介绍。李仕明等(2002)[⑥]对建设大学科技园,以及大学科技园在把高校建设成教育(人才培养)、科研(学科发展)、产业(高新技术产业)开发三位一体的基地中的功能与定位进行了分析。蒋言斌等(2003)[⑦]认为,国家大学科技园包括作为前提和条件的创新导引系统、作为动力的创新激励系统、作为背景的创新环境支撑系统和作为创新源头的人才支撑系统。徐顽强等(2005)[⑧]认为,高科技园区创新平台是以产学研合作平台为主体、技术创新平台为核心、创新服务平台为保障的三大子平台共同作用的结果,在研究高科技园区创新平台运行过程的理论基础上,分析了平台的运行原理。

4. 关于科技园区评价的相关研究

最早涉足科技园区评价这一领域的学者是《硅谷热》的作者埃弗雷特·M.罗杰和朱迪思·K.拉森。他们运用定性分析方法(主要是成功因素和区位条件)对硅谷的起步和成长过程进行了考察,然而这种定性分析方法很难对科技

---

① 王缉慈. 关于北京中关村发展模式的深层思考[J]. 北京联合大学学报,2000(1):54-57.
② 罗良忠,史占中. 从美国硅谷小企业集群看上海高科技园区的发展[J]. 当代财经,2003(3):70-73.
③ 许庆瑞,刘景江. 硅谷科技企业家的生成机制及其现实启示[J]. 商业研究,2003(9):58-59.
④ 张雷. 国外科技园运行模式对我国大学科技园发展的启示[J]. 东北大学学报(社会科学版),2002,4(3):39-41.
⑤ 韩野,范旭. 世界大学科技园区发展的四大问题研究[J]. 桂海论丛,2003,19(2):36-38.
⑥ 李仕明,韩春林,杨鸿谟,等. 大学科技园的功能与定位[J]. 研究与发展管理,2002,14(4):77-80.
⑦ 蒋言斌,勾瑞波,吴爱祥. 国家大学科技园创新体系建构[J]. 现代大学教育,2003(2):96-99.
⑧ 徐顽强,刘毅. 高科技园区创新平台的运行过程分析[J]. 管理学报,2005,22(6):235-238.

区做出全面和科学的评价,但其探索性的研究工作对后人进一步研究科技园区评价指标及指标体系框架有重要的启发意义。

米安(Mian)从组织结构、专利、资源支持、技术、政策支持、服务、其他增值因素、客户发展等对30个大学科技孵化器进行了评价,最后得出政府投资和私人资本投资的大学孵化器在支持新公司成长上没有明显区别的结论。

吉布森(Gibson)认为,四个因素是评价大学科技园必须的:①创新和专利政策;②商业化和技术转移;③企业家;④孵化能力。他还认为,科技孵化器不应该只是提供商业服务,还应提供商业策划、种子基金、风险资金等。

阿尔伯特(Albert,2003)[①]对1951—2002年美国大学科技园数量与在各州的分布以及各州拟建科技园数量进行了统计,并分析了大学科技园的主要特征、增长因素等。最后得出结论:有主导技术的科技园比科技园平均增幅高出3.2个百分点;远离校园的科技园增幅比平均值低3.7个百分点;大学拥有和运作的科技园增幅比平均值低6.7个百分点;孵化设施对科技园成长没有明显的影响。阿尔伯特(Albert N. Link)和凯文(Kevin R. Link)还以创建时间、占地面积、每年扩大面积、雇员数量、每年增加雇员数、建筑面积、每年增加建筑面积等指标,对全美大学科技园进行了排序,试图解释科技园和区域经济的发展。阿尔伯特等的研究具有一定的创新性,但却没有建立一套完善的评价体系。

托马斯(Thomas,2005)[②]以佛罗里达大学科技孵化器为例,对成功的大学科技园应具有的元素进行了分析,认为大学科技孵化器应该与大学研究机构建立密切联系,大学应该是孵化器的源泉。对400多家入驻公司的调查结果表明,利用大学资源的公司的利润率较其他大学高21%。40%的公司在大学直接招募员工,利用大学实验室等其他设施。他认为,大学支持、商业服务、扶持基金、入驻企业联动、企业家文化及科技成果转化等应该是大学孵化器的必备条件。

陈等人(Chen,et al,2004)[③]从公司如何选择科技园的角度以中国台湾地区为例进行了实证研究。归纳出科技园评价的14个指标:①区位;② R&D环境;③信息系统;④人力资源质量;⑤人力成本;⑥城市发展水平、文化和社区;⑦法律体系;⑧智力资本;⑨土地资源的获取和建筑面积;⑩公共设施;⑪科技园管理体系;⑫竞争公司的战略贡献;⑬政治因素;⑭经济发展水平。继而对新竹

---

① Albert N Link. University-related research parks[J]. Issues in science and technology,2003,20:79.

② Thomas O'Neal. Evolving a successful university-based incubator:lessons learned from the UCF technology incubator[J]. Engineering management journal,2005,17(3):11-25.

③ Chen C N,Tzeng L C,David D C. Tarn:how companies choose scientific parks:an empirical study in Taiwan[J]. International journal of management,2004,21(3):338.

和台南工业园区(HSIP & TSIP)的高级经理人进行调查,结果显示,在中国台湾地区的科技园区中,R&D 科技园与软件园受到较高的认可。

上述对科技园的评价虽然视角不同,但在指标的选择上存在内在的一致性,反映了科技园区建设能够取得成功的相对重要的因素。第一,均揭示了区位支撑能力的重要性,并含有制度创新的指标。第二,其中的智力密集程度、风险资本及研究开发等反映了高技术创新活动的特点,一定程度上反映了成功科技园区的本质特征。上述学者对科技园区的评价主要使用定性分析方法,缺少量化和相关的实证研究,未能建立量化的评价指标体系,但其评价的思路与方法、评价指标的选取等对构建科技园区评价指标体系具有一定的借鉴意义。

在此基础上,我国学者也做了很多有益的探索。在国内,对科技园区的评价最初是出于考核的需要,是由政府推动的。原国家科委于 1993 年公布了《国家高新技术产业开发区考核标准(试行)》,从高新区的经济、资本、建设、企业、创业中心、人才、外国企业和工业总产值 8 个方面、27 个指标来构建我国科技园区的考核评价指标体系,具有一定开创性。1999 年,科技部公布经修改的《中国高新技术产业开发区评价指标体系》。这个评价指标体系由技术创新、创业环境、发展、贡献和国际化 5 个方面的 24 个指标所构成,与 1993 年原国家科委公布的评价指标体系相比较,有了较大改进。

2003 年,在参照前期公布的中国科技园区评价指标体系的基础上,提出第一个大学科技园发展评估指标体系。该指标体系以科技园孵化能力、环境政策、创新能力及建设成果 3 个一级指标,11 个二级指标和 23 个三级指标进行设计。按照以上指标体系,2003 年 8 月,科技部、教育部组织有关专家对全国 22 个国家级大学科技园,从科技园孵化企业能力、环境政策、创新能力及建设成果三个大的方面进行了评估,并得出相应的结论。2005 年 5 月,科技部与教育部委托"大学科技园评价指标体系研究课题组"对"大学科技园评估指标体系"进行研究;2007 年 1 月,教育部与科技部联合下发《关于征求对〈国家大学科技园评估指标体系(征求意见稿)〉意见的函》,在广泛征求意见的基础上,2010 年 10 月,科技部和教育部联合印发了《国家大学科技园评价指导意见》。

在国家层面制定评价体系的同时,很多学者从不同的角度对高新区的评价进行了有益的探索。陈益升等(1996)[①]对国家高新区的考核评价进行了研究,将高新区作为一种科技产业社区系统,以功能分析,国情分析和国际经验分析为出发点,通过对高新区系统的结构特征、高新区考评指标体系的设计原则、高新区考评指标的分类选择等问题的研究,初步建立了国家高新区考评指标体系设

---

① 陈益升,欧阳资力.国家高新区考核评价指标体系设计[J].科研管理,1996(6):1-7.

计的基本框架和方案。张伟、顾朝林等(1998)①建立了中国高新区评价指标体系,从空间规模、经济实力、人才实力和开发效益4个方面、13个指标体系,应用因子分析法对我国52个国家高新区1989—1994年的发展状况和增长进行评价,同时采用定性与定量相结合的方法分别对30个省(自治区、直辖市)科技发展综合实力和52个高新区发展条件进行评价。宋化民等(2000)②以系统论、信息论和控制论为指导,在剖析高新区的基本特征与功能的基础上,提出分析和评价高新区发展现状的指标体系,并建立了相应分析和评价方法。

大学科技园建设起步较晚,有关大学科技园评价方面的研究成果相对较少。徐小钦等(2004)③根据大学科技园的特点,采用层次分析法作为科技园发展要素评价的基本方法,并在此基础上利用动态聚类分析法对我国大学科技园的整体发展状况作出综合评估。范德成与张巍(2005)④在分析2003年国家大学科技园评价体系的基础上提出了自己的大学科技园评价指标体系。

国内学者开始进行尝试研究,但还属于探索阶段,现在的评价体系虽然具有一定的评价功能,但其标杆功能、引导功能仍未得到应有的发挥。评价体系的设置多未对大学及研究机构、创新网络等集群因素给予足够重视。

5. 基于硅谷等科技园区的案例研究

美国硅谷开创了高科技园区的先河,也是迄今最成功的科技园区。因此,世界各地建设高科技园区热衷于学习和模仿硅谷,中外学者都试图揭开硅谷成功的奥秘,理论界也掀起了硅谷研究的热潮。在硅谷案例研究中,有三部著作极具代表性。

著作之一:《地区优势:硅谷和128公路地区的文化与竞争》(Regional Advantage: Culture and Competition in Silicon Valley and Route 128)。⑤该书1994年由加州大学伯克利分校的安纳利·萨克森宁(Ann Lee Saxenian)编著,比较了波士顿附近128公路周围的高科技公司与硅谷高科技公司的发展历程。值得注意的是,波士顿附近有两所著名大学(哈佛大学和麻省理工学院),又有充足的资金(波士顿靠近纽约金融和商业的中心)。在20世纪80年代前,128公路周围的高科技企业遥遥领先于硅谷。但是20世纪80年代以后,硅谷

---

① 张伟,顾朝林,陈田,等.中国高新技术区的综合评价[J].地理研究,1998,17(3):233-241.
② 宋化民,胡实秋.关于高新技术开发区的评价指标与方法研究[J].科技管理研究,2000(6):32-34.
③ 徐小钦,陶星洁,王永宁.基于层次分析法和动态聚类法的大学科技园评价[J].重庆大学学报(自然科学版),2004,27(12):152-155.
④ 范德成,张巍.大学科技园评价指标体系研究[J].科学学与科学技术管理,2005,26(12):65-69.
⑤ 安纳利·萨克森宁.地区优势:硅谷和128公路地区的文化与竞争[M].曹蓬,杨宇光,译.上海:上海远东出版社,2000.

却超越了前者。硅谷的地区优势在于以网络为基础的工业体系,而128公路地区逐渐失去优势的原因是当地的工业体系以独立公司为基础。作者令人信服地证明,发生这种差异的根本原因是它们存在的制度环境和文化背景完全不同。

著作之二:《走出误区:经济学家论说硅谷模式》。[①] 该书于2000年由旅美经济学家、加州大学伯克利分校经济系教授钱颖一和肖梦主编,书中综合了许多经济学家如萨克森宁、青木昌彦、吴敬琏等对硅谷的研究,讲述了硅谷的故事以及其他地区复制硅谷的经验和教训。钱颖一(2000)[②]的结论是:硅谷不是计划造出来的,硅谷也不可能产生于僵化的体制,只有一种宽松的创业体制和非常分散的决策过程才能创造出硅谷这样的奇迹。发展高科技,资金固然重要,但更重要的是要有一种能充分发挥人的创造力的体制和文化,用以造就创业者的栖息地。

著作之三:《硅谷优势——创新与创业精神的栖息地》(*The Silicon Valley Edge: A Habitat for Innovation and Entrepreneurship*)。[③] 该书由李钟文与威廉·米勒等于2002年编著,书中总结道:世界上有许多产业汇集在"产业聚集地",如瑞士的钟表制造业、德国的机床业、米兰的服装设计业与家具制造业、北卡罗来纳的木器制造业、谢菲尔德的刀具制造业、巴塞尔的制药业、巴伐利亚的啤酒酿造业等。汇聚过程一旦开始,技术(创意)外溢、技能的积累、生产所需的资源的可获得性以及一系列反馈都有助于保持竞争优势。硅谷就经历了这样一个过程,它由电子企业起家,此后领导着信息技术的每一次潮流。这些簇群显示了邻近性和本地资源的重要性。正如迈克尔·波特所说:"要在全球经济中保持持续的竞争优势,就必须更加立足于本地资源——知识、关系、原动力——这些是遥远的对手无法匹敌的。"硅谷就是一个发挥本地知识和关系簇群优势的典范。

此外,埃弗雷特·M. 罗杰斯(Everett M. Rogers)与朱迪斯·K. 拉森(Judith K. Larsen)的《硅谷热》(*Silicon Valley Fever: Growth of High-Technology Culture*)[④]精彩而生动地讲述了硅谷的历史和故事。该书没有涉及20世纪80年代中后期的PC革命和90年代更加壮观的互联网浪潮,但在今天来看,书的内容并没有过时,无论是风险投资、生态特性、生活环境以及高度的竞争氛围都依然如故。

---

① 钱颖一,肖梦. 走出误区:经济学家论说硅谷模式[M]. 北京:中国经济出版社,2000.
② 钱颖一. 硅谷的故事[J]. 经济社会体制比较,2000(1):28-35.
③ 李钟文,威廉·米勒,马格丽特·韩柯克,等. 硅谷优势——创新与创业精神的栖息地[M]. 北京:人民出版社,2002.
④ 埃弗雷特·M. 罗杰斯,朱迪思·K. 拉森. 硅谷热[M]. 范国鹰,译. 北京:经济科学出版社,1985.

斯图尔特·W. 莱斯列与罗伯特·H. 卡冈(2000)[①]在其《推销硅谷：弗里德科克·特曼的地域优势模型》(Selling Silicon Valley: Frederick Terman's Model for Regional Advantage)一文中,探讨了作为地区优势发展的硅谷模式的起源及美国其他地区与其他国家复制的努力,并就特曼意义上的硅谷模式的内在构成做了精辟的分析。

通过文献阅读发现,关于硅谷案例的研究可谓汗牛充栋,这些研究大致可以分为两类。一是硅谷发展的生成条件的研究,包括硅谷的发展演变过程、硅谷成功的因素等,努力"求解硅谷成功之道"。二是如何成功复制硅谷？在对硅谷成功因素挖掘的基础上,学者们也提出了所谓的指导其他地区高科技园区建设的建议。研究内容也涉及硅谷文化、创业精神、研究型大学作用及与产业界的联系、创业资本、风险投资、企业家精神、创新体制、社会资本、专业化服务(法律、金融、会计等)等方方面面。

硅谷的巨大成功引起了世界各地科技园区建设的实践,除了对硅谷本身的研究外,研究界限也随着硅谷的扩散而扩展,科技园区的案例也变得多起来。如新竹科学工业园区、班加罗尔软件园、中关村科技园区等。

6. 简单评论

现有文献对科技园区的研究主要集中在科技园区内涵、分类等研究,近年来开始研究科技园区运作机制、评价以及案例研究。但是现有研究多停留在对科技园区的描述,缺少对于运作微观机制的研究,也缺少案例创新。很多研究都认识到了科技园区成功的共同特点是企业集群的存在,但是缺少对于科技园区企业集群演化及集群化动力机制的研究,这为本书探索科技园区企业集群演化机制提供了一个研究视角。

2.2 企业集群的相关研究述评

2.2.1 企业集群理论研究发展概述

早在1898年,英国经济学家马歇尔(Marshall)已经描述了企业集群现象,但之后的相当长一段时间内,产业集群理论游离在主流经济学之外。20世纪70年代末和80年代初,面对世界性的经济危机,一些区域呈现出经济衰退的景象。在这种情况下,在某些地区却出现了与大势相左的良好态势,经济发展依然

---

① 斯图尔特·W. 莱斯列,罗伯特·H. 卡冈. 推销硅谷：弗里德科克·特曼的地域优势模型[J]. 经济社会体制比较,2000(1):36-44.

保持平稳,甚至继续增长,引起了世界的关注。人们发现这些地区的共同特征是存在专业化中小企业集群(Stoper & Scott,1989)[1]。中小企业彼此间存在高效的竞争与合作关系,形成高度灵活专业化的生产协作网络,具有极强的内生发展动力,依靠不竭的创新能力保持了地方产业的竞争优势。学者们把这些地区称为"新产业区"或"第三意大利"。可以说,从20世纪70年代末开始,产业集群的研究逐渐引起学术界的普遍关注。

20世纪90年代,哈佛大学迈克尔·波特(1990)[2]明确提出了产业集群的概念,认为产业集群指的是:"产业在某种特定区域内因地理邻近、相互关联且具有共通性和互补性联结特征而集聚在一起。"波特还从创新和竞争优势的角度研究集群的形成机理,将集群理论研究推向高潮。产业集群这一概念不仅为经济学研究所接受,而且为管理学、社会学、地理学研究所使用,还成为新的边缘交叉学科如竞争经济学、空间经济学、新社会经济学、新经济地理学等的重要关键词,蔚然成为一个新的重要研究领域。[3] 作为一个研究性的学术词语,开始大量出现在OECD、UNIDO、ECONOMIST、UNCTAD等世界著名的学术研究机构的重要理论与政策文献中,并引起决策部门和产业规划部门的极大兴趣。

20世纪90年代起,国内学者开始对集群研究进行跟踪,并逐步形成了产业集群研究的中心。王步芳(2007)[4]认为,国内的产业集群研究中,当前有两个学术中心:一个是"北派",以北京大学王缉慈教授为代表的主要基于地理学科的学术团队,也是最早将产业集群理念介绍到中国学术界并且引起官方高度重视的中国产业集群研究的权威。另一个是"南派",以浙江大学的许多经济学、管理学教授、博士为代表,主要依靠对浙江特色民营经济的实地调研,再从经济学、管理学角度研究的学术"集群"。实际上,国内研究的范围已经远远超过了所谓的"两个学术中心",广东学者对专业镇的研究、西北学者的西部地区产业集群研究、东北的老工业区产业集群研究以及上海学者的创新(创意)产业集群研究都取得了不少成果。

本书对截至2008年7月的集群论文的发表量进行了统计,通过中国知网(CNKI)检索标题含有"产业集群"的论文,论文数量为5 534篇,至2007年的学位论文数量为245篇,足以证明学者们对集群问题的关注。实际上,集群方面的

---

[1] Stopper M, Scott A J. The geographical foundations and social regulation of flexible production complexes [M]//Wolch J, Dear M. The power of geography: how territory shapes social life. Winchester: Unwin Hyman, 1989: 21-40.
[2] 迈克尔·波特. 国家竞争优势(中文版)[M]. 北京:华夏出版社,2002.
[3] 林竞君. 网络、嵌入性与集群生命周期研究——一个新经济社会学的视角[M]. 上海:上海人民出版社,2005.
[4] 王步芳. 企业群居之谜:集群经济学研究[M]. 上海:上海三联书店,2007.

研究远不止于此,鉴于国内学者对集群的称谓不同,有些学者使用"企业集群",本书对标题含"企业集群"的论文进行检索,结果为2 076篇。本书还对CNKI中学位论文的篇目进行检索,结果显示,集群方面的论文涉及经济学、管理学、社会学、地理学、哲学等,多是学科交叉的成果。本书还就国家自然科学基金和国家社会科学基金对"产业集群"研究资助情况进行统计,从2000—2007年的数据来看,两大基金共资助研究课题数目达到71项,其中社科基金资助22项,自然基金资助49项,主要集中在管理学、经济学领域。研究课题集中在集群机理、演化路径、创新网络、价值链、升级、集群模式、集群竞争力、人才聚集、集群政策等各领域。①②

在学术著作方面,仇保兴的专著《小企业集群研究》③1999年出版;2001年,王缉慈《创新的空间:企业集群与区域发展》④一书问世;随后,在国家基金及地方各种基金资助的支持下,在博士论文研究的基础上,一批集群研究方面的著作问世,研究内容不断拓展、研究不断深入,如刘巨钦的《企业集群成长机理与竞争优势培育》、蔡宁与吴结兵的《产业集群与区域经济发展——基于"资源-结构"观的分析》、林竞君的《网络、社会资本与集群生命周期研究》、张东风的《基于复杂性理论的企业集群成长与创新系统研究》、郑健壮等的《基于资源观的产业集群政策研究》、高闯等的《高技术企业集群治理机构及其演进机理》,等等。

2002年年底,中国软科学协会举办"产业集群(簇群)与区域创新发展"宁波会议。同年,"产业集群与区域发展"国际学术会议(ICRP)创办,至2022年10月已成功举办二十届。

2.2.2 企业集群的相关研究

关于企业集群的研究成果可谓"汗牛充栋",限于篇幅,本书对于企业集群理论的根源与演变不作详细论述,仅就与本书相关的企业集群演化与动力机制等方面的研究作以述评。

1. 对企业集群内涵的研究

由于研究渊源的多学科性,研究视角的差异以及产业集群实践的多样性,目前对产业集群的概念和含义的表述十分丰富,如,产业集聚、产业簇群、产业集群、企业集群、地方集群、地方产业集群、集群、新产业区、创新环境、地方创新系

---

① 全国哲学社会科学规划办公室网站:http://www.npopss-cn.gov.cn/index.html.
② 国家自然科学基金委员会网站:http://www.nsfc.gov.cn/nsfc2008/index.htm.
③ 仇保兴.小企业集群研究[M].上海:复旦大学出版社,1999.
④ 王缉慈.创新的空间:企业集群与区域发展[M].北京:北京大学出版社,2001.

统、区域创新系统、新的产业空间等。

本书对理论界一些有代表性的关于企业集群的概念进行梳理(表 2.4),发现在诸多集群概念中,都试图归纳出一个现象,即众多企业在某一地理区域的集聚。从对企业集群的观察与国内外集群文献资料看,定义企业集群需要把握三个维度:

——经济维度。集群是一群经营同一行业的中小企业,而且这些企业之间存在某种联系与分工合作关系。

——地理维度。大量中小企业在地理空间上聚集在一起。在某一特定的空间范围内,经营某一行业的中小企业密度大大高于社会平均水平。如果企业集群是地理分离型的,则为虚拟集群(Virtual Cluster)。

——社会维度。意大利著名的集群研究专家贾科莫·贝卡蒂尼(Giacomo Becattini)(1990)[①]认为,"集群是一个社会区域实体,集群以社区(Community)和大量企业同时出现在一个自然的历史形成的有限区域为特征",即集群与产业区合二为一。他强调了集群的社会关系层面,认为集群是一个社会经济概念。

表 2.4 企业集群概念一览表

序号	代表人物/组织	定义	特征描述	关注焦点
1	波特(Porter)	某一特定区域的特定领域中,一群在地理上邻近、有交互关联的企业和相关法人机构,并以彼此的共通性和互补性相联结	包括上、下游公司;互补产品生产商;专业化基础结构的供应者和相关技术基础设施(大学、智囊团、职业训练提供者、技术标准机构、商会等)	区域内机构间的协作;企业间的竞争、合作关系;竞争优势
2	经济合作与发展组织(OECD)	各类企业在相关的商务联系基础上所存在的地理组合现象	是国家创新系统核心组成部分;一般复合在价值链中,并包含中间组织如协会	集群的创新效能;集群形成和扶植的政策工具和方针
3	联合国工业发展组织(UNIDO)	基于外部经济的生产和销售一系列相同或相关的产品而面临共同的挑战和机遇的企业在部门上和地理上的集中。与网络有差别	原料和零部件的专业供应商,专业技能的劳动力市场,以及在技术、管理和金融等方面专业服务的发展	认为集群是中小企业的发展方式;通过扶植集群来发展中小企业的政策

---

① Becattini G. The marshallian industrial district as a socio-economic notion[M]//Pyke F, Becattini G, Sengenberger W. Industrial district and inter-firm cooperation in Italy. Geneva: International Institute for Labour Studies,1990:37-51.

(续表)

序号	代表人物/组织	定义	特征描述	关注焦点
4	克鲁格曼(Krugman)	可以追溯到工业化初期的产业高度地方化的一种现象	注重效率	解释集群现象产生的理论原因
5	王缉慈	是产业的空间集聚现象，空间上集聚的企业既竞争又合作的关系集合，刻画企业在特定区域集中聚合，并在内部结成复杂的网络状联系和相关结构	又称产业区、地方生产系统、地方企业网，包含：行业协会、金融机构、职业培训和科研机构等在空间上集聚，并形成强劲、持续竞争优势的现象	通过集群的案例研究深化对集群的认识；全球化背景下集群形成和发展的政策
6	仇保兴	一群自主独立又相互关联的小企业依据专业化分工和协作建立起来的组织	介于企业集团和小企业之间的一种中间性组织	内在机制和外部条件；支持其发展的政策体系
7	魏江	一群位于同一小地理区域的相关企业组成的集合体，它是具有地理区域边界的一群中小企业在某一特征关联背景下的产业生态系统	作为一种组织形式，导致了企业边界的弹性拓展和企业行为的变化	技术能力增长机制和支持集群创新系统的对策
8	林竞君	大量的产业相关企业、辅助机构在细化分工的基础上，彼此信任、合作，高度集中于特定区域，并嵌入由本地经济行为者构成的关系网络及区域整体规范、价值系统之中的一种社会经济系统	社会经济系统	集群内部嵌入性问题

出于不同的研究目的，不同学科的学者在给集群下定义时，往往侧重于集群的一个和两个维度。如经济学家与战略管理学者更多关注集群的经济层面，地理学者关注集群的空间结构，管理学者关注集群的演进机理，社会学家则更为关注集群的社会网络关系。本书认为，企业集群指的是在某一特定区域范围内，大量相关企业和其关联机构，在分工、竞合的基础上形成的一种企业生态系统。

2. 关于企业集群形成机理的研究

在企业集群的形成过程中，分工的发展是一个关键问题，分工及专业化的演进对企业集群形成的意义是学者们的共识之一。直观地说,企业集群是伴随着分工及专业化的发展而诞生的。① 企业集群理论的源头可以追溯到古典经济学的分工与报酬递增理论。在亚当·斯密时代,英国的社会分工及专业化程度已经达到一定水平。《国富论》中就对分工现象进行了描述。马歇尔(1920)②则是直接提出分工的"外部性"原理,认为导致企业集聚的原因不在于区域产业空间的扩大和企业层面的生产规模的扩大,而在于社会层面的规模报酬递增外部经济性,即这种外部经济性主要是因为组织化的生产而产生。马歇尔指出企业的区位集聚有三个原因。第一,劳动力市场共享:几个企业集中于一个提供特定产业技能的劳动力市场区位,确保了工人较低的失业概率,并降低了劳动力出现短缺的可能性。第二,中间投入品共享:地方性产业通过产业的前后关联效应可以支持非贸易的专业化投入品生产。第三,知识溢出效应:知识的溢出可以使集聚企业的生产函数好于单个企业的生产函数,尤其是通过人与人之间的交流而促使知识的地方化溢出。马歇尔式产业区的当代形式——第三意大利模式的发现是近来企业集群研究复兴的重要原因。学者们对该区域的研究同样得出,本区域企业集群的形成,是源于大量专业化的中小企业在地域范围内的集聚,而这又归根于企业集群内部劳动分工的细化和专业化程度的提高(Piore & Sabel, 1984)。③

在企业集群形成机理的探讨上,克鲁格曼(2000)④的观点较为独特。他把企业集群萌芽的原因归结为历史性偶然事件或是一种机遇的作用。在《地理与贸易》一书中,克鲁格曼对美国佐治亚州的多尔顿(Dalton)的地毯业集群进行研究,着重考察这一企业集聚的历史过程。他认为企业集群是规模报酬递增带来的外部经济的产物,他将外部经济归纳为三种类型:市场规模扩大带来的中间投入品的规模效应、劳动力市场规模效应和信息交换与技术扩散规模效应,并认为前二者在企业集群形成过程中起到了关键性的作用。克鲁格曼的企业集群理论基于以下逻辑:地区集中和专业化可以扩大生产规模并产生规模经济,而规模经济将带来更大规模的企业集中,从而形成企业集群。拜尔和格勒菲(Bair & Gereffi, 2001)⑤对墨西哥多瑞昂(Torreon)地区牛仔服集群的调查同样说明了

---

① 林竞君. 网络、嵌入性与集群生命周期研究——一个新经济社会学的视角[M]. 上海:上海人民出版社,2005.
② 马歇尔. 经济学原理(上卷)[M]. 朱志泰,译. 北京:商务印书馆,1997.
③ Piore M, Sabel C. The second industrial divide: possibilities for prosperity[M]. New York: Basic Books, 1984.
④ 保罗·克鲁格曼. 地理与贸易[M]. 北京:北京大学出版社,2000.
⑤ Bair J, Gereffi G. Local clusters in global chains: the causes and consequences of export dynamism in torreon's blue jeans industry[J]. World Development, 2001, 29(11): 1885-1903.

偶然性的历史事件在集群诞生中的作用。波特认为,某个地区在某个行业方面出现的第一个企业,只能从企业家精神或创业精神去解释,而不能单纯从该地区有利于该行业发展的硬环境方面去理解。同时,波特(2003)[1]将企业集群产生的条件归结为集群所在地点在特定历史条件下具备了钻石体系的部分条件:一是专业化技能、大学的研究专长、有效率的具体地点;二是不寻常、复杂的或紧迫的地方需求促使集群产生,如以色列的农业技术集群;三是集群产生集群,即集群具有"累积因果效应";四是机遇因素,即不是该地区的有利条件,而是较早的创业行动所导致。韦伯(Weber)从微观企业的区位选择角度,阐明了企业是否靠近取决于集聚的好处与成本的对比。当集聚所带来的好处能抵消或超过由此引起运费的增加时,集聚因子便会对工厂区位选择产生作用,即集聚经济是工业集聚的重要诱因。他将产业集聚分为两个阶段:第一阶段是企业自身的简单规模扩张,从而引起产业集中化,这是产业集聚的初级阶段;第二阶段是大企业以完善的组织形式集中在某一地方,并引发更多同类企业的出现,这时,大规模生产的显著经济优势就是有效的地方性集聚效应。从产业集群的形成实践看,并不是单纯的集聚经济效应促使了产业空间集聚,而是在追求集聚经济效应的同时,当地特殊的制度文化与社会关系共同影响着产业集聚,共同构成产业集聚的内在动因。尤其是后者因具有不易模仿性和历史继承性而构成全球"黏性区域"(Stieky Places)的重要基础(Markusen,1996)。[2]

意大利中部的 Emilia-Romagna、Tuscany、Uumbria、Marche 以及 Veneto 等区域因其迅猛发展的中小企业经济而被誉为"第三意大利"(Terza Italia),成为企业集群研究者关注的焦点之一。皮埃尔和赛伯(Piore & Sabel)在对"第三意大利"地区的研究中指出,在"柔性专业化"生产时期,企业间的合作对于创新尤为重要,而适宜的制度文化是促使企业间合作创新的重要因素。普特南则主要从社会资本、信任的角度对第三意大利进行解读。从社会资本以及区域信任、合作水平的高低来解释何以第三意大利地区的中小企业经济绩效以及政府运行效率都较高的普遍事实(Putnma,1993)。[3] 斯各特(Scott,1993)[4]沿袭了"柔性专业化"(Flexible Specialization)导致劳动社会分工加强的观点,并运用交易成本理论,解释产业群的形成机理。他认为,在劳动社会分工日益加深的前提

---

[1] 迈克尔·波特. 竞争论[M]. 高登第,李明轩,译. 北京:中信出版社,2003.

[2] Markusen A. Sticky places in slippery space: a typology of industrial districts[J]. Economic geography, 1996, 72: 293-313.

[3] Putnam R. Making democracy work: civil tradition in modern Italy[M]. Princeton: Princeton University Press, 1993: 167.

[4] Scott A J. Technopolis: high-technology industry and regional development in southern california berkeley[M]. California: University of California Press, 1993.

下,企业之间的交易频率增加,进而导致交易总费用上升。由于交易成本与地理距离成正相关,企业通常在本地寻找交易对象,从而促成地方企业集群的形成。他在理论和实践的基础上总结出,产业群通常需要以现有的社会文化准则为基础的集体制度安排,以此来克服市场失效。哈瑞森(Harrision,1992)[1]强调,企业在本地结成创新网络的根植性对产业区发展尤为重要,只有根植于当地社会文化环境的创新网络才能更好地发挥作用。

在知识经济和全球化加速发展的背景下,知识和创新成为经济发展的内源动力。隐含类知识的共享与溢出、创新风险的降低,成为基于知识的创新型企业集群形成的直接动因。而隐含类知识的溢出与扩散,需要创新主体之间的频繁的面对面的非正式交流。这就决定了基于行为主体之间的信任与社会网络关系的非正式制度在创新型企业集群形成中的重要作用。凯姆格尼(Camagni,1991)[2]提出创新环境理论,认为区域集体学习主要靠企业间的联系与结网以及地方劳动力市场内部的熟练劳动力流动来完成。而集体学习效率的提高,有赖于基于共同文化根基的个体和企业间的隐性行为准则的信任机制的建立。

艾米和施瑞夫特(Amin & Thrift,1994)[3]提出了制度厚度(Institutional Thickness)的概念,从四个关键组成要素对制度厚度进行定义:①强烈的制度存在,包括企业、地方当局、商业协会、金融制度、发展机构、工会、研究与创新中心、自愿团体;②在各种制度间产生高度的相互作用,促进相互合作、交流及反射网络(Reflexive Networking)的形成,在地区制度安排方面,产生显著的同构;③制度厚度取决于主体结构,通过联合建造和集体存在,将部门主义和制度之间的冲突降到最低;④上述三方面导致一种涵化和集体动员,使各部分围绕特定的议程、项目或区域的社会经济发展的共同目标,形成共同感。制度厚度的这四个组成要素会产生的结果是通过建立信用关系,促进产业地区根植性和创业环境,通过制度化过程,形成一套共同认可的行为、支撑和操作规范,促进企业集群发展。柯克(Cooke,1996)[4]也认为,非企业性机构或组织在提高区域创新能力方面的作用,比企业间的相互作用的强度和结网更为重要。萨克森宁

---

[1] Harrison B. Industrial districts: old wine in new bottles? [J]. Regional studies, 1992, 26(4): 469-483.

[2] Camagni R, Camagni R, Crevoisier O, et al. Innovation networks: spatial perspectives[M]. London: Beelhaven-Pinter, 1991.

[3] Amin A, Thrift N. Globalisation, institutional "thickness" and the local economy[M]//Healey P, Cameron S, Davoudi S, et al. Managing cities: the new vrban context. New York: John Wiley & Sons,1995.

[4] Cooke P. Regional innovation systems: an evolutionary approach[M]. London: UCL Press, 1996.

(Saxenian,1994)[①]在对硅谷与128公路地区的对比分析后指出,"硅谷那种合作与竞争的不寻常组合连同其他要素共同构成的制度环境"是硅谷成功的关键。同时她也强调,劳动力的高速流动、产学研创新主体之间的互动关系与协同创新,也是造就硅谷成功的重要因素。特瓦里(Tewari,1998)[②]在分析印度Ludhiana地区制造业小企业集群的竞争优势时,发现有四个比较突出的因素影响企业集群的形成:一是间接的历史原因;二是该地区工业与农业的有机联系;三是政府在五金工人技能形成、国防需求订单以及制度网络建设方面的支持;四是需求因素以及该地区各种规模企业之间形成的复杂网络。斯万(Swann,1998)[③]在对美国、英国高科技企业集群作比较研究时,构造了一个集群形成机制的模型(图2.3)。在模型中,固定效果是指所有使集群具有吸引力的因素,如产业氛围、基础设施、文化资本等。相对于集群的产业优势,科学基础对新企业的进入和现有企业的成长比较间接,所以用虚线联结。这一模型主要分析了新企业进入集群的机制,借此来说明集群的形成。

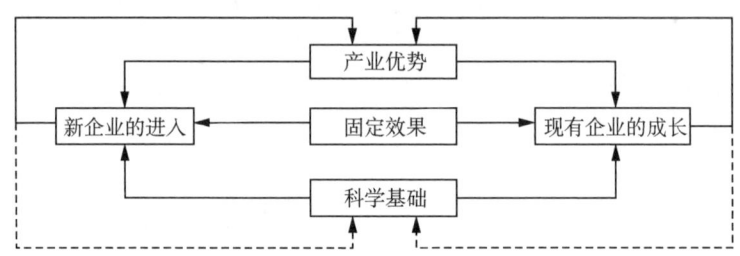

图2.3 Swann的集群形成机制的模型

国内学者在借鉴国外相关研究成果的基础上,结合国内企业集群的发展实践,对企业集群的形成机理进行了探讨。仇保兴(1999)[④]从专业化分工角度分析了企业集群的形成机制,并从产权、市场结构、产品和要素市场以及人文环境角度分析了小企业集群形成发展过程中的制约因素。叶建亮(2001)[⑤]用新增长理论中关于知识溢出的理论来分析浙江省的企业集群现象,他认为知识溢出是导致产业集群形成的重要原因,它不仅决定了产业集群的规模,也影响了集群组

---

① Saxenian A L. Regional advantage: culture and competition in silicon valley and route 128[M]. Boston: Harvard University Press, 1994.

② Tewari M. Intersectoral linkages and the role of the state in shaping the conditions of industrial accumulation: a study of Ludhiana's manufacturing industry[J]. World development, 1998, 26(8): 1387-1411.

③ Swann G, Prevezer M, Stout D. The dynamics of industrial clustering: international comparisons in computing and biotechnology[M]. Oxford: Oxford University Press, 1998.

④ 仇保兴. 小企业集群研究[M]. 上海: 复旦大学出版社, 1999.

⑤ 叶建亮. 知识溢出与企业集群[J]. 经济科学, 2001(3): 23-30.

织内企业的生产函数。梁琦(2004)①解释了企业集聚的三大基本因素——运输成本、规模经济和外在性。在此基础上,她继续考察了市场因素,包括地方需求、产品差别化、市场关联和贸易成本对集聚的重要影响,并进一步探讨产业集聚中的知识溢出问题。她认为知识溢出和技术扩散具有某种地域性;知识的黏性特征和缄默知识的存在是知识溢出的地域性原因所在,正是这种空间的局限性,以高技术为纽带的产业集聚才得以形成。金祥荣等(2002)②通过设立任何两个产业的发展都在特定性要素和重要性要素的竞争为基本假设,以浙江中小企业在特定地理空间的大规模集聚为实证背景,从历史的角度考察了专业化产业区的起源与演化,并运用非线性微分方程组的有关理论探讨了专业化产业区的生成机制。盖文启(2002)③从区域创新网络的角度探讨了新产业区的形成机制。朱华晟(2003)④通过对浙江企业集群的实证研究,探讨了浙江产业群的演进特点、产业网络以及内在发展机制,指出社会网络、企业家和地方政府是影响浙江产业网络形成的三个重要因素。徐康宁(2003)⑤认为,研究企业集群的当代西方经济学家最关注的还是企业集群形成的原因及其内在机理,这方面的论文和著作占了多数。当代的主流理论认为主要有以下几个因素在集群的形成过程中起到关键的作用:①自然资源和运输成本;②规模经济与外部性;③相关延伸产业的支持;④外商直接投资;⑤企业家精神、制度与政府政策。他还提出,学界更应当研究制度因素在中国产业集群形成和发展中的作用,如企业家精神、乡土商业文化、家族制度、政府作用等。符正平(2004)⑥认为,企业集群形成的过程,其实质就是一个网络外部化的过程,只不过网络外部化不是体现在产品需求上,而是体现在企业的区位决策上。林竞君(2005)⑦认为,企业集群形成最为直接的原因就是特定区域内产业分工的不断深化以及产品或服务价值链的不断分离,在此带动下,承担某个中间产品或工艺的企业不断涌现,它们彼此间互相依赖并紧密联系,共同构成一个嵌入特定空间背景下的产品或服务生产网络。一方面,分工的发展是企业集群形成的直接原因;另一方面,企业集群的良性发展带来了区域内分工的进一步深化。由此,深度分工构成了企业集群的重要特征与发展结果。

---

① 梁琦.产业集聚论[M].北京:商务印书馆,2004.
② 金祥荣,朱希伟.专业化产业区的起源与演化:一个历史与理论视角的考察[J].经济研究,2002(8):21-25.
③ 盖文启.创新网络——区域经济发展新思维[M].北京:北京大学出版社,2002.
④ 朱华晟.浙江产业群:产业网络、成长轨迹与发展动力[M].杭州:浙江大学出版社,2003.
⑤ 徐康宁.当代西方产业集群理论的兴起、发展和启示[J].经济学动态,2003(3):71-74.
⑥ 符正平.中小企业集群生成机制研究[M].广州:中山大学出版社,2004.
⑦ 林竞君.网络、嵌入性与集群生命周期研究——一个新经济社会学的视角[M].上海:上海人民出版社,2005.

他还认为不同的区域具有不同的自然条件、生活习惯和人文精神,而这些又会作为"遗传因子"影响现代人的思想观念与活动方式。从这一意上讲,历史传统可以视为企业集群萌芽的初始制度诱因。考察企业集群区域的历史传统对于深入理解企业集群的内在形成机理具有不可替代的意义。

3. 关于企业集群演化动力机制的研究

企业集群动力机制是集群的内在核心问题,国外学者经常用 Dynamics、Dynamism 和 Dynamic Mechanism 等词或词组来进行表述,国内有些学者也明确以产业集群的"动力机制"为研究对象。产业集群动力机制是指驱动产业集群发展和演化的力量结构体系及其运行规则,具有一定的稳定性和规律性。企业集群成长与演进的动力机制源于集群形成时所遵循的主要机理。

从企业集群形成和发展动力机制的组成元素来看,企业集群发展动力是指驱动企业集群形成和发展的一切有利因素,在企业集群形成和演化阶段分别表现为形成动力和演化动力。早期的学者集中于对企业集群生成动力的认识和描述。如马歇尔(Marshall)从"外部经济"角度进行探讨,认为专门人才、原材料供给、运输便利以及技术扩散是产业集聚的动力。韦伯(Weber)从区位因素角度进行分析,认为大量集聚因素是企业集聚的动力。后来,杨格(Allen Yong)从"规模报酬理论"角度,胡佛(Hoover)从"集聚体"的效益角度,克鲁格曼(Krugman)从"规模报酬递增"角度等,都归纳了不同的企业集群生成动力。

贝斯特(Best)认为,企业集群存在四种主要动力:集中专业化、知识外溢、技术多样化和水平整合及再整合,依次对集群的发展产生作用,并形成循环状的稳定结构,这就是主体动力机制。英国斯万(Swann)教授与其合作者采用实例分析方法分别研究和比较了多个企业集群的发展情况,将企业集群的动力机制描绘成包括产业优势、新企业进入、企业孵化增长以及气候、基础设施、文化资本等共同作用的正反馈系统。布伦纳和格里菲(Brenner & Greif,2003)[①]应用复杂性科学中的自组织理论来研究企业集群动力机制,发现企业集群内存在七种动力因素:人力资本集聚、非正式交流、企业相互依赖、企业之间相互合作、当地资本市场、公众意见和当地政策,通过建立数学模型将它们系统化为集群的动力机制,并探讨动力机制对企业集群演化的作用。奇利斯(Chiles)等认为,企业集群不只具备主流经济学所描述的区位效应、创新能力、竞争优势等静态特征,它更是在独特的企业家精神作用下的复杂动态过程,企业集群规模的扩大、集群效应的发挥,企业能力的提高都可用涌现(Emergence)来解释。因此,企业集群发展的关键是对涌现的控制和引导(陈文华,2005)[②]。

---

① Brenner T, Greif S. The dependence of innovativeness on the local firm population—an empirical study of German patents[J]. Industry & innovation, 2006, 13(1):21-39.
② 陈文华,刘善庆. 国外产业集群研究的新成果及启示[J]. 企业经济,2005(7):73-76.

魏守华(2002)[①]对几种动力进行了整合:基于社会资本的地域分工、外部经济、合作效率、技术创新与扩散,以图形的方式构造出企业集群的动力机制,并以浙江嵊州领带企业集群为例,对动力机制的作用进行了实证。李建军(2003)[②]对硅谷高新技术产业集群的"产学"创新系统进行了生态学分析,认为"产学"创新生态系统得以维持,主要是依靠四种动力因素的作用:"产学"创新的触媒剂、持续创业的营养源、鼓励创业的支持性环境和相互依存的社群网络,从而具备显著的开放性、非平衡性和不可逆性的激励技术创新正反馈机制,这是硅谷产业集群可持续发展的基本保障。陈雪梅等(2003)[③]借助生物学中描述不同种群共生现象的logistic模型来描述企业集群现象的动态演化过程,将处于集群动态演化过程中企业所经历的内生和外生变化典型地简化为企业的产出信号,通过对企业产出变化的刻画来解释企业集群的发展机制。刘恒江(2005)[④]总结出两方面的企业集群动力机制:①内源动力机制是一种自发的内在力量,表现为分工互补、降低交易费用、知识共享、外部经济、规模经济、网络创新等。②激发动力机制主要来源于外部环境与国家(政府)有意识地对集群进行的规划、调控行为,表现为外部竞争、区域品牌意识、集群政策等。刘力和程华强(2006)[⑤]概括了企业集群生命周期演化的动力机制与风险因素,并构建了由区域指向(LO)、集聚经济(AG)、创新网络(IN)、锁定效应(LI)四个变量共同作用的产业集群生命周期演化的动力机制模型。方玉琴(2006)[⑥]在内生型成长理论的基础上,结合浙江企业集群的发展及成长特征,分析了内生型市场主导企业集群的成长动力,认为市场主导型集群的成长动力来源于集群的外部经济性、竞争与合作网络、知识积累与集群学习以及基于网络的创新能力和区域要素整合能力。李刚(2005)[⑦]从自组织理论的角度论述了企业集群的形成和演化。他认为,企业集群演化进程中的各种性质、特征及运行机制都与此有直接的关系,集群中各类主体、各个要素在经济活动中既竞争又合作、既开放又封闭,通过相互作用促成整个系统不断分化又不断整合,不断导致无序又不断形成有序,从一种状态到另一种状态,从平衡到打破平衡再到新的平衡而不断转化发展。正是这

[①] 魏守华.集群竞争力的动力机制以及实证分析[J].中国工业经济,2002(10):27-34.
[②] 李建军.硅谷产学创新系统及其集群效应[J].山东科技大学学报(社会科学版),2003,5(3):7-10.
[③] 陈雪梅,等.中小企业集群的理论与实践[M].北京:经济科学出版社,2003.
[④] 刘恒江.基于动力机制的我国产业集群发展研究[J].经济地理,2005,25(5):607-611.
[⑤] 刘力,程华强.产业集群生命周期演化的动力机制研究[J].上海经济研究,2006(6):64-68.
[⑥] 方玉琴.内生型集群成长及动力分析——以浙江市场主导集群为例[J].科技管理研究,2006,26(5):57-60.
[⑦] 李刚.试论产业集群的形成和演化——基于自组织理论的观点[J].学术交流,2005(2):78-82.

种自组织的秩序和机制才使企业集群更具有不断进化的活力和动力。刘巨钦(2007)[①]构建了企业集群成长的动力机制模型,包括区域分工、外部经济、合作效率、技术创新与扩散,以及信任机制等五个方面。黄省志(2007)[②]从"显性"和"隐性"两个方面分析企业集群发展的动力体系,认为企业集群的显性动力包括核心价值链要素、服务支持系统、政府的集中投入;企业集群的隐性动力包括网络协作、技术知识外溢、集群文化等。

国内绝大多数文献都是从一般企业集群的视角来探讨企业集群的形成机理。而专门研究高新技术企业集群特别是科技园区企业集群的形成机制的文献比较少,未发现对大学、研究机构的邻近性,高技术之间的内在关联性,知识溢出,非正规学习,技术创新,创新主体之间的协同创新网络关系、社会资本等对于高新技术企业集群形成的重要因素的探讨。

4. 企业集群的演化与生命周期研究

生命周期作为一个严格的生物学概念,是指具有生命特征的有机体从出生、成长、成熟、衰老直至死亡的整个过程。生命周期概念引入经济、管理理论始于产品方面。以后逐渐被借用并拓展到技术、企业、产业以及社会等方面。产业集群的成长是否呈现出明显的阶段性特征?是否存在生命周期?众多集群理论学家对此的回答是肯定的,并提出了多种不同的集群成长阶段划分方法(表2.5)。

表 2.5 企业集群演化阶段划分

序号	代表人物	阶段划分			
1	波特(Porter)	诞生期	发展期		衰亡期
2	蒂奇(Tichy)	诞生阶段	成长阶段	成熟阶段	衰退阶段
3	斯万(Swann)	萌芽阶段	快速发展阶段	走向顶峰阶段	成熟阶段	—
4	阿霍坎加斯(Ahokangas)等	定位和萌芽阶段	增长和收敛阶段	成熟和重新定位阶段	
5	福尔纳尔、门泽尔(Fornahl & Menzel)	萌芽阶段	增长阶段	持续阶段	衰退阶段
6	费尔德曼(Feldman)等	雏形阶段	自组织阶段	成熟阶段	—

---

① 刘巨钦.企业集群成长机理与竞争优势培育[M].北京:中国经济出版社,2007.
② 黄省志.产业集群的动力机制分析[J].中国科技论坛,2007(9):36-39,54.

(续表)

序号	代表人物	阶段划分			
7	魏守华	发生期	成长期	成熟期	—
8	蔡宁	诞生阶段	成长阶段	成熟阶段	衰退阶段
9	金镭	萌芽期	形成期	成长期	成熟阶段	衰退期
10	林竞君	形成	发展(创新)		衰落
11	李志平	自组织创生	自组织汇聚	自组织进化	—
12	蔡莉、朱秀梅	萌芽阶段	快速成长阶段	成熟阶段	—

资料来源：本书根据相关资料整理。

波特(1998)[1]将产业集群生命周期分为三个阶段，即诞生(Emerge)、发展(Develop)、衰亡(Decline)，并分析了集群解体的原因。集群可能因为外部威胁(如技术间断、消费需求变化等)及内部僵化(由于过度合并、卡特尔、群体思维抑制创新等)而失去竞争力并最终衰亡。

奥地利区域经济学家蒂奇(Tichy, 1998)[2]借鉴弗农(Vernon)的产品生命周期理论，从时间维度考察了产业集群的演进，并将集群生命周期划分成诞生阶段(The Formative Phase)、成长阶段(The Growth Phase)、成熟阶段(The Maturity Phase)和衰退阶段(The Petrify Phase)。遗憾的是，蒂奇只是考察了集群动态演进的四个阶段，并没有对其演进机制以及如何培育和保持集群竞争优势、延长集群生命周期进行深入研究。

斯万(Swann, 1998)[3]认为，虽然不同的集群有不同的演化轨道，但它们都有一个发展的生命周期模型：萌芽阶段(Fledging Phase)、快速发展阶段(Taking Off Phase)、走向顶峰阶段(Approaching Peak Entry Phase)、成熟阶段(Approaching Maturity Phase)。

阿霍坎加斯等人(Ahokangas et al, 1999)[4]运用演化理论分析了集群产生、发展和衰落的过程及其机制，认为集群的演化划分为三个阶段。第一阶段是定位和萌芽阶段(Orientation and Emergence)，创业者利用自己的个人关系建立

---

[1] Michael P. Clusters and the new economics of competition[J]. Harvard business review, 1998.
[2] Tichy G. Clusters: less dispensable and more risky than ever[M]//Steiner M. Clusters and regional specialisation. Londan: Pion Limited, 1998.
[3] Swarm P. Clusters in the US computing industry[M]//Swann G, Prevezer M, Stout D. The dynamics of industrial clustering: international comparisons in computing and biotechnology. Oxford: Oxford University Press, 1998.
[4] Ahokangas P, Hyry M, Rasanen P. Small technology-based firms in a fast-growing regional cluster[J]. New england journal of entrepreneurship, 1999(2): 19-25.

网络联系,一些新的快速增长的企业创立了,这个阶段科技型企业的合法性需要解决;第二阶段是增长和收敛阶段(Growth and Convergence),企业的合法性确立以后,真正的增长开始了;第三阶段是成熟和重新定位阶段(Mmaturity and Reorientation),对资源的激烈竞争导致成本的增加,集聚经济效益也减少。

福尔纳尔和门泽尔(Fornahl & Menzel,2003)[①]在研究科技企业的创立与集群发展的关系时,根据区域内的和相关产业的企业数以及区域内所用知识的多样性,认为集群发展呈现出四个阶段。第一阶段为萌芽阶段,临界规模没有达到,相应的机构和企业之间的联系还不存在,这个阶段几乎是不能识别的。第二阶段为增长阶段,现有企业的快速发展,衍生企业的产生,科技型企业的大量创立,企业数、员工数剧烈增加,集群进入自增强的过程,正循环开始。社会网络,专业化的供应商,咨询机构和相应的服务体系,专业化的研究所和教育培训机构逐步成立。第三阶段为持续阶段,集群仍然能够适应变化的环境来保持高水平的经济活动,达到了平衡状态。科技企业仍然进入,但集群的增长在很大程度上受限于集群已有知识基础和技术轨道,只有一些渐进式的创新。第四阶段为衰退阶段,这个阶段可能发生在增长阶段或者持续阶段之后,主要特点是由于破产和其他一些经济性的原则而导致的员工数量下降和由于破产或兼并而导致的企业数量减少。

费尔德曼等人(Feldman et al,2005)[②]在研究科技型新创企业集群的形成时,将企业集群的形成划分为三个阶段:雏形阶段(Emergence),一些外部环境的冲击导致大量潜在创业者向现实创业者的转化,零散的企业出现;自组织阶段(Self-organization),集群内有大量的新企业形成,企业与企业、企业与机构之间的网络关系逐渐形成,并不断吸引各类辅助性机构(风险投资机构)的进入;成熟阶段(Maturation),集群已经基本成熟和稳定,形成了紧密的社会网络,共享人才市场和知识溢出效应。

荷兰经济学家范迪克(M. P. van Dijk)[③]提出了一个基于进化理论的五阶段成长模型。即地理区位型集群→贸易集散地型集群→劳动分工型集群→创新型集群→功能齐全的工业区等五个阶段。在他看来,马歇尔式的工业区是集群进化的最高阶段,集群从此像大企业一样具备自我调整能力,成为长寿型的组织。

---

① Fornahl D, Menzel M P. Co-development of firm foundings and regional clusters[J]. Hannover economic papers (HEP), 2003, 71(1): 1-33.

② Feldman M P, Francis J, Bercovitz J. Creating a cluster while building a firm: entrepreneurs and the formation of industrial clusters[J]. Regional studies, 2005, 39: 129-141.

③ Dijk M P V. Small enterprise clusters in India and Indonesia, an evolutionary perspective[Z]. European Institute for Comparative Urban Research, Erasmus University Rotterdam, 1997.

格雷里和皮得罗贝利(Guerrieri & Pietrobelli,2001)[①]根据意大利的经验研究,将集群发展分为三个阶段:区域生产专业化阶段、地区生产系统化阶段和区域系统化阶段。这种划分把集群的成长看成是从专业化到系统化,从简单到复杂的过程,但他没有提及集群成长的动力以及是什么使得集群循着这一复杂化倾向的路径演化。

意大利学者布诺梭(Bruso,1990)[②]提出两阶段模型。布诺梭的模型是根据对集群进行干预的时间先后来划分的。根据他对意大利集群的研究,集群的出现大都是自发形成的,而不是政府计划或干预的结果。布诺梭把无政府干预的集群自发成长阶段称为第一阶段(MarkⅠ)。当集群成长到一定规模以后,政府或当地行业协会开始干预集群的成长,向集群提供多种多样的社会化服务(Real Services),这一阶段称为集群成长的第二阶段(MarkⅡ)。意大利学者卡佩罗(Capello,1998)[③]认为,集群的演化是一个由低级向高级升级的过程。演化的路径是:地理接近型集群→专业化产品区→工业区→创新区。但是这一演化过程并不是自动实现的,在升级的每一个阶梯上都有可能停滞不前。

国内学者在产业集群生命周期方面也做了许多相关研究,蔡宁(2003)将企业集群生命周期分为诞生、成长、成熟和衰退四个阶段。盖文启将新产业区分为初期形成、成长和成熟三个阶段。魏守华(2002)[④]将产业集群分为三个阶段:发生期、成长期和成熟期,并对每个阶段的相应特征进行了比较分析,同时对集群演进动力机制的相关理论、动力机制要点以及动力机制对集群竞争力的作用进行了归纳分析。陶一山和姚海琳(2006)[⑤]从"地理因素"——空间聚集和"经济因素"——产业联系两个维度对集群进行阶段性划分,将集群演化分为以下三阶段:地理集聚但未形成产业分工联系的集群→地理集聚并形成产业分工联系的企业集群→空间扩展但有产业分工联系的企业集群。在此基础上,探讨了演化过程的内在机制和制约条件。赵海东和吴晓军(2006)[⑥]依据集群的动力机制的差异和演进,将集群划分为企业集聚阶段、产业集聚阶段、结网阶段、植根阶段、发展极等五个阶段。他们认为,各个阶段在生产方式、产业组织和企业组织、核

---

① Guerrieri P, Pietrobelli C. Models of industrial districts' evolution and changes in technological regimes[R]. Paper Prepared for the DRUID Summer Conference, 2001.
② Bruso S. The idea of industrial districts: its genesis[M]//Pyke F, Sengenberger W. Industrial districts and cooperation. Geneve: ILO, 1990.
③ Capello R. Spatial transfer of knowledge in high technology milieux: learning versus collective learning processes[J]. Regional studies, 1999, 33(4): 353-365.
④ 魏守华. 产业群的动态研究以及实证分析[J]. 世界地理研究,2002,11(3):16-24.
⑤ 陶一山,姚海琳. 产业集群的阶段性演进机制分析[J]. 湖南大学学报(社会科学版),2006(6):89-93.
⑥ 赵海东,吴晓军. 产业集群的阶段性演进[J]. 理论界,2006(6):50-52.

心生产要素、企业间联系、动力机制、竞争优势、政府作用等方面有所区别。而且,各阶段的形成条件也是动态的,在不同发展阶段有很大差异,总的趋势是随着集群的演进,高端要素的要求越来越高。蔡莉和朱秀梅(2008)[1]将科技型新创企业集群分为萌芽阶段、快速成长阶段和成熟阶段,并对各阶段特征进行了分析。

集群生命周期理论讨论了集群成长的周期性波动,或描绘了集群从低级到高级演进的过程,对根据集群发展阶段制定有针对性的政策具有很强的现实意义。但从上述各种划分方法来看,对集群演进周期和阶段的划分主要还是取决于研究者所研究的问题和研究目的。我国集群形成的历史比较短,集群周期表现尚不充分,多处于形成阶段或者成长早期。集群研究学者研究方法主要借鉴国外的理论,对于不同集群的研究,尚需要理论与实践创新。

5. 关于企业集群的政策研究

由于企业集群的诸多优势,许多西方国家的政府把集群当作一种政策工具,取代传统产业政策来刺激集群所在地区的技术创新和提升区域竞争力,使之成为繁荣区域乃至国家经济的新动力。如荷兰、芬兰、丹麦是接受集群思想、实施集群战略和集群政策并取得很好效果的国家。丹麦是集群政策的发展先驱,早在1989年就创立了促进企业聚集的"产业网络协作项目"(Industrial Network Cooperation Programme),为300多个带有集聚特征的企业网络提供金融服务,缔造集群的作用曾轰动一时。意大利的集群政策产生于20世纪70年代,至80年代中期已成为闻名的"产业区"规范性文献。联合国工业发展组织(UNIDO)和经济合作与发展组织(OECD)等国际机构也一直在积极研究、提倡和推广集群政策,致力于收集、宣传和推广成功的集群政策经验,推动集群政策在世界范围内的广泛应用和发展。

国内学者对欧美各国以及OECD的集群政策进行了研究,介绍了它们在集群政策制定、实施等过程中的相关经验,如在集群政策发起阶段就要确定集群政策的出发点和相关政策边界;集群政策的功能目标,如解决集群的"市场失灵"和"系统失灵"问题、优化集群动力机制和改善集群环境等;在集群政策实施过程中政府的角色定位等;结合国情研究探索相关政策及政策建议。

本书通过文献阅读发现,我国在集群政策和战略方面的研究还非常薄弱,主要表现在三个方面。一是对具体的典型案例缺少深入剖析,多是政策的介绍,其实,每一个集群政策的推出和成功与本国的大的政策环境和历史因素紧密相关,是系统工程;二是缺少合理或独创性的评价体系分析评估各国集群政策的效果。

---

[1] 蔡莉,朱秀梅. 科技型创业企业集群形成与发展机理研究[M]. 北京:科学出版社,2008.

其实,各国的集群政策效果不同,要采取拿来主义的态度;三是将国外经验结合我国国情,探讨适合我国实践发展的具体政策措施。针对上述情况,本书认为,我国亟待制定出符合中国特色的集群战略和政策。

6. 简单评论

国内外学者对企业集群理论的根源与演进进行了详尽的梳理,在此基础上,从不同的角度,对企业集群的内涵进行界定,并对以下问题进行了大量研究。如:企业集群的形成条件、过程及其机理是怎样的?企业集群形成以后,如何实现持续成长?推动集群成长的机制如何?集群是如何演化的?是否有生命周期?等等。但是,这些研究多是从经济学视角出发,对于像科技园区这样的高科技企业的聚合体,科技园区企业集群的形成条件如何,在其集群化过程中哪些因素起作用,如何起作用,即动力机制如何等问题还缺少深入研究,特别是用自组织理论研究科技园区企业集群更是比较少见。

2.3 科技园区企业集群演化分析

2.3.1 科技园区与企业集群:一种关系分析

世界成功的科技园区,如美国的硅谷、印度的班加罗尔、中国台湾地区的新竹科学工业园等,都具有明显的企业集群特征,或者说这些成功的科技园区背后的共同特征是存在专业化的中小企业集群(Stoper & Scott,1989)。[①] 这些地区的大量中小企业彼此间发展了高效的竞争与合作关系,形成实行专业化分工的生产协作网络,具有极强的内生发展动力,依靠不竭的创新能力强化其所处区域的竞争优势。

从文献综述看,科技园区与企业集群在理论根源上是不同的,也没有学者会说科技园区就是企业集群,但是两者之间却有着无法割裂的联系。科技园区为企业集聚提供了空间载体,但有了科技园区不等于就有了企业集群,根据对科技园区内涵和使命的理解,科技园区应该成为企业集群或者成为企业集群的载体。企业集群是科技园区尤其是高科技园区发展的有效组织形式。科技园区应该着力培育高新技术企业集群,从而提高其内部竞争力。但是硅谷基于企业集群的发展模式的本质特征是什么?高新技术企业集群的形成机理如何?高新技术企业集群演进的动力机制如何?作为知识创新源的大学在高科技园区企业集群的

---

① Stopper M, Scott A J. The geographical foundations and social regulation of flexible production complexes[M]//Wolch J, Dear M. The power of geography: how territory shapes social life. winchester: Unwin Hyman, 1989: 21-40.

过程中起什么作用？只有清晰地回答与解决这些问题，并以此构建科技园区企业集群演化的理论框架，才能为我国真正实施基于集群的发展模式、有效地提升科技园区竞争力的提供理论依据。

2.3.2 科技园区企业集群演化框架

本书对科技园区企业集群的演化路径和动力机制进行深入了阐释，并提出科技园区企业集群化发展的政策建议，为科技园区建设与发展提供决策参考。集群理论将研究焦点集中于"关系"，具体包括企业间的竞合关系，企业、研究机构、政府间约束与互动的关系，还探讨了这种关系构成中复合的知识运作机制。企业集群理论还将科技园区视为一个由利益攸关主体链接而成的创新网络，这个网络中不仅存在生产系统性联系，更重要的是其中复合的知识系统性联系。知识系统中包含知识集合与增长、知识扩散以及与外部知识系统的链接。这种研究思路真正深入科技园区发展的实质和特殊性中，对原有的理论视野是一个重要的拓展。就其本质而言，科技园区是科技企业集群的地域载体，传统的区域经济理论从中观层面进行研究，忽视了其微观机制、演进发展机制和外部关联机制。而企业集群理论，能从微观的科技企业的理性博弈到信任生成等角度深入解析科技企业的内涵和实质，从中观上可以讨论科技园区的演进过程，从宏观上分析其政策意义，可以显明地深化研究的实用性与深度。总之，企业集群理论包含了丰富的企业理论、创新系统理论，可以从宏观、中观和微观三个层面对科技园区运行机制进行整合性研究，弥补原有研究的缺陷，拓展研究视野，深化对科技园区发展的理解。因此，将企业集群理论导入科技园区的发展基础理论中，研究科技园区企业集群演化及其动力机制有重要的理论意义。在实践中，企业集群理论作为一种新的思考方法和定位手段，可以为我国科技园区的"二次创业"提供政策思路，有很强的现实意义。

2.4 小结

首先，本章对国内外关于科技园区的理论基础进行梳理，认为科技园区建设与发展的主要理论基础，多是区域经济学中非均衡区域发展理论，这些理论多从中观出发，分析科技园区发展态势并得出相关政策结论。这些理论虽然在科技园区的建立和发展初期起到了重要的作用，但忽视了科技园区的微观机制，缺少对科技园区系统各要素之间相互作用的机理及园区主体间复杂联系的研究。

其次，本章对科技园区的相关研究进行述评，包括科技园区的内涵、分类、区位选择、发展模式与运作机制、评价等。通过文献综述发现，科技园区的研究多重描述、轻机理、少实证,多数案例实证研究仅停留在硅谷等少数科技园区,且多把硅谷成功的因素归于硅谷的文化等。科技园区既是高科技企业的聚集地,还是各种知识源的集聚地,各种创新要素汇聚,人才集聚。但现实的情况是,科技园区的建设陷入盲目扩张,形聚而实离的悖论。现实与逻辑的冲突,使科技园区的发展需要新的理论框架。

最后,国外成功的科技园区的背后有一个共同的特点,那就是中小企业集群的存在。为此,本书从企业集群演化的角度分析科技园区的成长机制,由此引出用企业集群理论重新诠释科技园区演化的研究思路。

第3章 科技园区企业集群演化的过程分析

科技园区是社会经济体系的重要组成部分,其本身也是由众多的单元和层次,以及不同的要素有机整合形成的系统,具有复杂性和整体性等系统特征。面对这样一个复杂的开放巨系统,不可能人为地掌握、设计和调控每一个企业集群演化的参量。自组织是系统科学的一个重要概念,它是复杂系统演化时出现的一种现象。自组织理论是研究客观世界中自组织现象产生、演化等的理论。引入自组织理论对科技园区系统进行研究分析,有利于理解科技园区企业集群演化的过程与动力机制,为政府制定科技园区发展政策提供科学依据。

3.1 科技园区企业集群演化的分析基础

3.1.1 自组织理论及其演进

自组织理论的提出可以追溯到德国哲学家康德(Immanuel Kant),他认为自组织的自然事物具有这样一些特征:它的各部分既是由其他部分的作用而存在,又是为了其他部分、为了整体而存在的;各部分交互作用,彼此产生,并由于其间的因果联结而产生整体,"只有在这些条件下而且按照这些规定,一个产物才能是一个有组织的并且是自组织的物,而作为这样的物,才称为一个自然目的"。应该说这种思想已与现代自组织概念十分接近。[①]

20世纪40—60年代为系统科学的形成和发展时期。科学家明确地直接把系统作为研究对象,一般公认以贝塔朗菲(Von Bertalanffy)提出"一般系统论"(General System Theory)概念为标志。20世纪40年代出现的系统论、运筹论、控制论、信息论是早期系统科学理论,而同时期出现的系统工程、系统分析、管理科学则是系统科学的工程应用。[②]

系统自组织理论的建立是在20世纪70—80年代。比利时物理化学家普利高津(Prigogine,1969)提出了耗散结构理论(Disspative Structure Theory)。

[①] 张东风.基于复杂性理论的企业集群成长与创新系统研究[M].北京:中国社会科学出版社,2007.

[②] 许志国.系统科学[M].上海:上海科技教育出版社,2000.

他认为热力学第二定律以及统计力学所揭示的是孤立系统(和环境没有物质和能量的交换)在平衡态和近平衡态条件下的规律,但在开放且远离平衡的情况下,系统通过和环境进行物质和能量交换,一旦某个参量变化达到一定的阈值,系统就有可能从原来的无序状态自发转变到在时间、空间和功能上的有序状态。普利高津把这种在远离平衡情况下所形成的新有序结构称为"耗散结构"。

德国物理学家哈肯(Haken)1969年提出了协同学(Synergetics)。哈肯发现激光是一种典型的远离平衡态时由无序转化为有序的现象,但他发现即使在平衡态时也有类似现象,如超导和铁磁现象。这就表明,一个系统从无序到有序的关键并不在于系统是平衡或非平衡,也不在于离平衡态有多远(在这点上,哈肯和普利高津的观点不同,后文主要采纳普利高津的观点),而是通过系统内部各子系统之间的非线性相互作用,在一定条件下,能自发产生在时间、空间和功能上稳定的有序结构,这就是自组织(Self-organization)。哈肯还指出,系统在临界点附近的行为仅由少数慢弛豫变量决定,系统的快弛豫变量由慢弛豫变量(序参量)支配,这就是所谓的役使原理。

耗散结构理论和协同学都源自具体学科,但普利高津和哈肯都敏锐地认识到它们的普适意义,从宏观、微观及二者的联系上回答了系统自己走向有序结构的基本问题,发展为"系统自组织理论"。

20世纪70年代,艾根、托姆、洛伦茨、曼德布罗特等研究对系统科学的发展也有重要的意义。艾根(Eigen)吸收了进化论思想和自组织理论,提出了"超循环理论(Hypercycle Theory)",把生命起源解释为自组织现象,提出了一个自然界深化的自组织原理——超循环。托姆(Thom)发表了《结构稳定性与形态发生学》,对突变现象及其理论做出了系统深刻的阐述。曼德布罗特(Mandelbort)在《分形:形状、机遇与维数》中第一次使用"Fractal"一词,并提出分形的三要素:构形、机遇和维数,标志着分形理论的诞生。20世纪80年代,以霍兰(Holland)、阿瑟(Arthur)等为首的科学家组成的"圣塔菲"学派突破了狭隘的学科界限,开展的复杂适应系统理论和自组织临界理论研究对自组织理论是强有力的推动。

上述理论虽然学科背景不同,概念和方法各异,却共同揭示了组成一个宏观系统的大量子系统,如何有可能自己组织起来,实现从无序到有序(或从较低级有序到较高级有序)进化的一般条件、机制和规律性。尽管自组织理论尚未形成一个严密的理论体系,但其各个分支的进展已经标志着人类认识世界改造世界思维和方法论的重大突破。吴彤(2001)对各种自组织理论进行了归纳和分析,在国内首先提出了比较完整的自组织方法论体系(图3.1)。

```
┌─────────────────────────────┐
│ 耗散结构创造条件的自组织方法论 │
└─────────────────────────────┘
              ↓
┌─────────────────────────────┐
│   协同动力学的自组织方法论    │
└─────────────────────────────┘
         ↙         ↘
┌──────────────┐  ┌──────────────┐
│ 突变论的自组织 │  │ 超循环的自组织 │
│ 演化途径方法论 │  │ 结合途径方法论 │
└──────────────┘  └──────────────┘
         ↓    ╲  ╱    ↓
         ↓     ╳      ↓
┌──────────────┐  ┌──────────────┐
│ 分形理论的自组织│  │ 混沌理论的自组织│
│  结构方法论   │  │ 演化途径方法论 │
└──────────────┘  └──────────────┘
         ↘            ↙
         ┌──────────────┐
         │自组织的综合方法论│
         └──────────────┘
```

图 3.1　各个自组织方法论之间的关系

3.1.2　自组织产生的条件

自组织系统是指在没有任何外部指令或外力干预的情况下自发地形成一定结构和功能的过程和现象。现代科学还不能系统地揭示自组织的一般规律，但对自组织条件已有许多深刻认识。

1. 系统必须开放

系统可以分为孤立系统、封闭系统和开放系统三类。一个与环境没有任何交换的封闭系统不可能出现自组织行为，对环境开放即与外界进行物质、能量、信息交换的系统才能产生自组织运动，可以说，开放是系统自组织的必要条件。在热力学中，用"熵"这个概念来作为系统无序程度的量度。热力学第二定律指出，一个孤立系统的熵一定会随时间增大，熵达到极大值，系统达到最无序的平衡态，所以孤立系统绝不会出现耗散结构。在开放的条件下，系统的熵增量 d_s 是由系统与外界的熵交换 d_{es} 和系统内的熵产生 d_{is} 两部分组成的（图 3.2），即：

$$d_s = d_{es} + d_{is}$$

其中，d_{es} 是系统与外界进行交流而引起的熵流，d_{is}

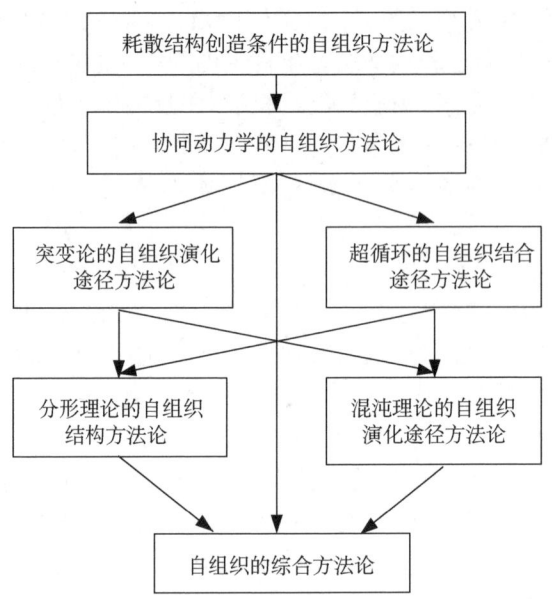

图 3.2　集群熵 S 的改变

是系统本身的不可逆过程所引起的熵增加。热力学第二定律只要求系统内的熵产生非负,即 $d_{is} \geqslant 0$,然而外界给系统注入的熵 d_{es} 可为正、零或负,这要根据系统与外界的相互作用而定,在 $d_{es} < 0$ 的情况下,只要这个负熵流足够强,它就除了抵消掉系统内部的熵产生 d_{is} 外,还能使系统的总熵增量 d_s 为负,总熵 S 减小,从而使系统进入相对有序的状态。可以看出,对外开放是系统自组织的必要条件。

普利高津等人指出,一个远离平衡的开放系统,在外界条件变化达到某一特定阈值时,量变可能引起质变,系统通过不断地与外界交换能量和物质自动产生一种自组织现象,组成系统的各子系统会形成一种互相协同的作用,从而可能从原来的无序状态转变为一种时间、空间或功能的有序结构,即耗散结构。

2. 远离平衡态

对于一个开放系统,既可以处于平衡态,也可以处于非平衡态。远离平衡态是相对于平衡态和近平衡态而言的。系统处于平衡态,不可能产生新的有序结构,甚至系统处于离平衡态不远的近平衡区,并与外界有物质、能量的交换,普利高津证明,其自发趋势也是回到平衡,而不会产生新的有序结构。只有当系统处于非平衡态时,才能产生新的有序结构。可以说,远离平衡态是系统出现有序结构的必要条件,而且是对系统开放的进一步说明,开放系统在外界作用下离开平衡态,开放逐渐加大,外界对系统的影响变强,将系统逐渐从近平衡区推向远离平衡的非线性区,只有这样才有可能形成有序结构,否则即使系统开放也无济于事。

3. 非线性相互作用

非线性相互作用是系统形成有序结构的内在原因。系统产生耗散结构的内部动力学机制,正是子系统间的非线性相互作用,在临界点处,非线性机制放大微涨落为巨涨落,使热力学分支失稳,在控制参数越过临界点时,非线性机制对涨落产生抑制作用,使系统稳定到新的耗散结构分支上。非线性机制来自于系统内部结构的非平衡运动。每一个子系统都受到一种正负反馈环

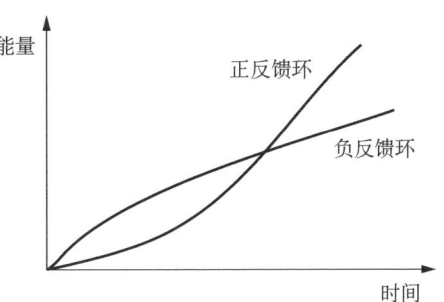

图 3.3　正负反馈环的作用过程

资料来源:参考孙勇(1993)[①]

机制作用。正反馈环是指系统中一个变量在发展过程中的同向自发的自我强化作用;负反馈环是抑制系统变量过分生长的因素,通过反向破坏使系统保持相对稳定的作用。正负反馈环可以用一种"S"形的曲线来表示(图 3.3)。

---

① 孙勇.组织演化和经济长波的方法论问题[J].南开经济研究,1993(2):50-55.

4. 涨落现象

涨落是状态变量对其平均值的偏离。涨落在自组织中起着极为重要的作用,它是对原有系统均衡态的破坏,又是使系统达到新的均衡态的内在动力。一切真实系统都存在涨落。系统通过涨落去触发旧结构的失稳,探寻新结构。如图 3.4 所示,x_1 和 x_2 是系统的两个稳定态,系统处于 x_1,但 x_2 是更优越的状态。如果没有足够强的涨落推动,系统就不可能越过中间的势垒 $\bar{x}$(极大点),发现并趋于 x_2。所以说,涨落导致有序。

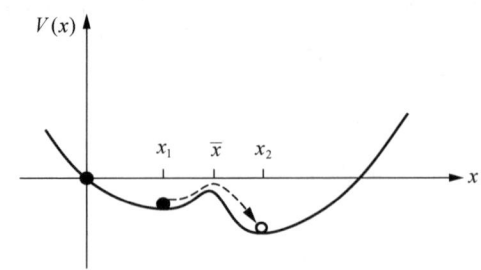

图 3.4　系统涨落示意图

资料来源:苗东升(2006)[①]

3.1.3　自组织演进的动力

协同学是关于自组织系统动力学的研究,阐述了子系统之间的竞争和协同推动系统从无序到有序的演化。协同学使用的基本概念主要有:竞争、协同、序参量和役使(支配)等。

1. 协同与竞争(Competition and Synergy)

协同学一般地讨论了系统中的竞争与协同。哈肯指出:种种系统"都以其集体行为,一方面通过竞争,另一方面通过协同间接地决定自己的命运"。竞争与协同互相促进、互相转化就是系统的发展演化过程,竞争与协同成了系统演化的根本推动力。

在哈肯的各种关于协同学的著作中,竞争是协同的基本前提和条件。竞争是系统演化的最活跃的动力。只要事物内部或事物之间存在差异,就会存在物内部的各个子系统的或事物之间的竞争。事物发展的不平衡性实际上是竞争存在的基础。竞争的存在和结果则可能造成系统内部或系统之间更大的差异、非均匀性和不平衡性。从开放系统的演化角度看,这种竞争一方面造就了系统远离平衡态的自组织演化条件,另一方面推动了系统向有序结构的演化。竞争

[①]　苗东升.系统科学精要[M].2 版.北京:中国人民大学出版社,2006.

的概念,甚至被有的学者称为万物之父、万物之王。

协同,有两种含义。狭义的协同,就是与竞争相对立的合作、协作、互助、同步等意义;广义的协同,则既包括合作,也包括竞争。按照哈肯的观点,所谓协同,就是系统中诸多子系统的相互协调的、合作的或同步的联合作用与集体行为。协同是系统整体性、相关性的内在表现。

自组织系统演化的动力来自系统内部的两种相互作用:竞争与协同。子系统的竞争使系统趋于非平衡,而这正是系统自组织的先决条件;子系统之间的协同则在非平衡条件下使子系统中的某些运动趋势联合起来并加以放大,从而占据优势地位,支配系统整体的演化。

2. 序参量(Order Parameter)

在整个自组织系统进化的过程中,一方面,系统各个部分像由一只看不见的手在驱动排列;另一方面,正是这些个别系统通过其协同作用,又反过来创造了这只看不见的手。哈肯将这只能安排一切的看不见的手称为"序参量"。[①] 在协同学里,序参量首先是宏观参量,实际上是大量子系统的集体运动的宏观整体模式。一方面,序参量是系统内部大量子系统集体运动(相互竞争和协同)的产物;另一方面,序参量一旦形成后又起着支配或役使子系统的作用,主宰着系统整体演化过程。所以,序参量既是子系统合作效应的表征和度量,又是系统整体的运动状态的度量。正如哈肯所说,从信息观点看来,序参量起着双重作用,它通知各子系统如何行动,此外,它又告诉了观察者系统宏观有序态的情况。而整个系统运动过程则是子系统相互竞争、相互协同,产生序参量,序参量反过来支配子系统,子系统伺服序参量的过程。

许多系统在以上过程中,形成不止一个序参量,往往有多个序参量。在系统的时间演化过程中,这些序参量之间可能具有合作的关系,也可能具有相互竞争的关系。种类不同以及相互间错综复杂的关系就造成了相互区别、千差万别的系统与运动。因此,如果存在多个序参量,那么它们之间仍然存在着竞争和合作,以及由这种竞争、协同带来的系统演化。

3. 役使(支配)原理(Slaving Principle)

哈肯通过大量研究,提出了系统实现自组织的一般动力机制,即役使(支配)原理。支配原理的主要观点是,在系统走向临界状态的过程中,接近临界点时,系统稳定性已经被破坏,这时,系统的参量常常区分为两类:一类参量随时间变化很慢,到达新的稳定态的弛豫时间很长,甚至趋向无穷,因而被称为慢弛豫变量;另一类参量随时间变化很快,以指数形式迅速衰退,弛豫时间很短,称为快

---

① 刘波.基于自组织模型的高技术产业组织政策研究[D].上海:同济大学,2005.

弛豫变量。两类参量中,快弛豫变量总是力求保持系统处于相对稳定状态,在系统受到干扰而产生不稳定时,快弛豫变量总是企图使系统重新回到稳定态。但快弛豫变量变化很快,对系统的未来影响短暂。慢弛豫变量变化缓慢,代表着系统未来的有序状态,构成系统变化的主要模式。每一个慢弛豫变量都包含着一组尚未展开的未来状态或微观组态,在适宜的条件下,它们会努力役使相应的子系统和其他模式朝着有利于自己演化的方向发展,从而使系统走向新的有序状态。在这一过程中,不同的慢弛豫变量之间存在一种协同或竞争关系,因为在相同条件下,可能有几个慢弛豫变量变得不稳定或几乎不稳定,这样对于每一个慢弛豫变量,当它处于不稳定点时,系统的一个"胚芽状态"与之相联系,最后出现哪种结构,取决于这些慢变量之间的关系、起始条件和随机涨落。役使(支配)原理是协同学的基本原理之一,它从系统内部稳定因素和不稳定因素间的相互作用方面描述自组织过程。

3.1.4 系统自组织的演化过程

根据自组织理论中的耗散结构理论,一个非平衡系统的演变过程,可以用图 3.5 简明地表示。

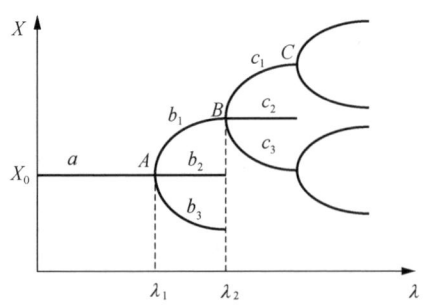

图 3.5　自组织系统的演变过程

其中 X 为系统的状态参量,λ 为控制参量。在图中的 a 段,系统处于近平衡区,此时 λ 较小,控制变量和系统的状态一一对应,这是由于在平衡态及其区域,系统能使内部的涨落和外部的扰动衰减下来,力求恢复原来的平衡态。这一分支称为热力学分支,所得解是唯一的。

当 λ 超过一个临界值 λ_1 时,热力学分支的状态变得不稳定,涨落或外界扰动的作用再不能被衰减。系统一方面离开原来的热力学分支,另一方面在三个分支 b_1、b_2、b_3 之间做出选择,如果控制参数 λ 变化缓慢,系统只在稳定 b_1 和 b_3 之间选择,此时,b_1、b_3 被选中的可能性是相同的,都为 50%(假定分叉处均具有良好的对称性)。系统究竟是选 b_1 还是选 b_3,这完全由涨落决定,而涨落是人们完全无法控制的。但是系统一旦跳到某一支上(如b_1),这时系统状态又重新变得稳定。这样最初偶然选b_1的一个小小的涨落被选择并被放大成为新的有序态,而b_3以及由它分叉出的其他分支永远失去了机会,它们再也不会变成系统的实际态了。如果控制参数λ变化很快,系统还来不及发生变化,状态参量X仍然留在原分支附近,系统将处于不稳定的b_2支。

当λ更大时,如达到λ_2之后,又会发生第二级分支,在B点之后,会出现c_1、c_2和c_3三个解,形成分支的分支。世界发展到今天经过了无数次分叉,而每次都曾在各种可能性中,通过极为偶然的涨落做出选择。

集群系统中的"涨落"是指对一定经济结构平均值的偏离,会造成经济系统在宏观上对原有状态的偏离。如果系统此时处于热力学分支上,即在平衡状态或近平衡状态,这种偏离是一种破坏稳定有序的干扰,起着消极作用,在以往的认识中,人们都认识到了涨落的这种消极作用,通过各种手段来抑制涨落。然而,在远离平衡的非线性区,这种随机的涨落中蕴藏着非常积极的因素,是形成新的稳定有序状态的杠杆,系统演化到远离平衡的非线性区,通过涨落发生突变,产生一种有序结构,这种有序的结构又具有一定的功能。系统的功能、时空结构和涨落之间是相互联系、相互制约的关系(图3.6)。

结构、功能和涨落是相互作用的,结构和功能之间的关系具有决定性,而由环境变化或系统内部引起的涨落,则把随机性因素带入其中。涨落能使非平衡结构失稳,通过突变产生新的系统结构和功能,一定的结构必然具有一定的功能,并制约着随机涨落的范围。

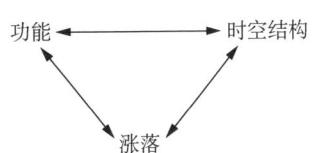

图3.6 功能、时空结构和涨落三者关系

3.1.5 自组织与他组织

事物大体分为组织与非组织两类,具有有序结构的群体是组织,否则为非组织。组织又分为自组织与他组织。① 自组织指那些在没有特定外部作用下自行建立起有序结构的对象群体,指一种有序结构自发形成、维持、演化的过程,即在没有特定外部干预下由于系统内部组分相互作用而自行从无序到有序、从低序到高序、从一种有序到另一种有序的演化过程。他组织则是指那些在特定外部作用干预下获得有序结构的对象群体,指系统按照特定外部作用从无序到有序、从低序到高序、从一种有序到另一种有序的演化过程,以及反向演化过程。

---

① 苗东升.他组织——系统科学的另一片视野[N].光明日报,1999-03-02.

自组织与他组织是矛盾的统一,是不可分割的整体,它们相辅相成,相互作用。因此在对自组织理论有一个概要了解之后,还必须简略地论述一下自组织与他组织的关系。组织、非组织、自组织和他组织概念之间的关系见表3.1。①

表3.1 组织、非(无)组织、自组织和他组织的概念关系

一级概念	组织(有序化、结构化)		非或无组织(无序化、混乱化)	
含义	事物朝有序、结构化方向演化的过程		事物朝无序、结构瓦解方向演化的过程	
二级概念	自组织	他组织	自无序	他无序
含义	组织力来自事物内部的组织过程	组织力来自事物外部的组织过程	非组织作用来自事物内部的无序过程	非组织作用来自事物外部的无序过程
典型例证	生命的成长	晶体、机器	生命的死亡	地震下的房屋倒塌

相比较而言,自组织更为根本,而他组织是在系统演化到一定阶段时,为对付日益增大的复杂性而进化出来的。当系统的复杂性在演化过程中增加到一定程度时,单纯依靠组分之间的相互作用而引起的自组织已不足以迅速适应系统对组分行为有效协调的要求,需要从更高层次处理信息,甚至分化出专门从事协调控制的子系统才能解决问题,他组织便应运而生。

根据组织力的特点,他组织有三种类型:

一是指令式。他组织力是强制的,系统运行的一切步骤、细节均为外部组织力严格规定,如指令性计划,行政系统上级对下级的命令,地面监控系统对卫星定位的控制。

二是诱导式。组织力不是强制性的,而是指导(或引导、或诱导)式的,如指导性计划、政策性引导、启发式教育等。

三是限定边界条件式。不许系统运行超出设定的边界,只能在边界范围内,范围内系统完全是自治的,如政府通过企业法、劳动法等对企业的规范等。

原则上说,每一种自组织方式均有对应于它的他组织方式。从哲学上讲,自组织与他组织是一对矛盾体,相互排斥又相互依存。他组织运动实质上建立在自组织运动之上,是在自组织运动的基础上发展出来的。自行组织起来的宇宙逐步产生他组织,表明自组织需要他组织,自组织与他组织相结合方能产生更高级的组织形态。在自然力自发进化出来的系统中,只要有等级层次的划分,上层对下层就有一定的他组织作用。社会系统以至于社会的各个层次中都包含着自

---

① 吴彤.自组织方法论论纲[J].系统辩证学学报,2001,9(2):4-9.

组织与他组织的某种统一。

因此,正确认识自组织与他组织两者的辩证关系,有利于以客观而科学的态度对待各个领域的研究,不至于走入盲目或狂热的一侧。这种自组织与他组织的关系表现在科技园区企业集群演化过程中,也正是科技园区发展自组织动力与政府等外力作用的关系。

3.2 科技园区企业集群系统的自组织分析

科技园区企业集群的系统是由众多企业、大学、研究机构及中介机构等行为主体以及它们之间的复杂联系组成的经济系统,该系统具有开放性、非平衡态、非线性相互作用和涨落等自组织系统特征。本节按照不同形成阶段动力作用的相对强度,把科技园区分为自组织科技园区和他组织科技园区两种基本模式,并分别对两种模式的演化过程进行理论分析。

3.2.1 科技园区企业集群的系统性

系统通常被理解为那些由部分构成且具有整体特性的一类事物,但事实上这种说法是不准确的。系统实质上不是对某类存在者的指称,而是对该类存在者的一种整体性存在方式的指称。也就是说,系统的概念不同于一个实体性的概念,它所关注的焦点不是事物的存在性,而是事物存在的形式和规则。它把所有具有这类存在形式和规则的事物归为一类,然后用同样的逻辑模式和规则去进行处理。[1] 由此可以看出,系统尽管由各个部分构成,但又不是各个部分特性的简单加总,而是在部分的基础上,还具有了属于整体的新特性,也就是通常所说的整体大于部分之和。

首先必须考虑科技园区企业集群是否具备系统的特征,能否划入系统的范畴,可否用自组织理论和方法来进行研究。科技园区企业集群尽管是由数量众多的企业和机构所组成的,但它显然也并不是这些企业和机构的简单汇集,而是在个体集聚的基础上产生了属于整体的特征,例如规模经济性和外部经济性,而且这种特性的效果要远大于个体特性之和。这似乎从表象上已经可以说明科技园区企业集群的系统性,但主观的感觉仍然无法替代客观的范式评判,必须有规范的衡量标准来识别系统。

关于系统的定义和识别标准的描述,由于研究角度的不同,存在相当多的观点。在基础科学层次上,通常采用路德维希·冯·贝塔朗菲(Ludeig von

---

[1] 孙志海.自组织的社会进化理论——方法和模型[M].北京:中国社会科学出版社,2004.

Bertalanffy)的定义:系统是相互联系、相互作用的诸元素的综合体。这个定义强调的不是功能,而是元素之间的相互作用以及系统对元素的整(综)合作用。把贝塔朗菲的表述稍加精确化,得到系统定义如下。①

如果对象集 S 满足以下两个条件:

① S 中至少包含两个不同对象;

② S 中的对象按一定方式相互联系在一起。

则称 S 为一个系统,称 S 中的对象为系统的元素。

根据这一定义,系统必须是一个相互联系、相互作用的众多独立个体的综合体,而非简单个体的加总。系统与非系统的本质区别,不在于表面的、活动的或空间性的区别,而在于那些表象上互不相同事物之间存在的组织的规则性和个体之间的内在关联性。② 而根据集群的定义,可以看出科技园区企业集群的集合中包含至少两个不同对象,符合系统定义的第一个特征。而且集群内的企业和机构等组成元素相互之间具有密切的关联性,并遵循一定的组织规则彼此产生影响和制约。例如集群内的企业存在着纵向和横向的合作关系,它们之间通过产业链相互关联,但在合作的基础上又存在着同业竞争关系,它们通过产品的差异化来稳定和拓展各自的用户群,争取更大的市场份额。因此从集群内的个体间的关系来看,也满足系统定义的第二项要求,即个体间按一定规则和形式相互关联。基于上述分析,可以判断科技园区企业集群具备系统的基本特征,符合系统科学的研究范畴,因此后面基于自组织理论的分析是能够成立的。

具体来说,科技园区企业集群具有复杂系统和自组织等如下基本特征。

(1) 整体性。集群的特性之一就在于它是一个社会和经济统一的整体。科技园区企业集群不是单个企业的简单集中,而是"企业和法人组织交互牵连而成的系统,整体系统的价值要比个别成员价值的总和还来得大"(波特,2003)。集群一旦形成,就会凸现出单个企业所没有的特性,或者"过滤"掉孤立个体的弱点和劣势,比如集群内企业获得的范围经济、规模经济、协同创新和风险降低等优势。换言之,集群的形成过程,其实是各种经济、技术和社会文化要素的集聚,各个子单元相互依存和关联,各种超越于个体属性的系统特性和功能逐步涌现的过程。虽然集群内成员目标各有差异,但从长期和宏观上看,集群的总目标与各个企业的目标有一致性,集群兴衰与企业成败密切相关。由于存在信息沟通和协作意愿,集群成员的行动、思维方式和价值观念具有整体性。同时,共享公共

---

① 苗东升.系统科学精要[M].2 版.北京:中国人民大学出版社,2006.
② 孙志海.自组织的社会进化理论——方法和模型[M].北京:中国社会科学出版社,2004.

资源和树立共同品牌也是集群整体性的体现。

(2) 复杂性。科技园区企业集群是一个复杂的系统。集群中各主体、各要素之间汇聚,存在复杂的非线性相互关系,而不是简单的因果关系、线性依赖关系。这种非线性关系存在协同与竞争,不断推动集群向更高层次发展。因此,不能片面地强调某一种因素或某一个部分对于集群的重要性,否则无法正确认识和把握集群的演化机制和实际运行规律。

(3) 层次性。经济系统的层次性是系统经济学的重要概念之一。在经济系统中,根据组织水平的不同可以把它划分为家庭经济系统、企业经济系统、区域经济系统、国家经济系统和全球经济系统五个层次,每个层次的经济系统都有自己独有的特征和规律(昝廷全,1996)。科技园区企业集群具有地理集中的特点,属于区域经济系统的一个子系统,其相对于区内企业经济系统而言处于更高一级的层次。

(4) 动态性。科技园区企业集群系统的结构和状态处于不断的变化之中。从集群内部看,在技术进步、市场变化等因素影响下,高新技术企业的数量、规模、能力处于不断变化的状态,集群的主体结构不断调整,功能和行为也相应发生变化。同时,高新技术企业集群都具有自身的边界,因为集群与环境之间,与其他集群之间在结构、功能等方面存在质的差别。现实中,科技园区地理边界是界定企业集群边界的重要依据之一。但集群系统边界不是固定不变的。在系统与环境相互作用过程中,集群边界呈现动态性。对于不断发展演化的企业集群来说,边界更加复杂多变,并反过来对集群的演化产生重大影响。科技产业研究开发全球化、网络化,及其与传统产业的相互交融等特点也对集群边界产生重要影响。

3.2.2 科技园区企业集群系统的构建

科技园区企业集群系统是由科技园区内的企业、研究机构、中介机构和教育培训机构等行为主体,以及它们之间的相互作用组成的。从经济网络的角度来考察,根据行为主体之间活动的重要性和紧密性,可以把科技园区网络分成三个层次:一是园区内企业与上下游企业、互补企业以及竞争企业之间的合作和交流;二是园区内企业和大学、研究机构以及中介等公共服务机构之间的知识、信息、资源的传递;三是作为系统外部主体的政府部门对园区内各类机构的引导与控制,以及园区内部行为主体和园区外部环境之间的交流和互动。根据科技园区各要素之间的关系及其系统特征,本书构建了科技园区企业集群系统(图3.7),以此为基础,阐述各要素之间的作用机理及集群自组织演化的过程。

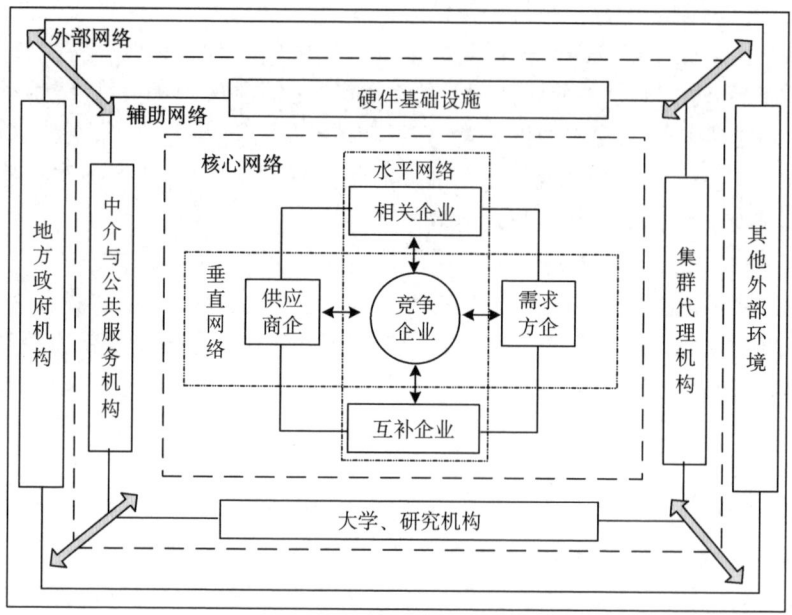

图 3.7　科技园区企业集群系统结构

资料来源：根据魏江(2003)[①]绘制

第一层网络的行为主体之间的相互作用主要是企业之间的联系和互动，由于企业之间的相互作用是科技园区网络中最重要的活动，构成科技园区网络的核心，可以称之为"核心网络"。

第二层网络中的行为主体包括大学与研究机构、中介与公共服务机构和集群代理机构三个部分。它们不是科技园区网络中直接从事生产的主体，主要是为核心网络成员的企业提供技术、人才、资本以及咨询、培训等服务功能，实现知识、信息、资源等从第二层网络向第一层核心网络的流动和传递过程。因此，把第二层网络称为"辅助网络"。

第三层网络作用机制是科技园区内的核心网络成员企业、辅助网络的各类机构与政府部门以及其他各种外部环境之间的互动，其他外部环境包括科技园区以外的政治环境、社会环境、技术环境和文化环境、市场环境，等等。同科技园区网络的内部行为主体之间的互动相比，核心网络成员企业与外部网络之间的知识、信息、资源的传递对于保持科技园区网络的健康发展也非常重要。

---

① 魏江.产业集群:创新系统与技术学习[M].北京:科学出版社,2003.

3.2.3 科技园区企业集群系统的自组织特征

根据对科技园区系统结构的分析,可以看出科技园区系统属于一种耗散结构,具有自组织机制产生的环境和条件,体现在开放性、非平衡性、非线性相互作用、涨落等方面(图3.8)。

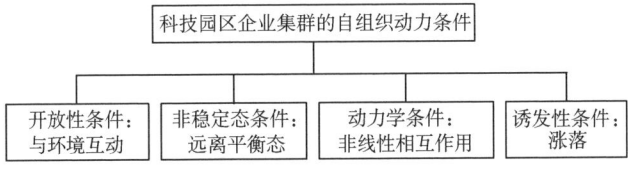

图 3.8 科技园区企业集群的自组织条件体系

1. 开放性

科技园区是一个典型的开放系统,各组分之间或与其周围环境之间,不断进行物质、能量和信息的交换和传输,并以"流"形式(人流、信息流、资金流、技术流等)贯穿其间,既维系系统与环境的关系,又维系系统内部各组分之间的关系,形成一个动态的、多层次的开放系统(图3.9)。

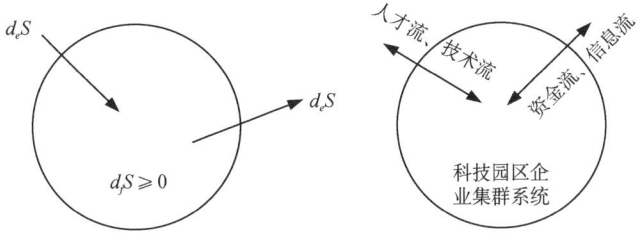

图 3.9 科技园区企业集群系统熵变示意图

科技园区的开放性体现在两个方面。首先,科技园区从低级到高级的发展过程中,系统的开放度不断增大,并不断地从外部引入负熵流,保持自身结构的有序(健康发展)。科技园区企业集群嵌入当地的产业价值链,乃至全球价值链中,与价值链中的其他产业不断进行物质、能量和信息的交换和传输。其次,科技园区的开放又是相对的开放,也就是说科技园区系统的开放度不可能一味扩大,百分之百的开放意味着丧失自我,而成为环境或其他系统的附庸。因此,科技园区系统是有边界的,边界的作用在于界定范围和过滤外来的物质、能量和信息,使进入系统的物质、能量和信息在易于处理、传输和加工的基础上,增加了科技园区系统的复杂性。

2. 非平衡态

科技园区系统的开放使得区域与外部环境之间的物质、能量和信息有了交流的可能,但这只是必要条件,要形成"流"必须有一定的势差才有可能实现,而园区空间在自然、社会、经济等功能方面的差异,即区域空间系统的非平衡性,正是形成"流"的重要原因。这种非平衡特性还使科技园区系统的发展成为了可能,耗散结构理论认为:非平衡是有序之源,任何平衡的系统将失去做功的能力,而变成一个静态的"死"系统。对于开放的科技园区系统而言,平衡态是相对的,非平衡态是绝对的。

3. 非线性相互作用

科技园区系统是由许多相互关联的企业、中介机构、大学和科研院所等构成的复杂系统,各要素资源和子系统不是简单地叠加,而是形成一种既竞争又协作的相互关系,非线性是科技园区系统的核心特征,要素资源和子系统在形成科技园区系统的过程中会涌现出新的特征。非线性正反馈能够迅速放大微弱的偏差或偶然涨落,负反馈有维持和抑制偏离的作用。线性系统要么有正反馈而无负反馈,要么有负反馈而无正反馈,非线性系统才可能同时有正反馈和负反馈,把二者适当结合起来,使系统能够自我创造、维持和更新。在科技园区系统中,一方面,规模经济、企业关联等因素放大偶然涨落的作用,另一个方面,行业规范、法规政策等因素抑制涨落的作用,只有正反馈与负反馈适当结合起来,才能实现科技园区系统的自我组织。企业之间的非线性相互作用,形成科技园区内的各种网络关系,自发地创造出各种非经济契约、信任机制和默认游戏规则等,形成集聚效益,从而发挥系统的总体功能大于各个组成部分之和的作用;同时,系统涌现出企业经济利益、学习和创新能力、科技园区竞争力、集聚品牌等集聚优势。

总之,科技园区系统的非线性机制是普遍存在的,非线性一方面使远离平衡态的科技园区形成新的有序结构,另一方面也使科技园区的演化具有了多样性和不确定性,同时也决定了科技园区系统的自组织与复杂性。

4. 涨落现象

涨落是状态变量对其平均值的偏离,它是对原有系统均衡态的破坏,又是使得系统达到新的均衡态的内在动力,可以与熊彼特所言的"创造性的破坏"做类比。在自组织理论框架下,涨落是驱动科技园区系统由原来的稳定分支演化到耗散结构分支的初始推动力。

造成科技园区系统涨落的原因可以分为两种:一种是科技园区经济系统的内部涨落;另一种是科技园区经济系统的外部"扰动"造成的涨落。科技园区系统的内部涨落主要包括三个方面:①生产要素的变化,主要包括科技园区内人力资源、资本、信息、知识等生产要素的变化;科技园区内分工专业化程度和规模变化;②科技园区内竞争与创新环境、内部制度与社会环境的变化;③由于外部性的存在,科技园区内某个企业的利益变化给整个科技园区系统带来的涨落。科技园区系统的外部涨落主要有三个方面:①市场变化,主要包括市场机会、市场供给、市场需求的变动对科技园区系统产生的影响;②相关产业政策、产业环境的变化;③来自科技园区系统外宏观经济、政治制度、社会文化等因素的变动。

涨落是科技园区自组织系统的特征之一。科技园区内各生产要素的变化都可能是造成系统自组织的内在动力;涨落的强弱和范围是否超过临界状态,是科技园区系统自稳定或自重组的决定因素。

5. 序参量

龙头企业是科技园区系统自组织演化的序参量。因为它代表着科技园区的发展水平、充当形成有序结构的核心力量、支配科技园区企业协同发展的内容和方式。

首先,龙头企业的发展程度是表征科技园区系统演化状态的宏观参量。龙头企业指在科技园区系统中占较大经济比重,具有显著的企业规模和发展潜力的企业,是科技园区发展的支柱和主导。龙头企业在时间上具有阶段性,随经济发展的不同阶段而升级或更替,进而导致科技园区系统的结构变化。

其次,龙头企业的产生是科技园区系统内众多子系统之间相互竞争与协同作用的结果。龙头企业的形成不是外部作用强加于系统的,它的来源在系统内部。当多系统处于无序的结构状态时,众多子系统独立运动,各行其是,不存在竞争与协同效应,无法形成序参量。当科技园区系统趋近临界点时,子系统发生长程关联,形成相互作用和协同行动,导致序参量的出现。某个企业能否成长为龙头产业,受科技园区内关联关系的制约,受科技园区内技术、要素资源等多种因素变量的影响。

最后,龙头企业一旦形成,将通过关联和扩散效应对科技园区系统发展起支配作用。序参量一旦形成,就成为支配一切子系统的因素,子系统按序参量"命令"行动。这种支配作用表现在给经济系统指示出新的演化方向和途径,为科技园区系统设定新的结构特征和行为特征。

3.2.4 科技园区企业集群系统的自组织与他组织契合特征

科技园区企业集群系统存在着自组织与他组织两种动力作用机制。科技园区系统具有明显的自组织特征,即在与外界进行物质、能量及信息交换的同时,能够通过自组织过程不断地自我创新。但由于系统自组织过程存在的一些弊端,如出现"系统失灵"和"市场失灵",还必须在系统中发挥他组织机制的作用来弥补自组织的缺陷。所谓"系统失灵",是科技园区作为一个复杂系统,存在组制度设计上的缺陷，不能为企业在实现系统总目标过程中提供有效的激励；个体利益最大化地驱动，各企业、机构之间相互独立，形成一种松散的无组织集聚现象，网络的黏合作用失效，从而得不到集聚经济效益。"市场失灵"，是指市场在配置资源过程中由于自发性、滞后性所导致的外部负效应、竞争失败和市场垄断、公共产品供给不足、公共资源的过度使用以及路径依赖和锁定效应等现象。

按照系统科学的表述，他组织是一个系统的要素按照特定的指令，形成特定的结构或功能的过程。他组织使系统在特定的时空内表现出可预测的规律性运动，并发挥特定的功能。它的长处在于：有利于维护系统的完整性，对实现系统的目标有可靠保证；能发挥系统的规模效应；具有针对性和计划性，易于操作。它的缺点在于：因为它比较宏观，决策周期长，对微观变动的反应不够灵敏；由于他组织的计划性和针对性较强，它使得执行者没有足够的空间去发挥主动性和创造力。

自组织和他组织各有利弊，科技园区企业集群系统的发展过程中要强调自组织和他组织两种动力的融合，实现"自组织-他组织"的良性互动。因此，科技园区系统具有自组织与他组织动力契合发展的特性，科技园区企业集群的自组织生长和发展，与有意识的政策引导和控制，二者交替作用而构成科技园区企业集群系统的形成和发展。

为了清晰地认识两种动力的作用过程，从作用的相对强度和效果考察，本书把科技园区的形成与演化方式分为两种基本模式：一种是以自组织动力为主形成的科技园区，在整个企业集群演化过程中，区域从简单向复杂，从无(低)序向有(高)序方向发展，没有或较少外界力量直接干预和调控，称为"自组织科技园区"；另一种是以他组织动力为主形成的科技园区，区域社会经济的发展按照外界的指令或诱导力量，资源的配置以计划方式为主，称为"他组织科技园区"。自组织和他组织两种驱动力在科技园区发展过程中表现出不同的特点（表3.2）。

表 3.2 两种科技园区发展模式的特点比较

动力 特点	自组织动力	他组织动力
区域内的主要活动	生产要素优化、组合，衍生新的产业，区域内存在创新的共识，创新性产业文化形成	基础设施建设，提供优惠政策，吸引国内外大企业入驻
技术特点	自主创新，在新技术基础上形成区域竞争力	学习先进技术、管理经验，发展内力
产品特点	根据市场变化提供新的产品或服务	标准化产品（服务）为主

(续表)

动力 特点	自组织动力	他组织动力
产业联系	本地相关企业间,以及产、学、研之间大量相互作用,交易频繁,产生协同效应	寻找低成本劳动力和其他生产要素,本地产业联系弱
对区域发展的影响	技术、经济、社会全面地持续发展,本地区产业结构升级,企业家不断涌现	主要反映在数量上的经济增长;增加就业和税收;发展基础设施,形成城市面貌
典型案例	美国硅谷	日本筑波科学城

资料来源:王缉慈(2001)[①]

3.3 科技园区企业集群演化过程分析

根据自组织理论和集群生命周期理论,本书把科技园区企业集群的演化放到不同的生命周期阶段中来考量。借鉴蒂奇(Tichy)关于企业集群生命周期的划分,根据科技园区企业集群系统的自组织演化特征,将科技园区企业集群演化阶段分为自组织创生(形成期)、自组织成长(成长期)、自组织适应(成熟期)、自组织离散(衰退期)四个阶段。在对这四个阶段的划分上,将主要从集群状态变量的发展趋势和集群熵的变化趋势来衡量,形成一个系统的自组织理论分析框架。

3.3.1 科技园区企业集群演化阶段界定

1. 引入集群熵概念

本书在论述自组织产生的条件时,已使用"熵"这一概念。熵的概念最早是克劳修斯(Clausius)为描述宏观过程中的不可逆性而从热力学第二定律引入的,它描述了系统能量的转化方向,即一个封闭系统能量只能不可逆地沿着衰减这个方向转化。系统科学将其引入自己的研究领域,把它作为系统无序性的量度,一般认为高熵对应着无序程度的增加,低熵对应着有序程度的增加。本书的集群熵概念实际是系统科学中熵的概念的延伸,它是用来度量企业集群这个复杂大系统的有序程度的尺度。集群熵具体可以表述为,当企业集群系统内部和外部的各个要素之间的协调发生障碍时,或者由于外界环境和相关影响因素对系统的不可控输入达到一定程度时,企业集群系统难以继续围绕目标发展演进,从而在功能和形式上表现出某种程度的紊乱,表现出有序性减弱、无序性增加的

---

① 王缉慈,等.创新的空间:企业集群与区域发展[M].北京:北京大学出版社,2001.

一种状态。其实质就是集群熵越大,集群的无序状态越强;集群熵越小,集群的有序状态越强,这里用 S 来标记集群熵。

在给定了集群熵的概念后,本书从热力学中的熵的表达公式推导出集群熵的数学公式,以便于量化分析的需要。克劳修斯用状态函数 $S = f(w)$ 来描述熵,后来玻尔兹曼(Boltzmann)证明上述函数关系 f 必须是对数关系,于是有:

$$S = K_B \ln w \tag{3.1}$$

其中 K_B 称为玻尔兹曼常数,w 称为热力学几率或系统的微观态数。在等概率假定下,第 i 个微观态出现的概率是 $P_i = 1/w$,于是前式可改写为:

$$S = -K_B \sum_1^w \frac{1}{w} \ln \frac{1}{w} = -K_B \sum_1^w P_i \ln P_i \tag{3.2}$$

从上述熵的数学表达式中,可以引申出此处的集群熵的计算式。事实上就目前的研究文献来看,在研究社会经济系统的学者中,绝大部分对熵的推导都采用了这一基本计算方式,本书在集群熵的数学表达式上也是如此。这里将企业集群的各个影响因素以及集群内企业和机构间的相互作用看作熵产生或熵流的来源,即下式中的 S_j,而每个因素的不同表现状态(或者称其为各个影响因素可能存在的多个影响方式)对应于一个微观态,它们的出现概率是 P_i,即针对每个因素的 m 个表现状态,每个状态出现的概率,此处的 P_i 满足 $\sum_{i=1}^m P_i = 1$。则由此可以得到集群熵的数学表达式为:

$$S = \sum_{j=1}^n K_j S_j \tag{3.3}$$

$$S_j = -K_B \sum_{i=1}^m P_i \ln P_i \quad (j = 1, 2, 3, \cdots, n) \tag{3.4}$$

其中的 K_j 为集群内不同影响因素所产生的熵的权重,S_j 为各个影响因素及集群内企业和机构相互作用产生的熵值,K_B 在这里和物理学中的玻尔兹曼常数一样是一个常量,这里称其为集群熵系数,这个系数一般可以取表示区域企业集中度的产业基尼系数。权重 K_j 的确定方法有很多,主要有主观赋权法和客观赋权法,主观赋权法主要是由专家根据经验主观判断而得到,如古林法(Klee method)、德尔菲法(Delphi method)、层次分析法(AHP)、因素成对比较法等。客观赋权法的原始数据是由各指标在评价单位中的实际数据形成的,不依赖于人的主观判断,因而此类方法的客观性较强,如主成分分析法、离差最大化法、均方差权重法等。目前来看,由于企业集群的发展缺乏统计数据,所以更多的情况下会采用前者,但今后,随着相关统计数据的完善,会逐渐采用客观的权重确认方法。本书省略了对权重的计算部分,但不影响后面的分析。

根据普利高津的耗散结构理论,可以知道一个大系统的总熵由两部分构成:一个是系统在完全封闭状态下的自发运动导致的熵产生,它是一个始终单调递增的值;另一个是在系统与外界进行物质、能量和信息交流的过程中所产生的熵流[①]。熵流与前面的熵产生不同,根据流入和流出系统的熵流的差异,它可为正也可为负或者零。根据热力学第二定律的推论,一个孤立系统的熵一定会随时间增大,也就是说熵的产生是个不可逆的过程,随着时间的推移最终熵会达到极大值,此时系统达到最无序的平衡态,显然一个孤立系统绝不会出现耗散结构。相反,如果是一个开放的系统,由于系统与外界存在着物质、能量和信息的交流,也就是普利高津在耗散结构理论中提到的熵流,它的存在使得总熵不再只表现为熵增,而是出现了熵减的机制。这种机制的存在,使得系统的熵产生尽管没有发生逆转,但总熵却开始趋于减小,进而使得系统趋于形成远离平衡态的有序状态。

企业集群作为一个社会经济系统,它的存在显然不是孤立的,它与外界的环境以及各种影响因素紧密联系,因此企业集群系统具有典型的开放系统的特征。正是基于这样的原因,此处引入集群熵的概念,以便能够从耗散结构的角度来解析企业集群的形成机制。但在后面的实际分析过程中,更多地要用到熵的增量而不是熵的总量。令 dS 表示集群这个大系统总的熵增加,而 d_eS 表示集群与外界存在的熵流所带来的集群熵的增加和减少,d_iS 表示集群这个系统内的不可逆过程导致的熵产生,即恒有 $d_iS \geqslant 0$,根据普利高津的系统熵的平衡方程有:

$$dS = d_iS + d_eS \tag{3.5}$$

即,集群熵的总增量等于企业集群系统不可逆的熵增加和熵流带来的熵增或熵减的算术和。

2. 基于集群熵的集群演化阶段界定

本书借助生物学中的研究种群增长的逻辑斯蒂曲线(Logistic Curve,S形曲线)来对企业集群系统的演化进行描述(图3.10)。本书使用企业集群的生产规模、就业规模和市场规模来衡量集群系统的状态改变。

[①] 许多学者在研究中将熵流也称为负熵,但实际上熵的概念表明其是递增的,也就是说理论上负熵是不存在的,之所以在研究中有熵减少的机制是由于系统与外界之间存在着物质、信息和能量流,这种熵流会带来熵减的可能性,所以在研究中未采用负熵的概念。

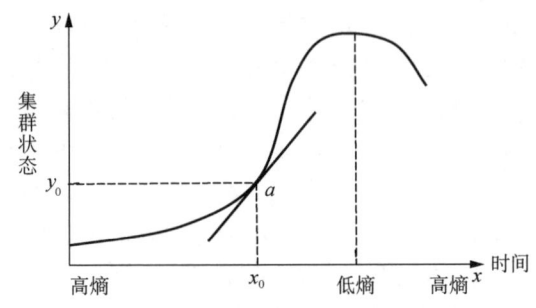

图 3.10　企业集群演化的逻辑斯蒂曲线

资料来源:金镭(2006)①

在图 3.10 中,横轴 x 具有双层含义,一方面,它是企业集群系统的演化时间的度量标准;另一方面,它也是集群熵的变化趋势的度量标准。根据前面对企业集群系统的分析,可知企业集群系统发展越趋于成熟,其集群熵越会不断减小,直至达到最小熵产生状态,因此在图中可以看到集群熵在接近逻辑斯蒂曲线的峰值时,最小熵产生了,此时的集群系统达到其发展的顶端,显然从生命周期理论的角度讲,此时是它的成熟期,或称自组织适应阶段,随后熵减机制结束,集群熵开始增加,系统向无序转变,企业集群步入衰退期。纵轴 y 则是系统状态变量的度量标准,它反映了系统随时间推移而发生的状态改变。

设企业集群系统的逻辑斯蒂演化曲线上的任意一点 a 的切线斜率为 $\tan\alpha$,根据斜率的定义可知,$\tan\alpha = \dfrac{y_0}{x_0}$ 成立,从本书的研究角度出发,这个斜率的意义可以理解为随着时间的推移,集群熵每减少(或增加)一个单位,对应的企业集群的系统状态的改变量的大小;也可以理解为单位时间内的企业集群系统的状态改变量,这里将其记作 ω,称为企业集群演化率,因此有下列等式存在:

$$\omega = \tan\alpha = \frac{y_0}{x_0} \tag{3.6}$$

当 $y_0 = x_0$ 时,说明集群熵的每一单位的改变量对应导致企业集群系统的系统状态发生了一个单位的改变,此时 $\tan\alpha = 1$,从图形上来看这一点的切线的倾斜角度为 $45°$,这一比率在企业集群演化阶段的界定中具有重要意义。

在集群熵 S 处于一个较高熵值的状态时,如果有 $0 \leqslant \omega < 1$ 存在,即某一时

---

① 金镭. 产业集群的形成和演化机制研究[D]. 阜新:辽宁工程技术大学,2006.

刻的产业集群状态点的切线的斜率 $\tan \alpha \in [0,1)$，那么根据前面给出的企业集群演化率的概念可知，此时的一个单位的集群熵的改变量所引起的企业集群系统的状态的改变量小于 1 个单位。显然此时的集群发展速度还很缓慢，其增长速率小于 1。从企业集群的演化过程来看，本书将这一阶段定义为企业集群系统的形成期，或称为自组织创生阶段。

当集群熵 S 从高熵状态趋于减小时，如果有 $\omega \geqslant 1$，即某一时刻的企业集群状态点的切线的斜率 $\tan \alpha \in [1, +\infty)$，同样根据前面的定义可知，此时的 1 个单位的集群熵的改变量所引起的企业集群系统的状态的改变量大于 1 个单位，其增长速率大于 1，企业集群的发展速度明显加快，而且随着企业集群演化率 ω 的增大，企业集群的发展速度也不断增大。此时的企业集群的发展明显处于上升时期，本书将这一状态下的演化阶段定义为企业集群的成长期，或称为自组织成长阶段。

当集群熵 S 进入低熵状态后，也就是最小熵产生阶段时，此时系统的总熵值很低，系统逐渐在一个远离平衡态的区域开始形成新的更大的有序结构。如果有 $0 \leqslant \omega < 1$ 存在，这时尽管从企业集群演化率看和形成时期的情况类似，但由于此时的集群熵处于最小熵的状态，也就是说企业集群的有序化程度达到了最高，所以此时虽然 1 个单位的集群熵的改变带来的企业集群的系统状态的改变小于 1 个单位，但集群已经趋于发展成熟，系统内的有序结构已经形成，进入了一个相对稳定的阶段，即前面曾经提到的耗散结构状态，故本书将这一阶段定义为企业集群的成熟期，或称为自组织适应阶段。在成熟期，企业集群系统的单位时间内的状态改变量很小，集群不再表现出明显的扩张态势。需要特别指出的是，这一阶段中当 $\omega = 0$ 时，企业集群系统发展到了顶点，此时企业集群处于最稳定的状态，也就是耗散结构理论中提到的最小熵产生点，此时集群熵不再减小，集群内的生产规模、就业规模和市场规模都达到了极大值，从而形成了远离平衡态的一种动态稳定结构。

随着进一步的演化，由于熵减机制的结束，系统的集群熵开始增加，此时的企业集群演化率 $\omega < 0$，即随着集群熵一个单位的增量，企业集群的系统状态呈下降趋势，当集群状态下降趋势大于熵的增量，即 $\omega \leqslant -1$ 时，就称之为企业集群的衰退期，或称为自组织创生离散阶段。在衰退期，企业集群系统的单位时间内的状态改变量往往较大，也就是说在这一时期，企业集群的生产规模、就业规模和市场规模的下降速度都非常快。因此，从企业集群开始衰退到最后瓦解的时间跨度是比较短的，这使得很多进入衰退阶段的企业集群很难及时应对，导致集群内的企业和机构大量"死亡"，这是集群演化阶段中值得注意的一个阶段（表 3.3）。

表 3.3 企业集群演化阶段的特征值状态表

比较项 （自组织理论）	自组织 创生阶段	自组织 成长阶段	自组织 适应阶段	自组织 离散阶段
比较项 （生命周期理论）	形成期	成长期	成熟期	衰退期
企业集群演化率 ω	$0 \leqslant \omega < 1$	$\omega \geqslant 1$	$-1 < \omega < 1$	$\omega \leqslant -1$
企业集群熵 S	熵值较高	趋于熵减	最小熵产生	趋于熵增

资料来源：参考金镭(2006)[①]

3.3.2 基于自组织的科技园区企业集群演化过程分析

自组织作为一种过程演化的哲学上的抽象，包含着四个过程：第一，由非组织到组织的过程演化；第二，在相同层次上由简单到复杂的过程演化；第三，由组织程度低到组织程度高的过程演化；第四，组织重归无序，重现混沌状态。这四个过程具有本质区别。第一过程(Ⅰ)，是从非组织到组织，从混乱的无序状态到有序状态的演化，它意味着组织的起源，需要研究的是组织起点和临界问题；第二过程(Ⅱ)，标志着组织结构与功能在相同层次上从简单到复杂的水平增长，表现为连续性的渐变；第三过程(Ⅲ)，是一个组织层次跃升的过程，是有序程度通过跃升得以提升的过程，表现为间断性的突变。第四过程(Ⅳ)，是有序组织重现无序、走向混沌的过程。为突出各过程的特征，把第一过程称为"自组织创生"，第二过程称为"自组织汇聚"，把第三过程称为"自组织进化"，把第四过程称为"自组织离散"（图 3.11）。

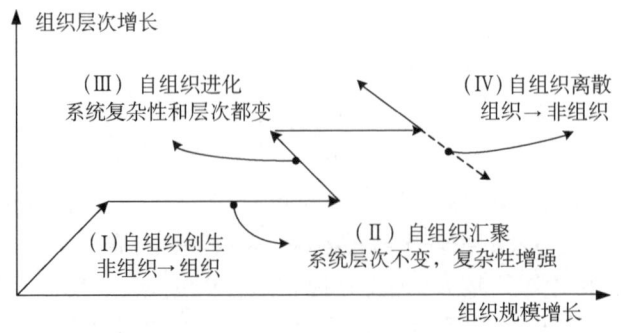

图 3.11 自组织系统的演化过程

[①] 金镭.产业集群的形成和演化机制研究[D].阜新：辽宁工程技术大学，2006.

根据自组织理论,本书把自组织科技园区企业集群的演化过程分为自组织创生(形成期)、自组织成长(成长期)、自组织适应(成熟期)和自组织离散(衰退期)四个阶段。各个阶段表现出各自不同的特征(表 3.4):第一,自组织创生阶段,集聚区内关键创业者出现,同一产业的少量企业在同一地域集中,企业之间基本上没有相互作用关系,该产业将成为未来产业集群的主导产业;第二,自组织成长阶段,企业逐步壮大并出现裂化现象,上、下游和同行企业进一步集聚,各类中介机构也相继出现,逐渐形成沟通合作网络;第三,自组织适应阶段,企业数量稳定,形成较为完整的产业体系;第四,自组织离散阶段,企业数量减少、外迁、或由于路径依赖原因,集群开始陷入衰落。科技园区企业集群演化路径如图 3.12 所示。

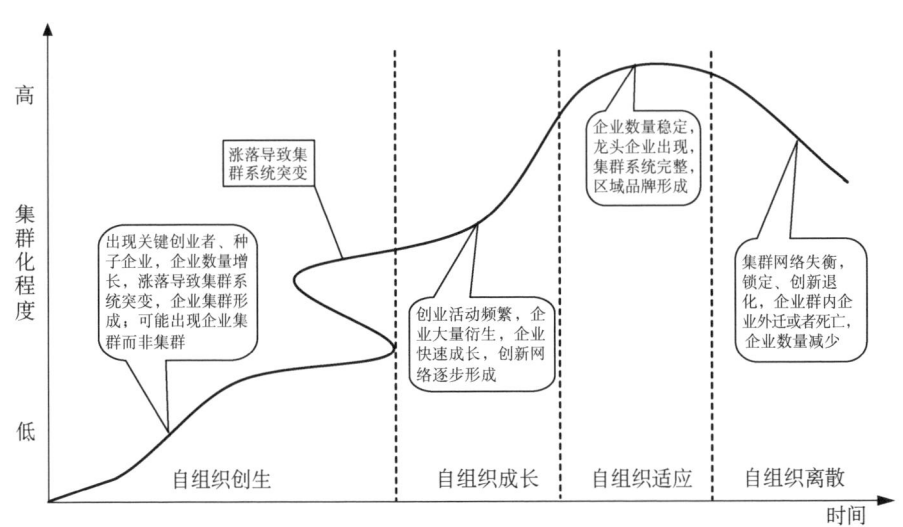

图 3.12 科技园区企业集群演化路径分析

1. 自组织创生阶段

科技园区企业集群的自组织创生阶段,可以分为自组织创生阶段的前期和自组织创生阶段的后期。自组织创生阶段的前期,从系统的角度来看,它的内部的无序程度很高,也就是说集群熵 S 处于一个高熵的状态。如果企业集群系统是个封闭的系统,那么根据熵的性质,熵产生在系统内是一个不可逆的过程,也就是始终有 $d_iS>0$ 存在,另外由于系统的封闭性,这时不会有熵流的存在,而根据 $dS=d_iS+d_eS$ 可知,当 d_eS 不存在时,有 $dS=d_iS>0$,随着熵的不断增加,系统会越来越无序,最终形成完全无序的平衡态。但正如耗散结构理论所

言,由于科技园区企业集群系统的开放性,它在熵增的同时,会通过与外界的物质、能量和信息的交流,形成熵流,而且在一定的条件下还会产生负熵流。当$d_iS<|d_eS|$时,会出现$dS<0$,也就是说总的熵增加为负,这样就会使得集群熵 S 开始减小,使系统由无序状态趋向于新的有序状态,并最终在远离平衡态的区域形成动态稳定的有序结构,这实际上就是自组织的过程。

系统自组织理论中,耗散结构理论最先研究了自组织基核的形成问题。普利高津指出:"当一个新的结构出现某个有限的扰动时,从一个状态引向另一个状态的涨落不会在一步之内就把初始状态压倒,它首先必须在一个有限的区域内把自己建立起来,然后侵入整个空间,这就是成核机制。慢弛豫变量转变为序参量的过程即自组织基核的形成过程。"

在考察企业集群这样一个自组织形式最初在某地产生的原因时,有学者提出"历史偶然性"观点:一个产生于某地的企业集群是因为最初某个企业就选址在那里。初始要素禀赋决定了最初企业的选址,也就是产业集聚开始的地点。布赖恩·阿瑟、克鲁格曼、藤田、波特等学者对"历史的偶然性"的探讨都说明了初始要素禀赋的重要性。初始要素禀赋产生的条件多种多样:资源条件、特殊的历史事件、历史积累、供给及需求条件,其他偶然的因素,等等。波特从历史的角度研究了产业群的萌芽,认为集群企业可能产生于特殊的历史环境,如荷兰的运输簇群的发展很大程度上归功于荷兰地处欧洲的中心,拥有发达的水运交通网、高效的港口和在航海史中累积的技巧。

一个快速成长的成功初创企业在某一区位建立起来,由于诸多经济、制度方面的原因,后来的新企业会选择在靠近该企业的地方成立,表现出对初始地点选择的路径依赖性。这说明,某个富有创新精神的企业家偶然在某个地域的成功创业活动,可能带来一批模仿或互补配套的追随者,从而形成扎堆的企业群体,这就是企业集群的成核过程。

本书认为,企业集群的自组织创生是在多个因素的交互作用下进行的,主要的影响因素包括:市场、资源禀赋、特定性知识、政府规制、环境等。企业集群的自组织创生是某个创新性企业的偶然出现所导致的,但这种偶然性事件是在"孕育着浓郁创新空气"的环境下产生的,它是必然之下的偶然,而不是完全的随机事件。

自组织创生阶段的后期,由于企业集群系统通过突变刚刚跃迁至新的状态,其集群熵 S 尽管进入熵减机制,但还处于一个相对较高的区间,系统整体的无序程度还比较高,所以此时的集群状态的改变较为缓慢,从集群演化率 ω 来看,其取值范围是[0,1)。此时的集群内企业的专业化程度相对较低,基本上一个企业完成全部的生产工艺,甚至包括销售和物流环节,其生产规模很小,技术水平和生产工艺都十分落后。这个时期针对集群内所生产的产品的市场需求已经初步形成,并维持在一个较为稳定的状态,而且该市场需求具有典型的成长型市场的特征,供给总量和供给类型都还有相当大的提升空间。显然,如果这一市场需求发生重大变故,则集群很难继续向下一个阶段演进,会出现中断甚至会发生逆转,即在企业集群的整个演化周期中,始终存在着多路径选择的机制,这一机制通过突变等方式来实现。

另外,由于企业集群才初步形成,其发展的过程尚处于一个自发状态,地方政府维护集群和谐有序发展的规制还没形成,民间的自律性组织——行业协会等也还没有建立,因此很容易出现过度竞争等不利于集群发展的状况,从而导致集群在形成期便步入衰退。在集群的形成初期,具有根植性的社会网络也还没有完全形成,各个企业间的资源共享程度比较低,基于社会网络的资金和技术协作关系在集群内尚不普及。从产业基础环境来看,这一时期的集群产业环境从横向比较,往往要优于其他非集群地区,但从集群发展本身来讲还是相对滞后的,比如在专业市场、原材料供给等方面还没有形成规模效应,一些配套的基础设施建设也还比较落后。

这一阶段的特点主要表现为发展模式还比较粗放,相关配套机制和整体产业环境与集群的发展还存在一定差距,企业集群尚处于一个系统突变后的波动调整阶段,而且随时存在逆转的可能。

2. 自组织成长阶段

在科技园区企业集群的自组织成长阶段,通过自组织创生阶段的调整,集群系统已经在新的状态下稳定下来,并进一步趋于有序,此时的集群熵 S 开始进入明显的熵减机制,集群系统的改变量也开始加大,单位时间的企业集群系统的状态的改变量显著增加,从集群演化率 ω 来看,其取值位于区间 $[1, +\infty)$。这一时期的产品市场需求快速增长,并在需求多样化的刺激下开始市场细分,这为集群的快速成长提供了更为广阔的市场基础。由于市场需求的拉动,集群内企业的生产规模也不断扩大,从而导致了专业化分工的发展。随着产品的多样化和需求的增长,必然导致集群内企业纵向分解,从而在原有集群基础上推动了集群的演进,即从开始的同类生产企业的横向集聚演进为围绕某个产业(产品)的纵向集聚,这种纵向关联实际就是专业化分工的结果。此时的集群内各个企业根据自身特点更加专注于某一个环节的生产或服务,并会衍生出专业的物流和销售公司等生产辅助性部门和金融和咨询等支持性部门。

由于专业化分工的发展,集群内企业间的联系日益密切,原有的社会网络进一步强化,基于社会网络的资金和技术协作关系不断加强,并开始普及。而且,由于集群的快速成长,产业基础环境也会相应改善,因为集群内会达成某种默契并由行业协会或者政府出面来实施相关的改进措施,从而为集群的进一步发展提供空间和基础,这与集群内企业追求利润最大化的目标是一致的。另外,为了维护集群的健康发展,同时也出于政府发展地方经济的需要,政府会采取相应规制措施来避免集群内的过度竞争等行为引起的阻碍集群发展的现象,保障地方经济有序增长。同时,随着集群的不断壮大,相关的行业协会也建立和发展起来,成为维护企业集群内企业和相关机构的合法权益并推动集群发展的自律性民间组织。

在这一阶段,企业集群系统表现出了充分的活力,各个方面的发展都步入了一个快速增长的通道,只要没有出现大的涨落和扰动,系统会在现有基础上进一步趋于有序,此时的企业集群进入发展壮大的生命周期阶段。

3. 自组织适应阶段

经过一个时期的快速发展,科技园区企业集群就会逐渐步入自组织适应阶段,此时的集群熵 S 通过前面的熵减机制,逐渐接近最小熵产生,并维持在一个低熵状态,从集群演化率 ω 来看,它的取值区间位于 $[-1, 1)$。企业集群的自组织适应阶段进一步可以分为两个部分,一个是自组织适应阶段的前期即 $[0, 1)$,一个是自组织适应阶段的后期即 $[-1, 0)$。

首先来看自组织适应阶段的前期,这一时期尽管单位时间内的企业集群系统的状态改变量也很小,但不同于企业集群自组织适应阶段的是,在这一阶段,由于企业集群系统的发展即将达到最高点,即在一定程度上趋于饱和,所以不再有明显的状态变化。此时的企业集群系统处于一个最有序的状态,也就是普利高津所说的耗散结构状态。在这一时期,市场需求将达到顶峰,并会稳定在一个较高的水平,企业集群内企业的专业化水平进一步提高,形成柔性专精的生产模式,大量企业根据分工的不同围绕集群的核心产品提供着各类专业化生产和服务,构成具有纵向和横向关联的成熟企业集群。

根植性的社会网络通过不断发展,在企业集群成熟期也逐渐完善。完善的社会网络一方面促进了企业之间的合作,使企业边界模糊化,这样能够更好地实现企业相互拆借资金、共同采购原材料、共同销售、共同解决生产中的技术问题以及共享资源和信息等;另一方面,社会网络的完善,还能提高单个企业的竞争实力,因为建立在社会网络基础上的经济网络,实现了空间内企业的非正式联合,使得集群内企业既具有了规模优势,但同时又不失单个企业的灵活性。

社会网络趋于成熟的同时,政府行为和行业协会的作用也得到了强化,经过长期的经验积累,政府已经形成了一套完善的规制体系,从而为保障集群的有序发展提供了政策支持;行业协会的作用在集群内也得到了更广泛的认可,集群内企业在协调内部矛盾和维护集群整体利益方面,更多地依靠各类行业协会等民间组织进行,避免了恶性竞争的两败俱伤后果,也为实现双赢战略提供了有力保障。最后从产业基础环境来看,通过企业集群自组织适应阶段的发展,相应的产业基础环境得到了根本改变,形成了包括基础管网、通信交通、研究开发、咨询培训等在内的完善的产业配套机制。在自组织适应阶段的前期,集群系统达到了最有序的状态,各项指标均达到了其最佳状态,集群进入稳定发展期。

但需要注意的是,在自组织适应阶段的后期,由于熵减机制的结束,系统总熵会在内部熵产生的机制下逐渐趋于熵增,这是所有系统发展的一个客观规律。从企业集群的演化角度,可以理解为集群由于受到市场需求的萎缩或者消费者品位的改变等内外部因素的制约,会从原来的有序而进入新的无序状态,当然此时的熵增速度比较缓和,加上企业集群系统本身的熵值处于一个低熵状态,因此宏观上仍表现为一种稳定的有序状态。所以,企业集群一般应该尽量选择在此时期进行产业结构和生产的调整,进行产业升级,而不是等到集群开始衰退后才开始调整。

4. 自组织离散阶段

科技园区企业集群的自组织离散是集群组织无序化的过程。在自组织适应阶段后,由于同行企业对市场份额的争夺、资源的稀缺、集群的嵌入性依赖、集群企业学习的失败、交易的低效率以及替代技术或产品的发展等原因,企业集群的发展出现由盛到衰的转变。从系统的角度来看,任何系统的发展始终是熵增的,即集群熵 S 当熵减机制结束后,还会趋于增加,也就是说企业集群会从有序向无序过渡,此时的企业集群演化率 $\omega \leqslant -1$。在这一时期,市场需求会逐渐萎缩,集群内企业开始减少、死亡或外迁。由于相关企业的外迁,专业化程度会有所降低,部分企业不得不从事更多的生产和服务环节的工作,以维持原有的生产或服务。此时的政府、中介及行业协会等机构急需转变角色,要从集群的扶持者转为集群的改造者,积极推动企业集群的转型,在考虑原有优势的情况下主动实施企业集群再造。[①] 从社会网络和企业集群环境来看,尽管企业集群进入自组织离散阶段,但这些基础环境和人文因素的变化不是十分明显,而且在集群的再造过程中,可以充分利用这些优势,尽快使企业集群从自组织离散突变到下一个企业集群演化周期中去(表3.4)。

因此,当企业集群进入自组织适应阶段的末期时,企业集群系统内部可以通过政府和行业协会的引导,积极进行集群的再造尝试,充分利用临界值附近的长

---

① 金镭,沈玉志.资源枯竭型城市的产业集群再造[J].技术经济,2005(1):20-21.

表 3.4 科技园区企业集群各个演化阶段的特征

阶段 比较项	自组织创生	自组织成长	自组织适应	自组织离散
生命周期	形成期	成长期	成熟期	衰退期
集群规模	从无到有、企业数量非常有限	由少到多、企业数量迅速增加	企业数量增长放缓、集群规模形成	企业数量减少、迁出或者衰亡
市场特征	自发或无方向	新衍生企业大量商业机会、前期企业的示范效应、羊群效应	新企业进一步衍生、资金与信用服务体系完善	产品均质化、竞争加剧、资源稀缺等
内部结构	基本没有分工合作、简单地自发地共享资源和劳动	比较系统地分工合作、共享资源逐步形成和发展	分工合作更加系统与合理、成功新创企业衍生与合并、产业结构不断优化	分工与专业化程度降低
政府规制	缺乏政府规制	政府积极出台相关规制	形成完善的政府规制体系	维持原有规制积极引导转型
行业协会作用	尚未形成行业协会	相关行业协会建立并不断发展	行业协会充分发挥协调组织作用	积极引导产业集群的调整转型
社会网络	社会网络基础较薄弱	网络基础不断强化	形成完善的社会网络	保持原有的社会网络或出现锁定效应
基础环境	基础环境相对滞后	基础环境不断改进	形成完善的产业基础环境	保持原有的产业基础环境

程关联作用,促成在阈值的有利突变,避免进入企业集群的自组织离散阶段,而是在自组织适应阶段结束后直接突变到新的企业集群演化周期。显然,由于目前还无法完全控制突变结果的选择,所以要实现这样的有利突变还很困难,但起码能够及时发现这些重要的临界点,并在尽可能的情况下对企业集群系统实施干扰,积极引导有利突变的出现。

在整个科技园区企业集群的演化过程中,需要注意一个问题,那就是在每个演化过程中都有出现逆转的可能,即无论是自组织创生阶段、自组织成长阶段还是自组织适应阶段,都有可能由于某个微小的扰动而在演化阶段的各个阈值附近发生突变,从而结束原有的演化周期,而突变到新的演化周期或者回到上一个演化阶段,甚至导致集群的瓦解。科技园区企业集群的演化过程并非完全的连续性路径演化,而是在路径演化中不断存在多路径选择的连续性和间断性相结合的演化过程。

3.4 小结

本章利用系统科学的自组织理论对科技园区企业集群演化过程进行了分析。首先,论述了自组织的条件、动力及演化过程;分析了科技园区企业集群系统的自组织条件。作为一个复杂的开放系统,科技园区企业集群系统具有开放性、非平衡态、非线性相互作用和涨落等特征,符合自组织系统条件,在此基础上,构建起科技园区企业集群系统。

其次,结合企业集群生命周期理论和科技园区企业集群系统组织演化的特点,将科技园区企业集群演化的过程划分为自组织创生、自组织成长、自组织适应与自组织离散四个阶段,并引入"集群熵"的概念,通过分析集群熵的变化,对科技园区企业集群演化各个阶段系统要素之间的相互作用机理进行分析。

最后,深入分析了科技园区企业集群演化各个阶段的不同特征,为分析科技园区企业集群系统发展的动力机制打下基础。

第 4 章　科技园区企业集群演化的动力机制

机制(Mechanism)是系统内部的一组特殊约束关系,它通过对微观层次运动的控制、引导和激励来使系统微观层次的相互作用转化为宏观的定向运动。[①] 推动系统演化与自组织的关键是对微观层次运动的控制、引导和选择。在系统发展的所有问题中,机制问题是最核心的。科技园区企业集群作为一个经济系统,集群演化的动力机制是最为核心的问题。根据文献分析,本书认为,资源、专业化分工、社会资本与创新网络、知识溢出以及政府他组织动力等因素对科技园区企业集群演化具有重要作用。

4.1　科技园区企业集群形成中的共享资源

4.1.1　自然禀赋的作用与限制

自然禀赋是一个重要的集群发展环境因素。对于许多产业而言,自然禀赋对产业在某些地方的聚集是有重要影响的。在一些产业内,出于节省运输成本的考虑,一些企业总是倾向于集中在生产原料或者原料丰富的地区,韦伯的工业区位理论中也有运输费用指向的远离。原料丰富的地区,由于使用和运输这些原料的成本相对较低,很容易首先产生该产业的先驱企业,如果这个先驱企业发展顺利,并能产生良好的技术外溢效应,就会有一批企业聚集在这个企业周围,最终出现一个产业集群。另外,有些产业的经济活动与气候、土壤、水源等特定地理条件有关,如果某些地区具备这些地理条件,则有可能吸引别的企业到本地区来创业,从而有助于形成产业集群。丰富的原料、较低的运输成本、良好的气候和其他地理条件,构成了特定地区的自然成本优势(Natural Cost Advantages),这是形成某些产业聚集的基础。[②]

徐康宁(2006)把自然禀赋环境下形成的产业集群分为三种不同的类型。第一类的产业聚集是因为有特别丰富的自然资源,可能是一片广袤且易开采的原始森林,也可能是藏量丰富的矿产,或是水草丰美的牧场,因而聚集了众多的行

[①]　陈忠,盛毅华. 现代系统科学学[M]. 上海:上海科学技术文献出版社,2005.
[②]　徐康宁. 产业聚集形成的源泉[M]. 北京:人民出版社,2006.

业内企业,形成林木工业、矿产采掘业或毛纺工业的地理集中现象。如芬兰的林木产业、中国山西的煤炭工业等。第二类的产业聚集是凭借独特的地理条件或气候条件,这种地理和气候条件在其他地方不易找到,一些产业便在这些具有独特地理条件和气候条件的地方聚集起来。如景德镇的陶瓷工业算是这类产业聚集的典型例证。第三类的产业聚集是靠近交通便利的地方,交通便利也可视作自然禀赋。如上海早期的工业不是发源于黄浦江,而是发源于苏州河,主要是因为苏州河的运输条件优势。

上述观点表明,有些产业主要是因为自然禀赋的因素而聚集于某一特定的地理范围,其形成的原因主要有赖于自然禀赋的条件。但仅仅是自然禀赋无法解释一些资源匮乏的地区产业聚集的现象。如我国的企业集群主要分布于沿海,特别是人口密度高、自然禀赋资源稀缺的广东、浙江和江苏。另外,像硅谷等高科技园区的形成与发展过程中,自然禀赋的作用也不是决定性的。准确地说,自然禀赋是经济增长所依赖的条件,甚至是不可缺少的条件,对企业集群的形成具有重要作用,但却不能把企业集群产生的原因简单地归结为自然禀赋,自然禀赋对企业集群的影响还要取决于其他因素。为此,本书有必要对"资源"重新界定,在此基础上深入探讨科技园区企业集群的资源基础。

4.1.2 资源、企业资源与企业集群

《辞海》把资源界定为"资财的来源,一般指天然的财源";联合国环境规划署认为"所谓资源,特别是自然资源是指在一定时期、地点条件下能够产生经济价值,以提高人类当前和将来福利的自然因素和条件"。上述两种定义只限于对自然资源的解释。马克思在《资本论》中说:"劳动和土地,是财富两个原始的形成要素。"恩格斯对资源的定义是:"劳动和自然界在一起才是一切财富的源泉,自然界为劳动提供材料,劳动把材料转变为财富。"[1]上述定义既指出了自然资源的客观存在,又把人(包括劳动力和技术)的因素视为财富的另一不可或缺的来源。可见,资源的来源及组成,不仅是自然资源,而且包括人类劳动的社会、经济、技术等因素,包括人力、人才、智力(信息、知识)等资源。所谓资源指的是一切可被人类开发和利用的物质、能量和信息的总称,它广泛地存在于自然界和人类社会中,是一种自然存在物或能够给人类带来财富的财富。

对于企业而言,广义上说,资源是企业生产经营活动的一切输入物,既包括企业内部的,也包括存在于企业外部的;狭义上说,资源是指能够使组织产生竞争力(优势或者效率、效果)的输入物,它是企业特有的、有价值的、异质性的和不

---

[1] 马克思,恩格斯. 马克思恩格斯选集(第4卷)[M]. 北京:人民出版社,1995.

可流动的物质。不同学者对于企业资源的界定也不相同(表4.1)。

表4.1 企业资源的定义与分类

作者	资源定义	企业资源内容	分类
韦默费尔特(Wemerfelt)	能给企业带来优势或者劣势的任何东西	在给定时间里,那些半永久性属于企业的有形和无形资产,比如,品牌名称、企业内部的技术知识、员工的个人技能、交易合同、机器、有效的流程、资金,等等	固定资产、计划、文化
巴尼(Barney)	一个企业的物质、人力、组织资本中的那些能使一个企业制定和执行提高其效率和效益的东西	一个企业的物质、人力、组织资本中的那些能使一个企业制定和执行提高其效率和效益的资源看作是企业资源	物质资本资源、人力资本资源和组织资本资源
格兰特(Grant)	生产过程中的投入物	包括资产设备、员工个人的技能、工厂、品牌名称、资金等	财富资源、物质资源、人力资源、技术资源、声望和组织资源
阿米特和舒梅克(Amit & Schoemaker)	企业拥有或者控制的有用的要素存量	包括可交易的专有技术(例如,专利和授权)、财务或者物质资产(例如,产权、工厂和设备)、人力资本,等等	资源;能力
项保华	由管理者所完全掌控的外显、静态、有形、被动的"使役对象"		企业资源本身出发可将资源分为有形资产、无形资产和能力资产三类;从企业资源与竞争优势的关系出发可以将资源分为一般资源和战略资源这样两类
耿帅	为企业所控制的各种有形及无形的生产要素	资产、能力、组织过程、员工技能、专利、财务状况、管理者才能、信息知识等	有形资源和无形资源

对于科技园区企业集群的演化而言,资源一直是重要的因素。迈克尔·波特(1990)的"钻石模型"包括四个关键因素和两个附加因素(图4.1)。波特认为,这六个因素决定着集群的竞争优势。在要素条件(人力资源、天然资源、资本资源、知识资源和基础设施)、需求条件(国内和国外需求)、相关和支持性的产业以及企业战略,结构与竞争程度这四个关键因素中,要素条件及相关支持性的产

业可以理解为集群发展的资源。

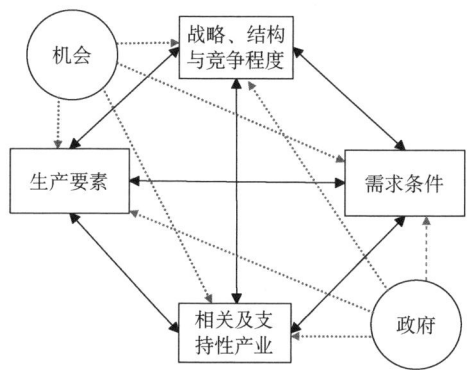

图 4.1　Porter 的钻石模型(Diamond Model)
资料来源：Porter(1998)

加拿大学者蒂姆·帕德莫尔(Tim Padmore)和赫弗里·吉布森(Hervey Gibson)在迈克尔·波特钻石模型的基础上提出分析集群竞争力的 GEM 模型，认为影响集群竞争力的因素有六个：资源、基础设施、供应商/相关辅助产业、企业结构/战略与竞争、当地市场和外部市场(图 4.2)。①

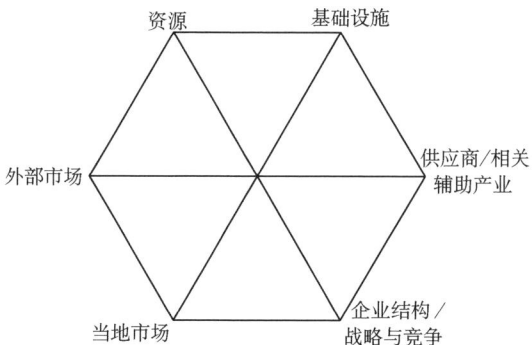

图 4.2　企业集群 GEM 模型
资料来源：陈柳钦(2007)

在上述六个因素中，至少前三个因素都与资源有关。从动态的角度，即基于集群形成和发展过程而言，集群是各种资源集聚在某个特定的地理区

---

① 陈柳钦.国内外关于产业集群技术创新环境研究综述[J].贵州师范大学学报(社会科学版)，2007(5):6-15.

域的过程,没有资源的集聚,集群是不能发展的,可以说集群的本质是资源集聚体。

4.1.3 集群企业的共享性资源

20世纪80年代,基于资源的观点(Resource-based View,RBV)作为研究企业竞争优势的一种新的理论方法逐渐发展起来。RBV强调影响企业竞争优势的主要因素是企业所有的特殊资源而非其所处的产业结构,认为企业是资源的集合体,由于企业所控制的资源具有异质性和非完全流动性的特征,使得不同企业之间可能会存在很大差异性,并且这种差异可能长期存在。既然企业之间的差异是由资源因素引起的,那么那些具有竞争优势、绩效优良的企业与绩效一般的企业相比,必定在其所控制的资源方面具有独特优势。

基于资源的企业竞争优势理论在资源观的基础上,按照对资源的所有权和资源是否具有异质性与不完全流动性两个维度,将企业获取竞争优势所涉及的资源大体划分为三类:一类是企业所有的、具有异质性和不完全流动性的资源,即企业战略性资源;二类是企业所有的、不具有异质性和不完全流动性的资源,即企业一般性资源;三类是不为企业所有的、也不具备异质性和不完全流动性的资源,即市场要素性资源。企业战略性资源是企业获取竞争优势的直接源泉,而企业一般性资源在给予企业获取竞争优势的同时,和市场要素性资源一起构成企业提升与增强战略性资源的重要源泉,间接地影响着企业基于资源获取持续竞争优势的绩效水平(图4.3)。

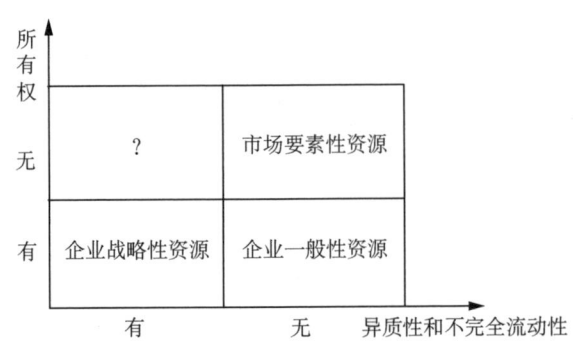

图4.3 RBV对企业资源的传统划分
资料来源:蔡宁,吴结兵(2007)

然而,在图4.3中,"?"象限会引发这样的疑问,即是否还存在另外一类资源,它不为特定企业所有,但却具备异质性和不完全流动性,能在特定企业获取竞争优势过程中发挥重要影响作用？这就向RBV对企业资源的传统划分提出了质疑。在研究企业集群系统时,可以发现,企业集群作为一种介于市场与企业之间的企业集群自组织体,在整个企业集群内部的企业之间往往形成了异质的、不完全流动的资源,同时具备了传统RBV理论研究框架界定下的有价值、稀缺、难以模仿和难以被替代的特征。集群企业虽然无法对集群内的这类资源进行独占,但由于这类资源附着在整个集群内部,因此,集群企业可以通过共享该类资源以形成对共享资源的准独占态势,达到获取竞争优势的最终效果。这就是图4.4中第二象限存在的另一类资源——共享性资源。

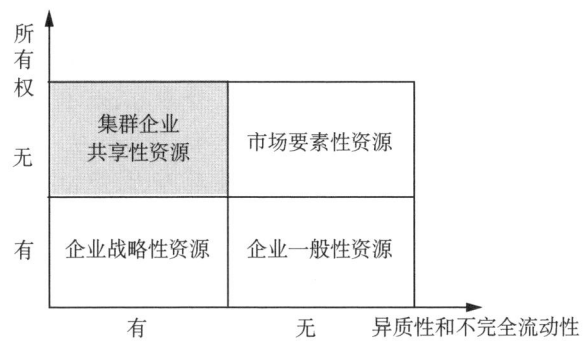

图 4.4　RBV对集群企业资源的划分矩阵
资料来源:蔡宁,吴结兵(2007)

共享性资源是集群的一种垄断资源,对于集群企业来说,它是一种非排他、非竞争的资源,而如果企业考虑加入集群,共享性资源又不会因为某一个企业的进入而降低其他企业的获取性。因此,可以把共享性资源与集群的共有资源和公共物品并列,作为集群内的一种资源加以研究。[①]

4.1.4　基于资源观的科技园区企业集群形成机理

从上述分析可以看出,集群企业间共享性资源的存在,使得集群企业具有了很强的竞争优势。集群竞争优势的形成是一个资源的"投入—转换(资源整合)—产出"过程。其中转换是核心,转换(资源整合)的实质就是拥有资源(要素),培养动力机制,并不断地将要素整合(转化)为竞争优势。从某种程度上来说,它是企业集群发展的内在逻辑(图4.5)。[②]

---

① 蔡莉,朱秀梅.科技型创业企业集群形成与发展机理研究[M].北京:科学出版社,2008.
② 郑健壮,叶峥.基于资源观的产业集群政策研究[M].上海:上海三联书店,2007.

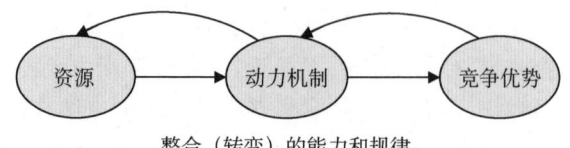

图 4.5 企业集群的发展逻辑

集群的形成和发展,从历史和逻辑的角度而言,是一个不断强化的过程,可以分为两个阶段来理解,即存在着这样一个过程:初始条件(企业开始聚集)→强化条件(企业的形成和发展)。企业形成的原因(初始条件)的核心应该是资源,主要包括:自然条件(自然资源),经济因素(经济资源,主要是资本),历史条件(包括文化资源、社会资本),人力资源(劳动力、企业家、技术人员、风险投资家、律师、会计师等)等。①

自然禀赋(自然条件)是集群形成的一个重要原因,但也不能把企业集群简单地归结为自然禀赋,自然禀赋对企业集群的影响还要取决于其他因素。人力资源是集群形成必不可少的一个条件,一般而言,在某地存在大量的某个领域的专业人才,就有可能产生相关的企业集群,环同济科技园区企业集群的形成,其原因之一就是因为同济大学周边聚集了丰沛的建筑设计、城市规划、工业设计及艺术设计等方面的人才。硅谷的成功因素之一也是人力资本,硅谷拥有8所大学、9所社区大学和33所技工学校,其中斯坦福大学是著名的电子学研究中心,拥有企业家、风险投资家、律师、会计师、技术人员等。印度软件业迅速发展的最关键因素是拥有大量优秀的软件人才,形成了"程序员—软件工程师—系统分析员—项目经理"的合理人才结构。截至2000年年底,印度的软件开发人才占世界软件开发人才的30%,拥有合格软件人才41万人,在海外工作的软件工程师25万人,每年可以培养大约20万个软件专业人才。②

企业集群真正形成的条件,称为"强化原因",是促使企业从聚集到集群的关键,主要包括资源的集聚、专业化分工与合作、知识(技术)的共享等三种。从系统的角度看,集群是三个空间的统一,即经济空间、社会空间和地理空间,是一个基于地理空间,借助社会空间而发挥经济空间的一个动态过程。在特定的地理空间内(科技园区),由于社会历史等原因产生了社会资本(联系和信任),而信任和联系的存在促进了交易费用的降低和新的企业的衍生,同时进一步促进了专

---

① 蔡宁,吴结兵.产业集群与区域经济发展——基于"资源—结构"观的分析[M].北京:科学出版社,2007.
② 甘碧群,何西军.印度软件业的发展模式及其启示[J].经济学动态,2002(5):87-90.

业化分工。另外,社会资本一方面促进了知识溢出和知识共享、吸收;另一方面在劳动力市场等条件下促使新的企业衍生。

实际上,上述各种要素(资源)之间是紧密联系、相互影响的,通过企业资源的整合,进而形成企业集群,这也是本书所描述的企业集群形成的基于资源的微观机理(图4.6)。①

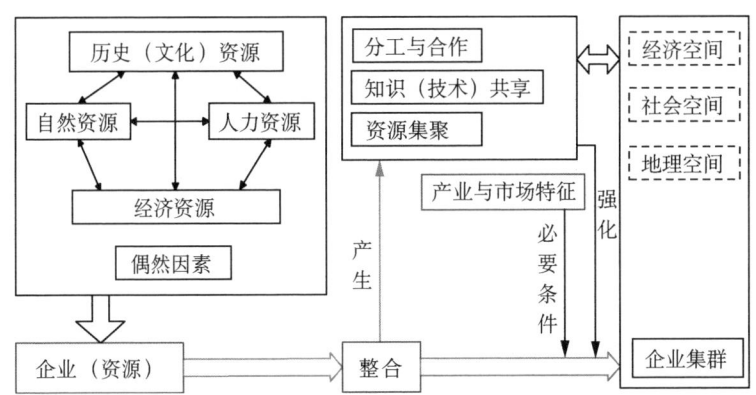

图4.6 集群形成和发展的RIC模型

资料来源:蔡宁,吴结兵(2007)

在科技园区的发展上,各级政府更多侧重于考虑当地自然禀赋和经济发展需求等特定因素,对其他资源重视不足。在该种发展模式引导下,大量企业的集中也只是在园区内简单地堆砌。而企业在地理位置上的集中和公共产品的共享,并不必然产生聚集的效应。若园区内企业之间缺少产业关联性,就无法形成良好的分工与协作,将造成各企业生产、交易成本高,产品竞争优势不强,企业发展必然受到限制。若区内各组织、机构间缺失内在关联,其优势资源,如科研成果、创业资金、分工协作等,将无法实现有效的转化和协同,竞争优势就很难得到体现。若园区内缺乏鼓励创新的环境和机制,企业的发展只会步入僵化,发展"空心化"将越来越严重。事实上,集群包括了各类相关的主体单位,如相互竞争协作的企业、政府、大学与科研机构、支持机构等。它们同处于一个特定的系统,由于其共性和互补性而关联在一起,各主体间衍生的内在网络是推动集群不断创新发展,形成区域和产业竞争优势的源泉。只有重视各种资源,才能推动科技园区的更快发展。

---

① 蔡宁,吴结兵.产业集群与区域经济发展——基于"资源-结构"观的分析[M].北京:科学出版社,2007.

4.2 专业化分工与科技园区企业集群的形成、演进

4.2.1 专业化分工的概念界定

分工理论是企业集群形成和存在的基础。以亚当·斯密为代表的古典思想的精髓是人类生产活动的专业化分工。亚当·斯密在《国富论》一书开篇就分析了劳动分工,指出"分工是国民财富增进的源泉"。他将分工分为三种:一是企业内分工;二是企业间分工,即企业间劳动和生产的专业化;三是产业分工或社会分工。第二种分工形式实质是企业集群形成的理论依据所在。正是因为这种分工,企业集群才会具有无论是单个企业还是整个市场都无法具备的效率优势,过细分工和市场分工都有一系列弊端。而企业集群保证了分工与专业化的效率,与此同时还能将分工与专业化进一步深化,反过来又促进了产业集群的发展。

阿林·杨格(1928)[①]在其经典论文《报酬递增与经济进步》中对"斯密定理"进行了拓展,指出"报酬递增的原因不是规模经济,而是产业的不断分工和专业化的结果。"他认为劳动分工依赖于市场范围,而市场不仅由人口、区域决定,更由购买力决定;购买力由生产力决定,而生产力由分工决定。这样便是"分工一般地取决于专业化分工"。

新古典经济学的代表人物马歇尔继承了亚当·斯密对劳动分工的开创性观察,初次描述了产业集群形成的原因。马歇尔在书中描述了"地方性工业"的原始形态,他所说的地方性工业就是具有分工性质的企业在特定地区的集聚,并把这些特定地区称作"产业区"。

纵观人类经济发展的历史,分工提高生产效率几乎是不言自明的事实。在古典经济学家那里,分工问题从来都被放在经济理论的核心地位。

专业化分工本身具有"自我繁殖"能力。一是各行各业分工的内向发展,会为创造新的专业提供条件。产品价值链越长,技术上进行工序分解的可能性越大,垂直方向的劳动分工有可能加长,这样能吸引众多企业聚集在一起。二是分工度会随技术的改进而深化。分工度的提高反过来使专业内的技术效率提高。分工的内向和外向发展相互影响,效率与分工度的交互影响,构成企业的自我繁殖特性。在集群内分工深化的同时,集群间的协作也在发展,这种趋势逐步演化为地域分工的格局。由于产品具有互补性,不同产业群相互合作,新市场机会层出不穷,新企业集群不断涌现。

---

① 阿林·杨格,贾根良.报酬递增与经济进步[J].经济社会体制比较,1996(2):52-57.

盛洪(1994)[①]在《分工与交易》一书中对分工进行了定义,认为:"所谓分工就是两个或两个以上的个人或组织将原来一个人或组织所承担的生产活动中所包含的不同职能操作分开进行。"专业化就是一个人或组织减少其生产活动中的不同职能的操作的种类,或者说,将生产活动集中于较少的不同职能的操作上。专业化和分工越是发展,一个人或组织的生产活动越集中于更少的不同的职能操作上。如果用 PA(Production Activity)表示一组完整的生产活动,其中包含了 n 种不同智能的基本操作,对一个 PA 的分工就是将其分割成若干不同的部分,设 K 为一整数,$0 < K \leqslant n$,对 PA 的分工则可以表示为 PA/K。当 $K \to n$ 时,$\Delta PA \to dPA$,后者近似表示分离出来的一个基本的生产操作。我们通常谈到的分工与专业化,往往有两种含义:一是指分工和专业化的程度或状态;二是指分工和专业化的趋向或过程。前者是静态的,后者是动态的;前者强调个人或社会已经实现的分工和专业化,后者强调个人或社会正在或将要进行的分工和专业化;前者强调"工"和"专业",后者强调"分"和"化"。关于分工和专业化的程度和状态,可以理解为 PA 被分割为多个相互独立部分的问题。这在前面表示为 PA/K,即 PA 被分割成了 K 个部分。此处的 K 并不具有一般除数的严格数学含义,并不是对 PA 的平均分割,分割点在什么位置也并不重要,关键是分割的事实。因此,盛洪(1994)将 PA 被分成 K 个部分等价于有 K 个基本生产操作从 PA 中分离出去,即 PA/$K \leftrightarrow$ PA $- \int_{l}^{k} dPA$。分工和专业化的程度就是分离出去的基本生产操作数量占 PA 所含基本生产操作数量的比重,即:$\int_{l}^{k} d/PA/PA = K/n = L$,$L$ 就是分工和专业化程度。至于分工和专业化的过程和趋向,严格地说,是指随着时间的推移,分工和专业化程度 L 对时间的导数:$dL/dt = V$。由于 $L = f(K)$,所以 $V = df(K)/dt$,说明分工和专业化的过程可以视为随时间的变化,即从 PA 中分离出去的基本生产操作数量的变化。

4.2.2 专业化分工与企业集群的创生

在科技园区企业集群系统中,创新型企业及其网络在园区系统中集聚,企业之间形成高度专业化分工,规模大小不等,有大量的中小企业之间存在着激烈的竞争。企业集群演进的关键点是内部新专业分工如何形成的问题,根据自组织理论,就是微观分工结构怎么样经分工涨落达到在客观上未定的新秩序的问题。该过程如图 4.7 所示:微观结构的涨落最初发生在 O→A 线周围,涨落不断发

---

① 盛洪.分工与交易:一个一般理论及其对中国非专业化问题的应用分析[M].上海:上海人民出版社,1994.

生,但又不断衰减。此时分工涨落距离平衡点不远,由于涨落幅度没有超过临界点,因此系统不断回到原有的平衡点(此时该点是稳定的平衡点)。

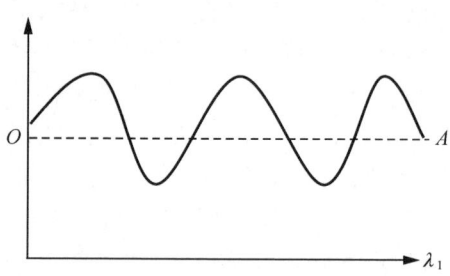

图 4.7　科技园区企业集群系统专业化分工结构的涨落

资料来源:周维颖(2004)①

假定在科技园区企业集群中已经有了一个专业生产部门,然后来看新专业怎样从这个部门中产生,并从中分析出新专业和旧有专业之间关系的类型。当一种新的专业刚刚开始出现时,在第一阶段所使用的专业化技术肯定是不够完善的,生产费用相对较高,市场需求和供应能力都比较小,所以发展也很缓慢。在第二阶段,由于专业化技术的进一步完善和转向大批量生产,加之相应的市场逐步扩大,产量增长的速率大大提高(超过临界点,形成巨涨落)。接着,第三阶段就有一个市场饱和期(已形成新的专业分工有序结构,产品的收入弹性也降低了),于是产量增长就变得越来越缓慢,甚至停滞,产量稳定在一个新的水平上。任何一个具体的专业化过程都会经历这样一个"三部曲"(图 4.8)。

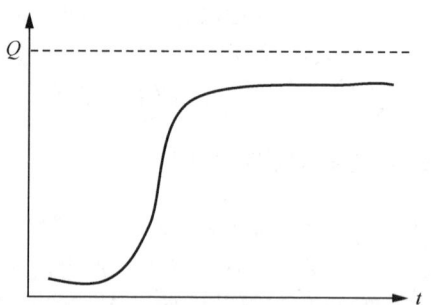

图 4.8　科技园区企业集群系统专业化分工的演进阶段

资料来源:周维颖(2004)①

---

① 周维颖.新产业区演进的经济分析[M].上海:复旦大学出版社,2004.

根据第三章关于企业集群演化的阶段划分,本书对科技园区集群的形成过程与分工的演进分析如下。

1. 自组织创生阶段

随着分工的演进,科技园区内以企业为基本生产与交易单位的专业化分工活动得以发展,大量中小企业呈空间集聚特征,结合成大致"平等"的网络合作关系,集群得以创生。它的生产或服务组织特征是:合作只是在中小企业相互之间展开,尤其以上、下游合作为主,企业和中介机构的合作较少。专业化生产的性质比较明显,相关产业处于萌芽建立之中。主要以引进技术、设备为主,或利用合资、合作等引进、消化吸收技术的同时,在集群内部形成扩散。集群内企业间以低附加值的成本竞争为主,难以构成园区的核心竞争能力。显然,集群创生后,在对专业化生产技能利用的效率方面,明显高于由单个企业完成全部生产的方式。集群创生之后,虽然可使集群内部的分工生产活动较易进行,在生产上也具有较好的协作与交流。但是,若缺乏组织结构与管理上的变化与创新,这种低水平的专业化分工方式与低水平的知识积累和技术创新程度是无法促进集群成长的。

2. 自组织成长阶段

该阶段的组织生产特征是:科技园区内的中小企业有的发展成为大企业,有的成为上市公司,形成核心力量;以龙头企业为核心展开上下游、水平等多种企业分工合作形式,并且和中介机构的合作日益加强;相关的配套企业有一定的发展,但没有占据主要地位;企业强调人力资本的作用以及分工合作的效率、良好制度环境的效率。在完善成本竞争的同时,兼顾以市场细分和差异化竞争;龙头企业、大学及研究机构能够自行研究与设计新技术、新工艺、新设备等,已经掌握技术发展的路径,但知识与技术创新的力量还不够。如果将产品生产视为专业化知识积累的过程,那么可以说,集群的自组织成长阶段更加有利于控制知识积累的方向性,从而产生生产效益。随着集群的发展,分工的复杂性不但产生了对创新的强烈要求,更由于集群内部多种分工活动的存在,从而有利于这种创新在其内部得到一定程度的实现。也就是说,不同专业化分工活动的企业之间协作与联系是集群发展阶段的一个重要特征,这有利于对知识与技能的利用,也有利于集群整体知识与技能的积累与扩散。

3. 自组织适应阶段

自组织适应阶段的主导动力源于科技园区内知识与技术创新的领导力量,它的组织生产特征是:龙头企业形成并居主导力量,中小企业只有通过批量生产或通过创新性市场细分存在;集群内形成了网络层级关系,企业与中介机构,以及中介机构之间形成超分工合作,为生产者服务的金融、法律、技术咨询等占据重要的地位;集群内企业大多属于相关多元化类型,在国内外市场竞争力强大;以知识与技术垄断竞争,以高效率和高附加值竞争,依靠技术的输出获取价值增殖环节,形成良性循环的区域创新系统;信息交流十分频繁,组织惯例形成共享,管理和技术知识的传播更为便捷,集群的组织能力十分强大。从集群发展史来看,在从自组织成长阶段向自组织适应阶段转变的过程中,其直接表现形式是内部的网络关系变得更加复杂和密切。许多不同层次、不同规模的专业化企业协作生产,这说明集群不完全是一个交易费用节约的经济组织,它还会产生生产的集约与协作效应,而这种效应源于更专业化的分工以及各种工种之间的协作与配合。配合生产规模的扩大,集群的组织结构日趋复杂,出现了专门的中介机构,有利于对复杂的集群内部分工进行有效协调与控制。另一个协作生产优势在于,它可以使管理上的对方向性创新或知识积累的作用明显加强,实现资源共享。集群向自组织适应阶段的发展,是在当较高的生产性、交易性条件以及技术性条件同时达到后才出现的,而这些无疑都是分工内生演进的结果。

4.2.3 专业化分工与企业集群的自我增强机制

在自我增强机制的作用下,科技园区企业集群作为一个具有(局部)正反馈的动态系统,服从一种动力学的推动机制。科技园区企业集群作为一个不断演进的动态系统,自增强实质上就是其发展的遴选机制。只有具有(局部)正反馈的区域,才能经过遴选,在一定的地理上成为空间"显示结构"。在经济学的意义上,正反馈的内涵就是边际报酬递增。相应地,自增强机制可以定义为在报酬递增的基础上,因果积累的结果放大锁定成为一种良性循环。因为在传统经济学理论关于边际报酬递减(即局部的负反馈)的假设条件下,科技园区这样的聚集空间是无法形成的。

任何一种新专业的形成都必然带动其子系统的分工程度,因此,各行各业分工的内生发展,会为新专业的产生创造条件。美国区域经济学家埃德加·M.胡佛(E. M. Hoover)曾生动描述过这一过程:"设有一家小厂,生产女外套。生产过程包括很多独立操作的工序,例如,剪裁和纽扣眼镶边等。在大批量生产时,有开纽扣眼专业设备,既快又省,它象征着一笔相当可观的投资。该外套厂家不会感到投资购买这类机器划算,因为它无力使其全时运转;但若它多用人力,不仅速度慢,而且工资成本较高。如果将企业设于某企业集群中,一起开业的还有许多其他服装厂家,各厂家都有'开纽扣眼'这道工序,因此对开纽扣眼的总需求,也许至少可以保持一台开纽扣眼专用机器转个不停。这样,就有一家专营'纽扣眼'业务的独立公司脱颖而出,加入到该企业集群中。各个服装厂家都把相关业务包给该专业公司,这对有关方面都有利,其中包括最终消费者,他可以按较低价格买到外套了。"[1]

由于分工本身是效率比较和竞争合作的结果,人们自然会趋向于从事效率较高的资本投资和劳动投入,于是在原先的专业企业群内会分化出更细的专业分工企业。加上竞争造成的信息放大效应,分工在没有外界超经济强制的约束下,其本身有种自发地不断提高分工度的惯性,用数学语言描述就是分工度 f 的变化率与分工度自身成反比,可以写成微分方程:

$$\mathrm{d}f/f = kf \tag{4.1}$$

其中 k 为比例常数。解此微分方程,可以得出:$\ln f = kt + c$,即

$$f = \mathrm{e}kt + c \tag{4.2}$$

当科技园区企业集群的其他经济参数不变时,其分工度是时间的指数函数,它是一条指数曲线(图4.9),这条曲线描述了科技园区企业集群分工度的自我繁殖过程。

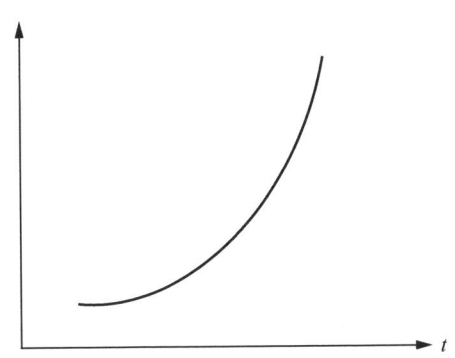

图4.9　科技园区企业集群分工的自我增强

资料来源:仇保兴(1999)[2]

从上述胡佛所给的例子中得出,技术对于分工度的提高也有带动作用。开纽扣眼的专业企业只是一个典型的例子,其他的专业也一样,这就使得专业产品的市场扩大,分工度得以进一步扩大。分工度反过来又使专业内的技术效率提高。这是一个正反馈过程,它在正、负向都能起作用(图4.10)。

---

[1]　胡佛.区域经济学导论[M].王翼龙,译.北京:商务印书馆,1990.
[2]　仇保兴.小企业集群研究[M].上海:复旦大学出版社,1999.

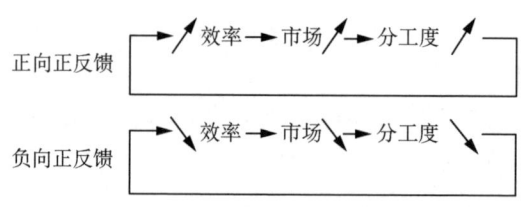

图4.10 科技园区企业集群分工的正反馈

资料来源:仇保兴(1999)

在上述分工的带动作用下,分工的内向和外向发展相互影响。效率与分工度的交互影响,构成了科技园区企业集群系统的自我繁殖性。任何自我繁殖过程一旦形成,巨涨落就会远离初始状态,不再回复原状,表现为一个不可逆的进化过程。而且随着专业种类的不断增加,分工度也越来越高,集群的总体技术水平、经济效率也越来越高。当然,这种进步在一定的时限内并不是无止境的,集群内部也存在着一些与自然繁殖正反馈功能相反的负反馈机制。

4.3 知识溢出与科技园区企业集群

4.3.1 科技园区与知识溢出的空间局限

知识作为一种异质性资源,已经超越传统资源而成为企业成长的关键因素。企业作为一个知识的集合体,其知识存量决定着企业资源配置能力,最终体现为它的竞争优势。[①] 尽管诸多因素驱动着企业集群演化,但是这些集群实实在在地产生于信息和知识的外在性。产业集聚的层次越高,知识溢出越重要。20世纪80年代以来,知识溢出和高新技术产业集群的关系已经引起产业经济学家和经济地理学家的广泛关注。弗里曼(Freman,1991)认为,产业群落内部存在知识溢出效应,该效应的存在是促进群落创新、网络发展和群落经济增长的最根本动力,是群落创新和生产效率提高的源泉。[②] 贾菲(Jaffe,1993)认为,知识溢出是高新技术产业集群演变的动力源泉。奥德雷奇(Audretsch,2005)[③]发现高科技新企业的区位选择不仅受到传统区域特征的影响,还受到获得大学产生的新

---

① 余光胜.以知识为基础的企业理论的产生及其演化过程[J].上海管理科学,2005(2):26-29.
② 郭利平.产业群落的空间演化模式研究[M].北京:经济管理出版社,2006.
③ Audretsch D, Lehmann E, Warning S. University spillovers and new firm location[J]. Research policy, 2005, 34(7): 1113-1122.

知识机会的影响。国内学者在这些方面也做了一些研究。叶建亮(2001)[①]认为,知识溢出是企业空间距离的函数,只有在空间上集聚在一起的企业才能获得这种组织知识,而一旦离开了这个群体就会迅速消失。科技园区企业集群作为一个特定的地理空间,是高技术企业的空间聚集载体,园区内集中了大学、研究机构等,知识溢出的特征更加明显,促进了科技园区企业集群的形成与发展。

1. 知识溢出的空间局限性

知识的扩散是否具有地域性,即是否受地理范围的限制?对于这个问题,有两种不同的回答。一种观点认为:知识是全人类的,没有国界,可以最低成本甚至无成本地在全球流动。欧文和克莱诺(Irwin & Klenow)以半导体工业为例,不同国家的公司之间的溢出和在给定一个国家的公司之间的溢出从量上来说是相似的。另一种观点提出反对,认为知识和技术在某种程度上是地方的而不是全球的,即知识溢出和技术扩散具有某种地理效果。凯勒(Keller)选取了14个OECD国家在1970—1995年的制造业为样本,直接通过贸易双边的空间距离来考察技术知识溢出是否影响从外国溢出中生产率获益,结果证明R&D的有效性是随着距离的增加而减弱的。OECD的经验数据表明:技术的扩散和R&D的溢出具有很强的空间局限性(梁琦,2004)[②]。

2. 知识溢出与集群企业创新优势

生产函数(Production Function)是指在一定时期内,在技术水平不变的情况下,生产中所使用的各种生产要素的数量与所能生产的最大产量之间的关系。它可以用一个数理模型、图表或图形来表示。换句话说,就是一定技术条件下投入与产出之间的关系,在处理实际的经济问题时,生产函数不仅表示投入与产出之间的关系,更是一种生产技术的制约。例如,在考虑成本最小化问题时,必须要考虑技术制约,而这个制约正是由生产函数给出的。另外,在宏观经济学的增长理论中,在讨论技术进步的时候,生产函数得到了很多的讨论。

假定 $X_1, X_2, \cdots, X_n$ 依次表示某产品生产过程中所使用的 n 种生产要素的投入数量,Q 表示所能生产的最大产量,则生产函数可以写成以下的形式:

$$Q = f(X_1, X_2, \cdots, X_n) \tag{4.3}$$

该生产函数表示在既定的生产技术水平下生产要素组合 $(X_1, X_2, \cdots, X_n)$ 在每一时期所能生产的最大产量 Q。在经济学分析中,通常只使用劳动(L)和资本(K)这两种生产要素,所以生产函数可以写成:$Q = f(L, K)$。

---

① 叶建亮.知识溢出与企业集群[J].经济科学,2001(3):23-30.
② 梁琦.产业集聚论[M].北京:商务印书馆,2004.

在创新研究中,一个流行的模型是知识生产函数。知识溢出(即知识的外在性)激励公司寻求新的实用知识作为一种产生发明的创新过程中的投入,知识生产函数中确定的投入就是这些新的实用知识。知识作为一种投入,与劳动、资本和土地这些传统的投入是不同的。传统投入的经济价值是相对确定的,但知识价值及潜在价值却是"因人而异"的。有很多经验证据支持知识生产函数。从国家角度来看,像美国、日本、德国这些高 R&D 投入的国家同时也是创新最多的国家。从产业角度来看,创新最多的产业也是 R&D 和新知识投入最多的产业,如计算机、制药等行业;相反,像木制品、纺织、纸业等创新少的行业,也是 R&D 投入少的行业。阿克思和奥德雷奇(Acs & Audretsch)发现在美国 4 位数产业分类水平上,R&D 投入和创新发明的相关系数为 0.84。知识生产函数定义为:

$$I_{si} = (IRD_{si})\beta_1 \times (UR_{si})\beta_2 \times [UR_{si} \times (GC_{si})\beta_3] \times \varepsilon_{si} \quad (4.4)$$

其中,I 表示创新产出,IRD 是私人公司的 R&D 支出,UR 是大学从事研究的支出,GC 是大学研究和公司之间的距离。下标 s 表示区域,i 表示产业。其中系数 β_1、β_2、β_3 均大于 0。

Audretsch 和 Feldman(1996)发现,创新发明活动倾向于聚集,而且那些新知识投入越是重要的行业,创新活动的集聚倾向越发明显。

本书在参考叶建亮(2001)[①]和吴德进(2006)[②]研究成果的基础上,建立一个数学模型,分析距离靠近的企业由于知识溢出和知识创新(即企业的 R&D)是如何促进企业集群组织发展的。

一般企业的生产函数取决于两个变量:一是直接投入生产的要素量,二是投入要素的生产率。这样,一般企业的生产函数可以表示为:

$$Y = E(,) \times F_P \quad (4.5)$$

其中,$E(,)$ 为要素生产率,F_P 为直接生产的要素投入量。显然,在要素生产率 $E(,)$ 不变,即假定技术条件不变的情况下,企业的生产效率由要素投入量唯一决定。但事实上,企业的要素生产率不可能与要素投入截然分开。因为不同的生产要素,其性质是不同的,比如知识要素的投入就与知识生产率密切相关。

为了分析方便,本书假定知识要素是企业的唯一投入要素。容易得知,知识存量和知识创新的增加会导致知识要素生产率的上升。进一步假定,投入企业的知识存量,一部分用于直接生产产品,一部分用于企业研发(R&D)。在企业

[①] 叶建亮.知识溢出与企业集群[J].经济科学,2001(3):23-30.
[②] 吴德进.产业集群论[M].北京:社会科学文献出版社,2006.

投入的知识要素总量一定的情况下,企业显然面临着如何分配用于直接生产和研发创新的知识分配问题。

由于必须考虑知识溢出问题,所以把投入企业的知识要素分为两个部分:一部分是企业自身拥有的知识存量,称为私有知识;另一部分源于企业地理接近而产生的知识溢出的那部分知识数量,简称为溢出知识。由此,进一步假定:

$$E(,)=E(K_C,k;\gamma,\theta)=\alpha K_c^\gamma k_1^\theta \tag{4.6}$$

其中,K_C 表示由于企业接近而拥有的溢出知识,k_1 表示企业的私有知识。这里的 γ 和 θ 分别表示企业溢出知识和私有知识的产出弹性,$\gamma,\theta\in(0,1)$ 且 $\gamma\leqslant\theta$,即企业私有知识的产出弹性高于企业溢出知识的产出弹性,否则,单个企业的创新动力将完全丧失。

现在,进一步假设有 x 家企业相互靠近,用 k_1 表示一个企业的私有知识,k_1 表示从一个企业那里获得的溢出知识。这样一个企业从 x 家企业群体中获取的溢出知识

$$K_C=\int_0^x k_2\mathrm{d}t=xk_2$$

这样企业的知识溢出率就为

$$\pi=k_2/k$$

进一步假设企业用于知识创新的知识要素投入为 F_R,σ 表示企业溢出知识对私有知识开发的贡献弹性,因而企业的知识总量可以表示为:

$$k=K_c^\sigma F_R \tag{4.7}$$

由企业知识存量的来源可知,$k=k_1+k_2$,所以,可以得到:

$$K_C=xk_2=x\pi kx\pi K_c^\sigma F_R \tag{4.8}$$

整理式(4.8)可得:

$$K_C=(x\pi F_R)^{1/1-\sigma} \tag{4.9}$$

根据上式可得:

$$K_c^\gamma=(x\pi F_R)^{\gamma/1-\sigma} \tag{4.10}$$

由于 $k_1=k-k_2$,$k_2=\pi k$,所以得:

$$K_1^\theta=(k-k_2)^\theta=(k-\pi k)^\theta=(1-\pi)^\theta k^\theta \tag{4.11}$$

将式(4.9)代入式(4.7)可得:

$$k=K_c^\sigma F_R=(x\pi F_R)^{\sigma/1-\sigma}F_R$$

进一步得：
$$k^\theta = (x\pi F_R)^{\theta\sigma/1-\sigma} \tag{4.12}$$

将式(4.12)代入式(4.11)可得：
$$K_1^\theta = (1-\pi)^\theta k^\theta = (1-\pi)^\theta (x\pi F_R)^{\theta\sigma/1-\sigma} \tag{4.13}$$

将式(4.10)和式(4.13)代入式(4.6)可得：
$$E(,) = \alpha(1-\pi)^\theta (x\pi F_R)^\lambda \tag{4.14}$$

其中，$\lambda = (\gamma + \sigma\theta)/(1-\sigma)$。

由于企业的要素投入总量是一定的，分别配置于生产性要素投入和知识开发性要素投入两种用途，即有：
$$F = F_P + F_R \tag{4.15}$$

将式(4.14)代入式(4.5)可得：
$$y = \alpha(1-\pi)^\theta (x\pi F_R)^\lambda F_P \tag{4.16}$$

因此，企业的选择将是最大化式(4.16)，约束条件是式(4.15)。

建立拉格朗日函数：
$$L = y - \lambda[(F_P + F_R - F]$$

分别对 F_P 和 F_R 求导，得：
$$\frac{\partial L}{\partial F_R} = \lambda\alpha(1-\pi)^\theta (x\pi)^\lambda F_R^{\lambda-1} F_P - \lambda = 0 \tag{4.17}$$

$$\frac{\partial L}{\partial F_P} = \alpha(1-\pi)^\theta (x\pi)^\lambda F_R^\lambda - \lambda = 0 \tag{4.18}$$

解得：
$$\lambda F_p = F_R \quad 又\ F = F_P + F_R$$

所以有：
$$F_R = F/(1+\lambda) \ 和\ F_P = \lambda F/(1+\lambda)$$

代入式(4.16)，得：
$$y = A(1-\pi)^\theta \pi^\lambda x^\lambda F^{1+\lambda} \tag{4.19}$$

其中，

$$A = \alpha\lambda^{\lambda}(1+\lambda)^{-(1+\lambda)}$$

为了分析方便,假定:

$$F_P + F_R = F = 1$$

则有:

$$y = f(\pi, x) = A\varphi(\pi)\phi(x) \tag{4.20}$$

其中,

$$\varphi(\pi) = (1-\pi)^{\theta}\pi^{\lambda}, \quad \phi(x) = x^{\lambda}$$

π 为企业的知识溢出率,x 为相互靠近的企业数目,因此,式(4.19)表示,企业的产出是企业知识溢出率和聚集企业数目的增函数,而且在给定的产业技术特征和知识特征的条件下,企业的产出是地理靠近企业家数的单调增函数,但增幅取决于产业技术的知识特征(因为 $\partial y/\partial x = A\varphi(\pi\lambda)x^{\lambda-1} > 0$)。

以上说明,基于企业空间聚集的知识溢出和知识(包括技术)创新,能够提高企业的产出水平,提高空间聚集企业的竞争优势,促进企业集群的发展。

3. 知识溢出对科技园区企业集群的重要作用

知识溢出促进科技园区企业集群的形成有两个关键的假设:一是技术可以传播,知识可以溢出;二是技术和知识的传播和溢出受地理局限,否则就无需因外在性而集聚了。[1] 科技园区作为一个特定的地理空间,是高技术企业的空间聚集载体,同时空间内集中了大学、研究机构等,知识溢出的特征更加明显,这促进了集群的形成与发展。知识溢出的空间局限性正是全球各地纷纷建立高科技园区的最好的理论解释角度。

4.3.2 知识溢出、吸收能力与集群企业学习

本书通过对科技园区研究的文献回顾和观察,发现一些成功的科技园区(如美国硅谷、印度班加罗尔及中国台湾地区新竹等)背后的共同特征是专业化中小企业集群的存在。[2] 而创新能力则是集群竞争优势最重要的来源,也是集群持续发展的动力(Nunzia,2004)。[3] 获得同行、相关企业或机构的知识溢出是企业集群(特别是科技型企业集群)演化的主要动因,知识溢出效应可以增加集群

---

[1] 梁琦.产业集聚论[M].北京:商务印书馆,2004.
[2] 仇保兴.企业集群化与科技园区发展[J].规划师,2002(12):5-9.
[3] Nunzia C. Innovation processes within geographical clusters: a cognitive approach[J]. Technovation, 2004, 24(1): 17-28.

的知识积累和新知识创造,是企业集群提高创新能力、获得竞争优势的根本原因(Grossman & Helpman, 1992;①Fallah & Ibrahim, 2004②)。知识溢出是否能够转化为企业的创新产出与企业的吸收能力高度相关,集群内的知识溢出最终是由群内企业消化、吸收的。

1. 知识的内涵、分类及转化

国内外学者对知识的内涵进行了深入研究,基于不同的研究视角给出了不同的定义。在西方,"知识"一词源自古希腊的"Episteme",理解为拉丁语中的"Scientia",即某一学科的知识,也可指一般意义上的知识,如"Knowledge";亚里士多德(Aristotle)从自身生活经历出发,把知识所包含的内容分为纯粹理论、实践理论和技艺三大类;罗素(Russell)根据知识的来源将知识分为直接的经验、间接的经验和内省的经验;而莱尔(Ryle)把知识分成知道是何(Knowing what)、知道如何(Knowing how);波兰尼(Polanyi)针对内容各异的知识,考察了知识的性质,认为有显性知识和隐性知识之分;彼得·德鲁克(Peter F. Drucker)认为知识是一种能够改变某些人或某些事物的信息——这既包括使信息成为行动的基础的方式,也包括通过对信息的运用使某个个体(或机构)有能力进行改变或进行更为有效行为的方式。本书认为,知识是企业保持竞争优势的一种必要的、可持续的资源。人们总是从自身的角度和需要出发去理解知识,因此知识概念就有了各种各样的认识和定义,这些定义都在一定程度上揭示了知识的内涵和外延,对于人们认识、开发和利用知识资源具有很好的启发作用。

从不同角度对知识进行分类,有助于加深理解知识的内涵。本书在借鉴现有知识分类研究成果的基础上,结合研究内容,将知识分为两类:一类是显性知识(Explicit Knowledge);另一类是隐性知识(Tacit Knowledge)。显性知识是指"能明确表达的知识",即人们可以通过口头传授、教科书、参考资料、期刊、专利文献、视听媒体、软件和数据库等方式获取,也可以通过语言、书籍、文字、数据库等编码方式传播,也容易被人们学习。包括"可以写在书本和杂志上,能说出来的知识"。隐性知识一般认为是由迈克尔·波兰尼(Mickael Polanyi)最早正式提出来的,在其1958年出版的《个人知识》(*Personal Knowledge*)和1966年出版的《缄默方面》(*The Tacit Dimension*)两部著作中,他对缄默知识及缄默认识与科学研究进行较为系统地探讨和分析,认为"人类的知识有两种。通常被描述为知识的,即以书面文字、图表和数学公式加以表述的,只是一种类型的知识。

---

① Grossman G, Helpman E. Innovation and growth in the global economy[M]. Cambridge: MIT Press, 1982.

② Fallah M H, Ibrahim S. Knowledge spillover and innovation in technological clusters[Z]. Washington, D.C.: IAMOT 2004 Conference, 2004, 6.

而未被表述的知识,像我们在做某事的行动中所拥有的知识,是另一种知识。"他把前者称为显性知识,而将后者称为隐性知识,按照波兰尼的理解,显性知识是能够被人类以一定符码系统(最典型的是语言,也包括数学公式、各类图表、盲文、手势语、旗语等诸种符号形式)加以完整表述的知识。

彼得·德鲁克认为,缄默知识是不可用语言来解释的,它只能被演示证明它是存在的,主要来源于经验和技能的,学习的唯一方法是领悟和练习。耶鲁大学著名智力心理学家斯滕伯格(Robert J. Sternberg,1985)也提出了自己的缄默知识概念。他认为,缄默知识指以行动为导向的知识,是程序性的,它的获得一般不需要他人的帮助,它能促使个人实现自己所追求的价值目标。按照斯滕伯格的观点,缄默知识有三个关键性的特征:缄默知识的获得很少需要别人的帮助或者环境的支持,主要通过个人的经验来获得;缄默知识是程序性的,是与行动紧密联系的、关于如何去行动、以行动为导向的知识;缄默知识对个人有实际的价值,所以它在实际生活中是非常有用的(表 4.2)。

表 4.2 显性知识与隐性知识的特征比较

比较特征	显性知识	隐性知识
获得方式	一般通过沟通而被揭示	通过学习和实践积累
表达方式	个体不仅能够知道而且能够表达	个体知道的比他们能够阐述的更多
知识扩散方式	可以通过总结、译码和沟通	难以编译、表达和沟通
特质的内容	个人特质因素比较少	具有个人特质
表达的方式	通常用"know-what""objective knowledge""predispositional knowledge"等来形容	通常用"know-how""personal knowledge""procedual knowledge"来表达知识的"隐性"程度

资料来源:郑健壮(2007)[①]

实际上,企业知识可以被形象地比喻为一座漂浮在海面上的冰山,显性知识对于知识来说只是冰山一角,本书借鉴美国心理学家戴维·麦克利兰(David C. McClelland)的"素质冰山模型",绘制了知识的"冰山模型"(图 4.11)。显性知识只是露出海面的可见的"冰山的顶端",隐性知识则是隐藏在水面以下的大部分,它们虽然比显性知识更难发觉,却具有巨大能量,但藏在海底的不可见部分不可自动转化为显性知识,所以隐性知识的挖掘和利用意义重大。隐性知识的显性化开始受到理论界的广泛重视。

---

① 郑健壮,叶峥.基于资源观的产业集群政策研究[M].上海:上海三联书店,2007.

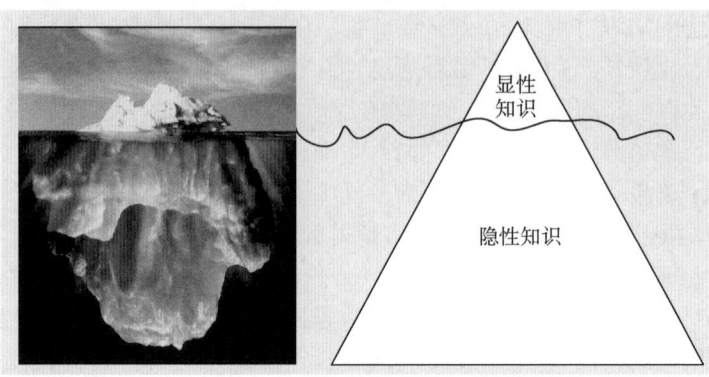

图 4.11　知识分类的冰山模型

隐性知识需要显性化才便于在企业中进行交流与共享。隐性知识通过外化转化为显性知识,而显性知识则通过内化转化为隐性知识。日本著名管理学教授野中郁次郎(Ikujiro Nonaka)和竹内弘高(Hirotaka Takeuchi)1995 年在《创新求胜》(*The Knowledge-Creating Company*)一书中提出知识的转移和创造是个人与组织间、隐性知识与显性知识之间的一个持续的、互动的过程,并以螺旋式进行,形成四种模式,即经典的 SECI 模型(图 4.12)。在该模型中,知识创新被分为四种模式,即社会化、外化、组合化和内化。

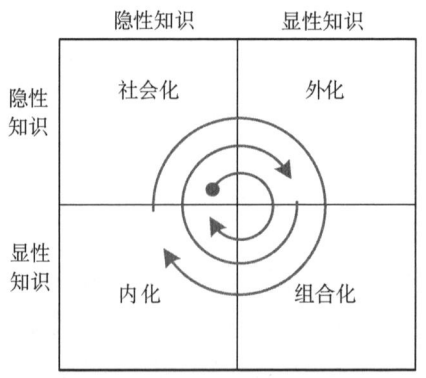

图 4.12　知识转化的 SECI 模型

资料来源:Nanaka I, Takeuchi H. (1995)[①]

模式一:社会化(Socialization)。指的是隐性知识向隐性知识的转化。它是

[①] Nonaka I, Takeuchi H. The knowledge-creating company: How Japanese companies create the dynamics of innovation[M]. Oxford: Oxford University Press, 1995: 56-61.

一个通过共享经历建立隐性知识的过程,而获取隐性知识的关键是通过观察、模仿和实践,而不是语言。

模式二:外化(Externalization)。指隐性知识向显性知识的转化。它是一个将隐性知识用显性化的概念和语言清晰表达的过程,其转化手法有隐喻、类比、概念和模型等。

模式三:组合化(Combination)。指显性知识和显性知识的组合。它是一个通过各种媒体产生的语言或数字符号,将各种显性概念组合化和系统化的过程。

模式四:内化(Internalization)。即显性知识到隐性知识的转化。它是一个将显性知识形象化和具体化的过程,通过"汇总组合"产生新的显性知识被组织内部员工吸收、消化,并升华成他们自己的隐性知识。

福尔纳尔和易卜拉欣(Fallah & Ibrahim, 2004)[①]对知识的可取性和隐性知识的转化进行过深入研究。他们将显性知识按其可获得性,分为未编码知识和编码知识两类,未编码知识指通过直接接触才能得到的知识,表现为眼神、肢体语言、会议、谈话、非正式讨论等形式;编码知识指以备忘录、文件、手册、图表、电子文档、专利等形式存在的知识。隐性知识按其可获得性可以分为四类:

第一类是尚未表述的知识(Non-epistle Tacit Knowledge),这种知识的获取需要一个外化的过程,如果知识拥有者能够表述出这种知识,那这种隐性知识就变成显性知识。在知识外化的初始过程中,通常以未编码的形式存在,如一个人使用肢体语言来表达情感,或一个脱口而出的新想法,或科学家记在餐巾纸上的一个公式,或对一个问题的头脑风暴法,这些知识虽然是显性知识,却是零碎、不清楚的,也很容易被非直接参与的人误解,甚至如果不马上记录就可能丢失,为了易于交流,未编码的知识通过编码化转化为备忘录、论文、图表、电子文档、专利等形式的编码知识。

第二类是情景知识(Socio-cultural Tacit Knowledge),指零散分布于社会文化环境中的知识,这种知识通常需要在特定地点、特定时间、在特定环境中直接接触才能获得。如为了了解和掌握黑猩猩的社会行为,珍妮·古道尔(Jane Goodall)用了两年时间待在坦桑尼亚的丛林中。卡斯蒂略(Castillo)将这种知识称为集体知识(Collective Tacit Knowledge)。

第三是语义知识(Semantic Tacit Knowledge),如医生或律师长久以来发展出他们自己的"行话",其他人如果不参与其中,成为其中的一员并与其他人接

---

① Fallah M H, Ibrahim S. Knowledge spillover and innovation in technological clusters[C]. Washington, D.C.: IAMOT 2004 Conference, 2004, 6.

触,就无法理解。第二种和第三种隐性知识与第一种不同,其获取不是通过外化,而是通过吸收,个体需要依赖自身经验或实践才能理解、获取这种知识,共同的文化背景和价值观有利于这类知识的获取。第四种是个体的心智模式(Sagacious Tacit Knowledge),这种知识可以看作是个体思考问题的独特方式,能够激发个体从现有知识中发展新思想,或对现有知识进行综合与重组。卡斯蒂略(Castillo)认为这种隐性知识是科学发明的发动机。

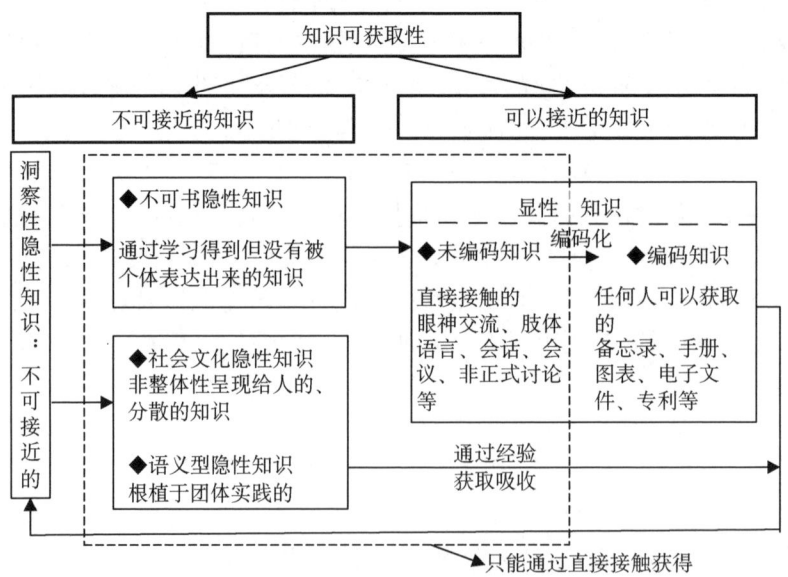

图 4.13　知识的可获取与隐含知识

资料来源:Fallah & Ibrahim(2004)

图 4.13 表达了隐性知识与显性知识的转化机制。隐性知识的转化从存在于人脑中的未表述的隐性知识开始,这种知识通过外化过程转化为显性知识,这种显性知识最初以未编码形式存在,再通过编码化转化为编码知识。而情景知识和语义知识需要在特定的环境中或共同的文化背景下进行吸收才能转化为显性知识。对显性知识的吸收需要一个内化过程,在这一内化过程中,需要利用个体的心智模式。这种心智模式是嵌入在人脑中的模糊知识,是不能够被其他个体获取的。一种能够使隐性知识与显性知识产生互动机制的平台,使存在于员工头脑中的隐性知识能够充分地表述出来,并转化为机构所共享的知识。而机构的知识库和信息交流平台,其功能在于帮助每一个人内化集体的隐性知识而达到知识共享的目的,通过知识共享及持续的技术创新给机构带来竞争优势。

2. 知识溢出及集群知识溢出相关研究

(1) 知识溢出的概念。20世纪60年代,杜格尔(Mac. Dougall)在探讨东道国接受FDI的收益时第一次把知识的溢出效应视为FDI的一个重要现象提出来。阿罗(Arrow,1962)[①]最早用外部性解释了溢出效应对经济增长的作用。他假定技术进步或生产率提高是资本积累的副产品,也就是说,新投资具有溢出效应,不仅进行投资的厂商可以通过积累生产经验提高生产率,其他厂商也可以通过学习提高生产率。施蒂格利茨(Stiglitz,1969)[②]把知识溢出定义为"从事类似的事情(模仿创新),并从其他的研究(被模仿的创新研究)中得到更多的收益"。杰罗斯基(Geroski,1988)[③]认为,技术和知识,甚至经验在本质上都是具有溢出特征的,因为它们本身就是在创新的生产者和使用者之间流动的外在物,技术知识与经验的一部分价值就在于它们是可以传递的、可供学习的和可供借鉴的,因此在实现其价值的流动过程中必然产生溢出效应。安杰尔(Angel)认为,企业的成长依赖于通过非正式渠道产生的信息——员工个人之间的面对面交流。这种非正式沟通就是无价值的知识溢出。科科(Kokko,1992)[④]把知识溢出定义为外商企业所拥有的知识未经外商企业的正式转让而被本地企业所获得的现象。兹维·格里利切斯(Zvi Griliches)认为知识溢出即"做相似的工作并从彼此研究中受惠",但此处知识溢出的概念偏于同类产业之间的知识溢出问题,即从马歇尔发端并由阿罗和罗默延续的产业内溢出(MAR溢出)。知识溢出的另一方面则是以20世纪60年代末简·雅各布(Jane Jacobs)对地方多元化产业间溢出为代表的研究成果,她认为多元化的产业结构更有利于地方竞争力和创新,被称为Jacobs溢出。乌尔里希(Ulrich)认为,企业通过创新努力所创造的知识,不能被该企业所独占的部分,称为知识溢出。

叶建亮(2001)运用新增长理论中关于知识溢出的理论来分析浙江省的企业集群现象,认为知识的溢出是导致企业集聚成群的重要原因,它不仅决定了集群的规模,也影响集群组织内企业的生产函数。魏江在研究产业集群创新系统与技术学习时,以杭州软件产业集群为例,对集群知识溢出机制进行实证研究,包括对知识溢出源、知识溢出的作用者、企业学习分工及技术能力位势等问题的研究。孙兆刚等阐述了知识溢出效应的内涵及其经济学解释。

上述国内外学者关于知识溢出的概念虽然说法不一,但从本质上看,对知识

[①] Arrow K. The economic implications of learning by doing[J]. Review of economics studies, 1962(29):155-173.
[②] Stiglitz J E. A new view of technological change[J]. Economic journal, 1969(79):116-131.
[③] 蔡杰,龙志和. 知识溢出研究的比较分析[J]. 科技进步与对策,2007,24(9):91-93.
[④] Kokko A. Foreign direct investment, host country characteristics and spillovers[R]. Stockholm: The economic research institute, 1992.

溢出的本质存在一致性看法。第一,知识溢出是指被知识生产者所创造,但并不能被其所独占的知识。知识是一种非排他性的公共物品,知识本身的特性决定其不能被知识的生产者所独占,非独占的部分即为溢出;第二,尽管知识溢出会对某些主体产生正效应或负效应,但从整个社会来看,知识溢出可以增进整个社会的福利,提高整个社会的知识存量。

(2) 知识溢出相关概念的区分。在一些文献中,知识溢出(Spillovers)、知识转移(Transfer)、知识扩散(Transmission)和 R&D 语意相近,常交叉使用。尽管它们确有许多共性,如强调知识的流动性,仍然有区别。对此,福尔纳尔和易卜拉欣(Fallah & Ibrahim,2004)区分了"溢出"和"转移"的含义,使"溢出"更有确指性。他们认为"知识溢出"是知识无意识的传播,人们每次互动时都可能发生知识交流,如果知识交流有意识地发生于人或组织中则是"知识转移"。对得来知识的"无意识利用"被称为"知识外部性"(图 4.14)。

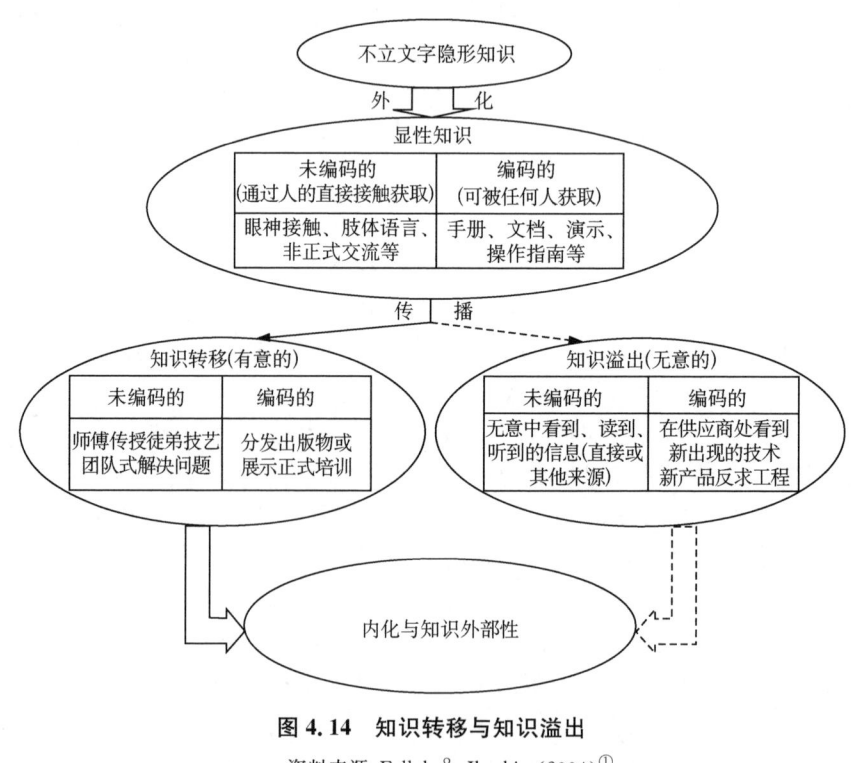

图 4.14 知识转移与知识溢出

资料来源:Fallah & Ibrahim(2004)[①]

---

① Fallah M H, Ibrahim S. Knowledge spillover and innovation in technological clusters[C]. Washington, D. C.: IAMOT 2004 Conference, 2004, 6.

卡尼尔斯(Caniels)(2000)指出:"知识溢出是通过信息交流而获取智力成果,并且不给知识的创造者以补偿,或给予的补偿小于智力成果的价值。知识溢出与知识扩散是不同的概念,知识扩散的含义更广,它涵盖了知识跨越时间与空间的各种方式,而知识溢出则只是其中的一种。"

R&D活动的主要产品是信息或知识,R&D活动具有显著的溢出效应。溢出效应表现为R&D活动的收益由研究者向模仿者转移。由于R&D投资的社会收益大于私人收益,投资者不能占有自己投资R&D带来的全部收益,研发溢出也是知识溢出的一种方式。由于本书涉及的许多研究成果并未区分知识溢出和扩散并几乎将其等而视之,因此本书对知识溢出和知识扩散以及R&D等也不作区分,统一以知识溢出表述。

(3)集群内的知识溢出。集群内知识溢出(Local Knowledge Spillovers,LKS)问题真正引起学术界的重视是在20世纪90年代以后,是随着世界范围内知识密集型高新技术产业集群的快速出现和蓬勃发展而产生的。集群内的知识溢出一般定义为在特定产业区内的知识外部性,相比产业区外的企业,它使得产业区内的企业可以利用附近的重要知识资源更快地进行创新活动(高闯,2008)①。而这些知识,大多来自公共的或私人的学术机构或企业的工业研发机构。李琳、郑利认为,集群内的知识溢出是指集群所在地域范围内,集群组织内部某一企业(或大学、研究机构)通过创新和开发所获得的包括产品生产的技术、工艺、产品的市场信息、产地的品牌、企业的管理方式等新知识很大部分外溢出去,广义的知识溢出还包括集群区外部的知识溢出,如集群区外企业、大学研究机构向集群内部的知识溢出。有研究表明,知识溢出(尤其是隐性知识)是空间距离的函数,随距离的增加溢出效应减弱,因此,位居于集群区是企业获取这种溢出的最佳空间选择。布雷斯基和利索尼(Breschi & Lissoni)建立了集群内知识溢出的基本假设:①企业或大学等研发机构的创新可以通过某种方式传递给其他企业;②溢出的知识是纯公共物品,对它的利用具有非竞争性、非独占性的特点;③基于溢出的知识大多为默会(隐性)知识,难以长距离传递,它基本上是一种本地化的公共物品。

本书认为,科技园区企业集群一般都拥有大学、科研院所等研究机构,有丰沛的知识创新源,知识溢出对于科技园区企业集群来说有非同寻常的意义。

(4)知识溢出的形式。知识溢出的形式包括:组织内部的知识溢出、组织间的知识溢出、个人与组织间的知识溢出、个人与个人间的知识溢出、国内的知识溢出、国际的知识溢出等。①组织内部的知识溢出是指在同一组织内,因知识流动而引

---

① 高闯.高技术企业集群治理结构及其演进机理[M].北京:经济管理出版社,2008.

起知识溢出,结果诱发了在组织内部竞相知识创新或模仿创新,给本组织创造了市场机会和利润空间。②组织间的知识溢出是指在不同组织之间,因知识流动而引起的知识溢出。当某一企业采用了新的生产与管理方式时,生产与管理方式的知识溢出使企业的经济效益得到了成倍增长,而其他企业就会向他们学习,提高管理水平。③个人与组织间的知识溢出是指个人将自己的创新知识成果有序地流向某一组织而引起该组织的知识溢出,如产品质量提高、新产品研制,等等。④个人与个人之间的知识溢出是指在一个开放、灵活、共享知识的环境中,个人与个人之间进行知识的交流、沟通,从而诱导知识的流动、聚合、裂变,而形成创新知识的过程。⑤国内的知识溢出主要是指创新知识在国内广泛流动而引起的知识溢出。创新知识在国内广泛流动,使得一些领先的行业有加速发展的趋势,原有的优势将更加增强,使一国在某些产业中的领先地位更加巩固。但是,由于知识溢出的非均衡性,国内知识溢出也能使一国的某些产业相对其他产业更加落后。⑥国际的知识溢出主要是通过跨国公司来实现的。如跨国公司帮助知识需求国打破技术瓶颈;跨国公司的人才培训;跨国公司的技术展示;跨国公司建立子公司、打破市场垄断、刺激竞争、改善资源配置等,都是国际知识溢出的表现。本书所涉及的知识溢出形式主要包括上述四种形式,如科技园区企业集群中大学或研究机构的知识与人员流动带来的知识溢出、竞争或相关企业之间的知识溢出等。

(5)知识溢出效应的影响因素。①空间距离。显性知识的传播成本与距离相关,而隐性知识的传播成本是距离的衰减函数。技术知识大都属于显性知识,一方面与专业知识相关,另一方面又与经验积累有密切联系,所以知识溢出在空间范围上是受限的。这一点已经被很多研究所证实,也从一个视角解释了科技园区企业集群及其创新优势的形成和发展。②市场结构。对于新兴产业来说,企业的规模不大,波特(Porter)外部性发挥着极其重要的作用,知识溢出对于这些企业来说非常重要。这些企业相对于成熟企业常规模式较少,自身没有能力进行大规模的R&D活动,渴望吸纳和利用新知识。而对于相对成熟的产业中的大企业而言,马歇尔-阿罗-罗默(MAR)外部性占优,企业有能力进行大规模的R&D投入,市场垄断对它们有利。垄断也妨碍知识溢出,只有通过把这种外部性内部化(知识共享),才能够实现创新与经济增长的同步发展。③吸收能力。阿格拉沃通过实证研究证实了知识溢出的效应与接受溢出经济主体认知、吸收和应用新知识的能力有关,这种吸收和应用新知识的能力取决于接受主体必要的预备知识。一个企业对外界知识的吸收以及应用能力,与企业本身拥有的知识禀赋和知识内涵密切相关,企业只有具有相应的先决知识才能消化并应用新知识。接受主体的接受能力还与溢出主体之间的技术相似性有关。杰夫通过定义技术相融指数研究了在知识溢出的条件下,相邻企业技术距离对研发创新的影响,结果技术距离对企业创新活动的影响显著。④社会网络。有学者强调地理区域内社会网络的重要性,稳定、可靠互惠社会网络的形成有利于科技人员的相互交流,促进了知识溢出和扩散。

3. 吸收能力的内涵及其影响因素

(1) 吸收能力的内涵。许多学者认为,高技术产业集群中企业的吸收能力(Absorbtive Capacity,ACAP)对于知识溢出向企业创新转化具有重要影响。科恩和莱文塔尔(Cohen & Levinthal,1990)[1]最早提出知识吸收能力的概念,认为吸收能力是企业评价、消化和商业化运用新的外部知识的能力,是企业的基本学习过程,是企业具有创新能力的关键性要素。格里奇斯(Griliches,1998)[2]认为,企业必须具备一定的吸收能力才能有助于提高对知识溢出的吸收与利用。扎赫拉和乔治[3]认为,吸收能力是指企业的一系列经营规则与流程,通过这些经营规则与流程企业可以获取(Acquire)、消化(Assimilate)、整合(Transform)及利用(Exploit)外部知识。拉杰什(Rajesh,2004)[4]将影响知识转移的因素归纳为三个:一是知识本身的特征;二是知识溢出源于接受企业的动机;三是企业吸收能力。其中吸收能力成为获取外部知识的最关键因素。

集群吸收能力(Cluster Absorptive Capability,CAC)由企业吸收能力的概念演变而来。朱利亚尼(Giuliani,2002)[5]指出,集群吸收能力是指"集群识别、消化、利用来自集群外部知识源的能力"。

(2) 吸收能力的研究维度。多数学者认为,吸收能力是一个多维度变量。科学划分吸收能力的维度是研究吸收能力的成因及结果的前提,因此,研究吸收能力的首要问题是明确吸收能力的维度。扎赫拉和乔治(Zahra & George,2002)详细归纳了企业吸收的四个维度,即获取能力、消化能力、整合能力和利用能力。并将这四种能力归为两大类,即潜在吸收能力(Potential Absorptive Capacity,PACAP)(包括知识获取和消化能力)和实现吸收能力(Realized Absorptive Capacity,RACAP)(包括知识整合和利用能力)。潜在吸收能力是

---

[1] Cohen W M, Levinthal D A. Absorptive capacity: a new perspective on learning and innovation[J]. Administrative science quarterly, 1990, 35: 128-152.

[2] Griliches Z. R&D and productivity: the econometric evidence[M]. Chicago: The University of Chicago Press, 1998: 382.

[3] Zahra S A, George G. Absorptive capacity: a review, reconceptualization, and extension[J]. Academy of management review, 2002, 27: 185-203.

[4] Upadhyayula R S, Kumar R. Social capital as an antecedent of absorptive of firms[Z]. Paper to be presented at the DRUID Summer Conference 2004 on Industrial Dynamics, Innovation and Development. Elsinore, 2004.

[5] Giuliani E. Cluster absorptive capability: an evolutionary approach for industrial clusters in developing countries[Z]. Druid, 2002.

企业利用外部知识的前提,是企业在外部环境中搜索、获取和消化外部知识的能力。潜在吸收能力使企业具备了战略柔性,能够灵活应对外部环境的变化,使企业能够在动态变化的环境中保持竞争优势。实现吸收能力是指企业整合外部新知识和已有知识,通过创新活动创造新知识并产生经济效益的能力。

蔡莉和朱秀梅(2008)[①]对获取、消化、整合及利用等四种能力的内涵进行重新解释和定义,使之更加清晰、明确(表4.3)。

表4.3 知识溢出吸收能力研究维度

潜在吸收能力 (PACAP)	知识获取能力	企业接近外部知识溢出源,并通过某种方式搜索、评估和获取新知识的能力
	知识消化能力	企业理解和解释所获取的外部新知识的能力。消化的结果和创新不同,它并没有任何商业化成果,只是有可能丰富有关人员的知识领域和提高有关人员的知识水平
实现吸收能力 (RACAP)	知识整合能力	整合能力是外部知识在企业内流动和扩散,与现有知识有效整合的能力
	知识利用能力	利用能力是指企业利用整合后的知识,有效把握和开发市场机会,创造新知识并产生商业化成果的能力

资料来源:蔡莉,朱秀梅(2008)。

(3) 吸收能力的自组织模型。根据自组织理论,有学者提出了企业吸收能力的自增强机制模型,图4.15清晰地表述了企业吸收能力的自组织特性。

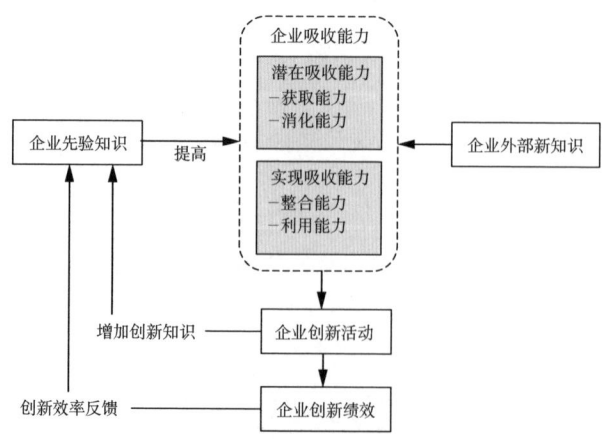

图4.15 吸收能力的自组织模型

资料来源:蔡莉等(2008)

---

① 蔡莉,朱秀梅.科技型新创企业集群形成与发展机理研究[M].北京:科学出版社,2008.

① 企业吸收能力的强弱取决于企业先验知识存量的大小,企业知识存量的增加能够提高企业的吸收能力。②企业吸收能力促进企业创新绩效的提高。企业利用潜在吸收能力获取和消化外部新知识;利用实现吸收能力整合企业的先验知识和外部新知识,通过企业的产品创新及工艺创新活动,对整合后的知识进行有效的转化和利用,产出新知识并提高企业的创新绩效。③企业创新活动增加企业的知识存量,同时,企业创新绩效也会对创新活动的效率提供反馈信息,这些反馈信息成为企业知识存量的一部分,然后再通过企业吸收能力促进新一轮的创新活动。所以,企业吸收能力是获取外部新知识及知识在企业之间成功转移和利用的关键因素。集群内企业凭借其吸收能力提高了创新绩效,而创新绩效的提高通过增加知识的积累又增强了企业的吸收能力。这意味着企业吸收能力的自增强机制会使得拥有较强吸收能力的企业可以通过其前期的创新获取新的知识,继而进一步提高其创新绩效,并带来未来的创新动力。也就是说,具有高吸收能力的企业具有高反应能力,不会等待现有技术过时或市场失败后再去谋求发展,而是通过自增强机制不断对自身技术知识产生创造性更新。

通过上述分析,可以得出结论:企业吸收能力的自组织性能够为集群企业提供持续的创新动力,对集群企业创新绩效的提高具有积极影响。企业的潜在吸收能力有助于企业对外部新知识的获取和吸收,增加企业的知识存量,而这种新知识中往往会蕴藏新思路、新想法,激发企业的创新行为。企业的实现吸收能力通过对企业现有知识的转化和利用,促进企业的产品创新和工艺创新活动,进而提高企业创新绩效,而且在转化和利用的过程中,外部新知识中所蕴藏着的新思路、新想法会得到充分的体现。

(4)吸收能力的影响因素。根据以上对企业吸收能力的理解,可以看到集群企业的吸收能力会受到企业先验知识、外部来源与知识互补性、组织学习机制等的影响。①企业先验知识。科恩和莱文塔尔(Cohen & Levinthal,1990)[1]在讨论企业知识吸收能力的决定因素时,曾提出企业的先验知识。先验知识指企业本身拥有的知识水平与知识内涵,也就是企业本身具有的知识水平与知识内涵对于企业认知、吸收、应用外部新知识具有重要的作用。企业的知识吸收能力在很大程度上是其先验知识水平的函数。企业先验知识的广度决定了企业评价

---

[1] Cohen W M, Levinthal D A. Absorptive capacity: a new perspective on learning and innovation [J]. Administrative science quarterly, 1990, 35, 128-152.

外部知识范围的能力;企业先验知识的深度影响企业吸收能力提高的速度,扎赫拉和乔治称之为"经验",认为经验是由环境侦测、标杆学习以及顾客互动中所得的产出(Zahra & George,2002)。部分经验来自"干中学"(Learning by Doing)。②外部来源与知识互补性。集群企业所接触到的知识,会影响其决策制定与未来能力的发展。其接触知识的广度与深度,会影响企业发掘新知识与相关知识的倾向。企业所接触知识的多样性和原有知识基础,与外部来源的重叠性,会提升企业的吸收能力。③学习意愿与刺激因子。企业吸收能力还取决于企业的努力强度。如果仅强调企业知识基础可能过于被动,事实上无论个人还是企业组织的知识吸收效率,在短期内都更多地依赖自身的知识基础,但是从长期看关于获取知识的欲望、积极性则更为关键。扎赫拉和乔治认为,活化刺激因子(Activation Triggers)如企业危机威胁企业生存,能促进企业学习的意愿,并使企业能探索、取得、内化外在知识。外部刺激因子,如企业所处产业的未来,会使企业致力于寻找外界的知识。④学习机制的影响。要由潜在的知识吸收能力转化为实际知识吸收能力并对企业的创新活动真正发挥作用,除了企业在研发活动上的投入这一指标,建立组织的学习机制起着至关重要的作用。组织的学习包括外部学习和内部学习。所谓外部学习则指的是技术模仿、转移与引进,外围的技术寻求、技能转移的外部学习组织机制起着重要的作用。内部学习指的是组织内部的知识扩散与知识创新活动,企业内部各部门间、成员间知识交流和分享的内部学习机制起着重要的作用。

4. 科技园区企业集群中的技术学习

(1)集群技术学习的内涵。集群作为一种极具特色的企业组织形态,引起了产业组织、战略管理和技术创新理论等多个研究领域的关注。随着对学习理论研究的深入,研究视角开始从组织边界内部走向跨边界的学习,如技术合作、战略联盟、知识外包等创新网络层面研究跨组织学习问题,并开始触及集群的学习行为。

贝克和辛库拉(Baker & Sinkula,1999)[1]从战略理论出发,认为学习是帮助组织获取持续竞争优势的战略性资源,而良好的学习导向是组织创新能力形成的必要条件。托德林和考夫曼(Todtling & Kaufmann,1999)[2]在对区域创

---

[1] Baker W E, Sinkula J M. The synergistic effect of marker orientation and learning orientation on storganizational performance[J]. Journal of the academy of marketing science,1999,27(4):411-427.

[2] Todtling F, Kaufmann A. Innovation systems in regions of Europe—a comparative perspective[J]. European planning studies,1999.

新系统研究时曾得出结论:"知识的溢出构成了集群创新能力的本质特征。"而知识溢出通过产业集群各行为主体的互动学习来实现,正是正式或非正式互动学习的存在,导致了集群内部各成员研究开发活动所产生的知识技能以及外部吸收的知识技能得以在集群内顺畅地流动,从而促进了集群成员创新能力的提高。因此,集群学习是产业集群动态创新能力实现的一条重要途径。①

卡斯蒂略(Caniels,2000)②提出了知识溢出度测度模型:

$$S_{ij} = \frac{\delta_i}{r_{ij}} e^{-\left(\frac{1}{\delta_i} G_{ij} - \mu_i\right)^2} \tag{4.21}$$

$$G_{ij} = \ln \frac{K_i}{K_j} \tag{4.22}$$

其中S_{ij}为i区接受j区的知识溢出,δ_i为i区的学习能力,r_{ij}为区域i与区域j之间的距离,μ_i为追赶系数,G_{ij}为ij两区之间的知识差距,K_i为区域i的知识储存量。在模型中可以看出,学习能力δ_i是i区接受j区知识溢出的关键因素。

魏江(2003)③把集群学习定义为:以一系列集群共享的制度、规则、程序和规制为基础,集群成员和个人通过相互协调行动以寻求解决问题时产生知识积累和转移的社会化过程。根据这个定义,产业集群中的学习模式可以看作是一个跨企业边界而局限在集群边界内的概念,实际上是一种促进集群成员企业之间知识基础共享和知识要素流动的机制和外部性。

(2) 科技园区企业集群学习流程。在科技园区企业集群系统中,企业集群技术学习是集群系统的核心。基于这样的前提,可以认为,集群创新系统内部知识联结构筑了企业集群技术学习的平台,凭借集群系统这个平台,为企业集群技术学习中知识溢出规制了相应的流程。

企业集群技术学习行为在集群内部是通过哪些机制实现的?结合科技园区企业集群系统的基本结构,可以把集群内部的学习流程归为三个层次(图4.16)。

---

① 韩晶,王迎军.产业集群学习能力的动态模型[J].经济学研究,2005(3):26-31.
② Caniels M C J. Knowledge spillovers and economic growth[M]. Cheltenham: Edward Elgar Publishing, 2000.
③ 魏江,申军.产业集群学习模式和演进路径研究[J].研究与发展管理,2003,15(2):44-48.

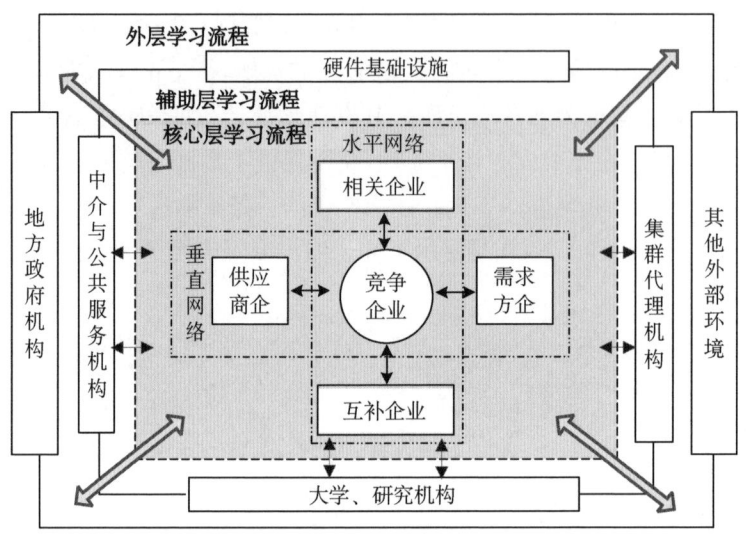

图 4.16 科技园区企业集群技术学习流程图

资料来源:参考魏江(2003)绘制

一是核心层学习流程。指集群核心要素成员之间互动学习的流程。它包括了集群内部成员之间的学习机制和相互作用模式。

二是辅助层学习流程。是指集群中大学、研究机构等辅助网络向核心网络知识流入的过程,它通过集群中介与公共服务机构、集群代理机构向集群成员企业提供技术知识和信息支持实现。

三是外层学习流程。是指集群外部网络同时向辅助网络和核心网络知识流入的过程,由于所研究的企业集群技术学习行为,是指核心网络内部企业(包括竞争和互补企业、供应商、用户和其他相关企业),因此,外部网络向辅助网络流入知识,最终目的是为核心网络内部成员企业学习提供支持;科技园区企业集群系统这个知识平台的设计,就在于如何更好地支持这三个层次知识流程的畅通流转,为集群企业技术学习提供良好的平台结构。这三个层次流程的提出,为分析集群企业技术学习机制提供了框架。

(3)科技园区企业集群技术学习机制。企业集群技术学习作为一种促进知识流动的机制,是在为解决集群内企业所面临的共同组织和技术问题基础上建立和发展起来的,那么,企业集群技术学习通过哪些机制得以形成?形成的渠道和方式有哪些?下文将在科技园区企业集群系统三个层次知识流程的基础上,概括出三类对应的学习机制,即,基于核心层流程的学习机制、基于辅助层流程的学习机制和基于外层流程的学习机制。而且,基于三个层次流程的分析隐含了这样一个假设:这些不同层次学习机制相互补充和衔接,构筑了科技园区企业集群系统技术学习机制的整个体系。第一,基于核心层流程的学习机制。所谓基于核心层流程的学习机制,指发生在核心层次内部成员企业之间的知识流动通道和过程。结合文献分析和实证调查,该类学习机制主要包括:人力资源在成员企业间流动、企业间合作互动、企业衍生、人员间正式或非正式沟通四种类型。第二,基于辅助层流程的学习机制。所谓基于辅助层流程的学习机制,指发生在核心网络成员企业和辅助网络中的中介与公共服务机构、集群代理机构之间的知识流动通道和过程。该类学习机制主要包括:中介与公共服务机构为集群提供信息、劳动力培训和教育;从辅助网络向集群核心网络的人员流动;知识基础设施建设;核心网络和辅助网络间正式沟通机制;公共服务机构为企业提供技术和管理服务等。第三,除了前面两个层次的学习机制外,还存在基于外层流程的学习机制,如外部技术机构对集群的技术支持,外部大学对集群人力资源培训方面的支持等。基于外层流程的学习渠道基本与第二层次相似,只不过由于空间距离的原因,学习互动不像中间层那样频繁。

(4)科技园区企业集群技术学习模式。就集群学习的范围而言,集群技术学习模式可以分为集群内部学习和集群外部学习。地理邻近性对于科技园区企业集群的发展是至关重要的,这也是企业集群竞争优势的重要源泉,同时,企业集群的发展也需要获得集群外部资源的支撑。因此,本书将集群学习分为集群内部学习和集群外部学习。集群内部学习主要依靠地理邻近性,通过集群内部企业与大学、教育机构、研发机构、中介组织等的合作关系、技术人员的内部流动、干中学等途径来获得集群整体的显性与隐性知识的提升,从而通过集群内部学习将衍生出集群异质性的竞争力;集群外部学习则是由集群内少数几个企业、机构充当"桥梁人物",使科技园区企业集群处在一个开放性的系统之中,引进集群外部新的知识及技术,通过消化吸收转化为集群内部企业可以接收的方式,将能力提升从一次性突破转化为持续过程,持续培育、改进和重构异质性能力的知识基础,整合和提升异质性能力,最终实现多项特定能力的循序衔接,从而获得持续竞争优势。

① 科技园区企业集群的内部学习。主要包括竞争企业、供应商企业、客户企业之间的学习以及企业与园区企业集群内中介机构之间的学习。[①] 一是企业与竞争对手之间的学习。企业集群内部企业之间的关系是一种竞争合作关系。作为竞争对手,它们会相互设防,尽量避免对方获取本企业的技术信息或产品信息;同时,企业与竞争对手之间又存在一种相互依赖的关系,会在产品创新、技术

[①] 甄翠敏,丁日佳.产业集群学习的路径及内在机理分析[J].科技管理研究,2007(11):48-49.

设备引进、管理制度等方面有意或无意地模仿竞争对手。竞争对手之间的竞合关系,使企业与本地竞争对手之间的学习主要通过非正式途径,如企业家的私人网络、技术人员之间的交流以及人力资源在成员企业之间的流动,使企业家或技术人员头脑中的隐性知识更有效地在群体之间传递;同时,由于集群内企业间的紧密联系,这种学习也会通过正式途径进行,如参观本地同行业的企业。相对于非正式学习而言,正式学习所获得的知识更加系统、全面和具体。二是企业与下游客户之间的学习。集群整体效益会影响到集群内各成员企业自身的利益,受之影响,客户会主动为企业提供市场信息和技术信息。据英国学者对英格兰西部地区的三个企业集群的产品创新或工艺创新活动的调查发现,有30%的企业是与客户合作完成的。尽管当今通信技术、交通技术非常发达,但这些技术也无法代替人们面对面的交流,这也是集群学习的优势所在。三是企业与上游供应商之间的学习。企业集群作为一个柔性专业化生产系统,其内部分工非常细腻,许多中小企业通过转包的方式把所要生产的各个部件分解到不同企业中去,从而形成一个独特的基于本地的供应商网络。这些供应商主要包括原材料供应商、设备供应商、零部件供应商以及下一级的转包商。由于一级转包商直接与生产商打交道,他们之间的交流与合作是最为明显的。企业通过与供应商互动式交流获得许多技术资源和设备资源,从而推动产品创新与工艺创新。同时在新产品开发活动中,供应商不仅为企业开发活动提供技术支持,而且还提供物质或设备支持。四是企业与集群内中介机构间的学习互动。集群内的中介机构主要指介于政府和企业之间的服务性组织机构,如行业协会、商会、金融机构等。这些中介机构是促进企业间网络联系的纽带,尤其是在扶持中小企业创新能力方面起着重要的作用。中介机构可以通过组织各种形式的活动,促进同行业之间的交流,如博览会等。此外,中介机构也可以通过制定行业公约等方法维护区域内的创新环境,制止区域内的无序竞争。

② 科技园区企业集群的外部学习。科技园区企业集群是经济大系统中的子系统,同集群外部的企业、客户以及知识生产机构之间相互联系非常重要。如果集群内企业仅在集群圈子内进行封闭式的学习,就会造成学习路径的"锁定效应",使集群内知识出现同质化趋势,造成知识的"过度根植性"现象。长期的封闭,会使集群陷入低技术循环,导致集群成长的后发优势不足。魏江(2003)从技术位势的角度对集群中企业进行分类,他认为集群企业对外部知识源的利用程度是存在差异的,对集群外部知识的吸收主要由集群中规模较大、技术能力较强的高位势企业承担,而规模较小、技术实力较弱的低位势企业主要向集群内部知识源进行学习。因为在面向集群外部知识源的技术学习方面,高位势企业比低位势企业有更高的强度,而在本地化学习方面,低位势企业比高位势企业有更高

的强度。通过低位势企业对高位势企业的挤压效应,使高位势企业产生创新压力,不断吸收外部新知识进行创新,保持自身的创新优势;而高位势企业对低位势企业的拉拨效应,使低位势企业不断学习、模仿高位势企业的技术,从而使整个集群保持创新活力(图4.17)。魏江认为,集群企业之间的技术能力势差是一种客观现实,最为理想的集群技术能力增长模式是高位势企业领跑在前,而低位势企业紧随其后,形成"产生势差—弥合势差—产生更高位势的势差—弥合更高位势上的势差"这样一种最佳动态。

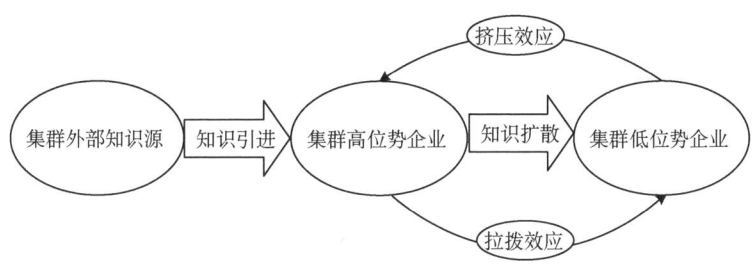

图4.17 科技园区企业集群知识流动与学习分工
资料来源:魏江(2003)

从图4.17可看出,集群创新绩效的提高是高位势企业外向型学习及低位势企业本地化学习共同作用的结果。政府应该对集群中高位势企业的创新激励,使其发挥"技术看门人"的作用,以提高整个集群的学习能力。

综上所述,企业集群的学习是一个由内外结合、纵横交织而成的学习系统。在这个学习系统中,有成员之间通过正式渠道的交流学习,也有成员之间通过非正式沟通的学习。企业集群的松散组织特性为成员学习营造了良好的环境,同时集群成员之间的学习互动又提升了企业集群的整体学习能力,所以集群学习在集群成长中形成了一个动态循环反馈系统,即企业集群的学习最初主要表现为企业的知识积累;由知识积累进而形成成员之间的"势差";"势差"会促进知识在成员间的流动(溢出)和创新;知识的溢出和创新又进一步提升集群优势,促进集群的健康成长。

4.3.3 科技园区企业集群知识溢出的传导机制

通过文献分析,本文发现尽管有不少文献研究企业集群的知识溢出,但主要是解释集群内部知识溢出效应的存在性,尚缺乏对知识溢出传导机制的系统研究;文献对知识溢出在各个过程中所起的作用也缺少深入研究。鉴于此,本节试图勾画出科技园区企业集群知识溢出的传导路径,探寻知识溢出源、溢出渠道及溢出的影响因素等。

1. 知识溢出的传导路径及过程分解

科技园区企业集群内知识溢出是一个复杂的过程,只有具备了畅通的传导路径,来自核心企业或其他创新活动的知识溢出才能比较容易被地理上接近的其他企业吸收和利用,知识溢出效应才会产生。科技园区企业集群知识溢出的传导表现为从知识溢出源对集群企业的知识输入到集群企业知识产出的一个动态过程。由于知识的累积性,知识溢出的动态过程使集群知识存量不断增加,从而产生更多的知识溢出,形成持续的竞争优势。

根据集群知识溢出的传导路径(图4.18),可将集群中知识溢出的传导过程分解为三个阶段:第一阶段,知识从知识源的溢出过程。科技园区企业集群的知识溢出源包括集群内知识源与集群外知识源两部分,按照知识的属性,隐性知识的传递通常需要面对面的交流才能实现,知识的传递往往受到地理距离的限制,因而隐性知识的溢出主要发生在集群内企业之间,知识源主要指企业的专利与专有技术,知识源主要发源于集群内的大学、研究机构与技术领先企业。显性知识的传递受地理距离的局限较小,因此,集群外的显性知识源可以突破集群的边界溢入到集群内。集群外知识的溢入有两种途径:一种是集群外的知识以"集群

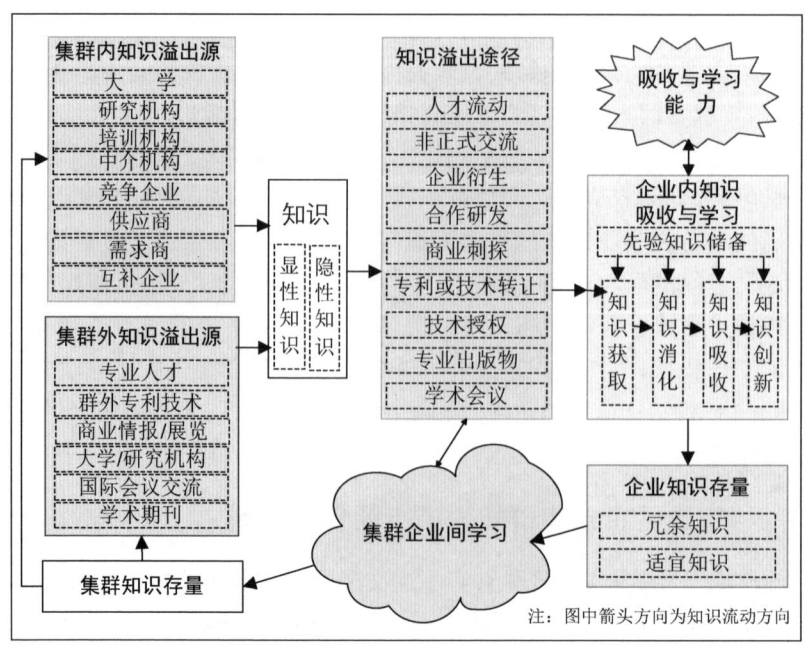

图 4.18　科技园区企业集群知识溢出传导路径
资料来源:参考蔡莉、朱秀梅(2008);毛宽(2008);王国红(2007)绘制

技术守门人"为接口溢入集群内,转化为集群的知识存量。"集群技术守门人"指集群中具有较高知识积累水平或技术能力的行为主体(个人、企业或机构代理商),它们在吸收外部知识并将其扩散给集群内其他企业的过程中起着关键性作用,它们是先进技术的早期采用者,是集群知识系统中的"核心行动者",其他落后企业都向其寻求技术建议和问题解决方案。"集群技术守门人"现象的存在源自集群内企业间在地理上的集中而形成的一种彼此之间天然的联系,这种天然的联系促使集群内企业有着一种对外部知识、技术与文化的集体排斥与防御,集群技术守门人在整个集群知识溢出过程中既起到监控外部环境,确定企业可能需要的相关知识的作用,又肩负着向企业内部成员转移、扩散所获取的知识的重任。正是由于在技术先进程度方面技术守门人与其他企业有着显著的不同,即存在着显著的技术差距,这对本地其他企业向其学习形成了一种激励。从这种意义上讲,吸收能力高的企业是本地知识的重要来源,显示出更高的认知中心度。另一种途径是越过"集群技术守门人"而直接与集群内企业发生知识溢出。在实际的知识源溢出过程中以第一种途径为主,即集外知识源的溢出主要通过"集群技术守门人"引入集群。

第二阶段,知识溢出后在企业内部的传导过程。知识源通过某种途径传递的知识进入企业内部,溢出知识在企业原来知识储备的基础上对溢出知识进行消化、吸收、创新,产生新的知识,取得创新绩效(图 4.19)。这一过程,知识源通过某种途径传递的知识,并不能全部被企业所吸收,吸收多少受企业吸收能力的影响。对知识溢出的吸收导致企业知识存量增加,企业知识可以分为冗余知识(Obsolescence Knowledge)和适宜知识(Appropriate Knowledge)两类,冗余知识作为一种新的溢出源参加整个集群的知识溢出循环,而适宜知识会促使企业开展创新活动,产生新的知识。

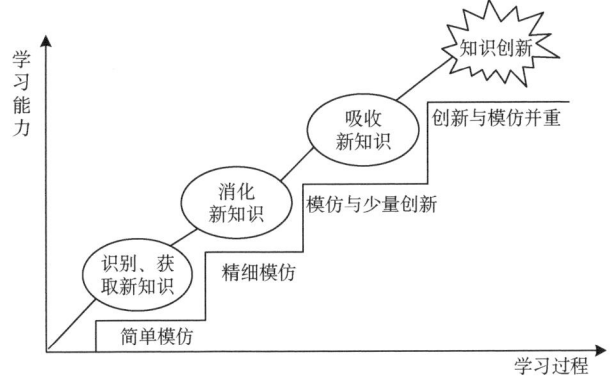

图 4.19 集群企业知识溢出转化为企业创新绩效的过程

第三阶段,企业的创新产出在集群企业间的扩散。企业对内化知识的成功创新,会产生新的知识源,进而增加集群整体的知识存量。企业的创新产出通过企业间学习在集群企业间扩散,影响并促进其他企业的技术创新活动与创新绩效的提高,产生更多的创新成果,提高整个集群的知识存量,这些知识作为新知识源参加整个集群的知识溢出循环。对于集群知识溢出来讲,知识溢出源的存在是必要的,同时,有效的传导途径也是必不可少的。

2. 科技园区企业集群的知识溢出源

对于集群知识溢出源的构成,学界尚未形成一致性意见。现有文献对知识溢出源的研究多着眼于集群内部,但集群是一个开放性系统,只有不断接收外部新知识,集群才能发展壮大,否则集群会因为陷入封闭的自循环而逐渐丧失活力。本书把科技园区企业集群知识溢出源分为内部和外部两类,内部知识溢出源主要包括:科技园区企业集群内大学、研究机构、培训机构、中介机构以及集群内竞争企业、供应商、需求商、互补企业等。集群外部知识溢出源主要包括专业人才、专利技术、商业情报与展览、大学及研究机构、国际会议交流、学术期刊、杂志等。

(1) 科技园区企业集群内竞争企业、供应商、需求商企及互补企业。在科技园区企业集群中,企业一般可分为两类,一类是制造相似产品或提供相似服务的企业,另一类是提供互补产品或服务的企业。马斯克尔(Maskell,2001)把集群中的这两类企业划分为水平与垂直维度,垂直关系的企业通常倾向于合作,而水平关系的企业通常是竞争对手。在科技园区企业集群中,同行的竞争企业、供应商、需求商是知识溢出的重要源泉,对企业创新具有重要影响。同行企业之间既是竞争关系,也是一种合作关系,这种合作对企业创新具有重要影响。多数研究认为,创新是一个复杂的过程,在很多情况下要依赖于竞争企业之间的信息流动。

(2) 科技园区内的大学与研究机构。从高技术产业集群发展的成功经验看,当地大学或科研机构起到了不可忽视的作用,它们往往是集群形成和发展的助推器,对集群创新能力的提升具有关键作用。大学孕育了集群中的衍生企业,在大学衍生企业创建的过程中,大学与企业之间通过广泛的非正式交流,产生了大量的隐性知识溢出。大学为企业提供重要的技术成果、高科技人才,并且帮助其培训人才以应对快速变化的技术环境。斯坦福大学是很典型的例子,它在硅谷的发展过程中起到举足轻重的作用,除致力于创新活动外,还积极参与本地产业合作的论坛、扶持新技术企业以及促进区域内小企业之间的合作,通过制订产业联盟计划来促进研究人员、院系之间以及大学与外部公司之间合作,从而拓展大学在创新与发展中的作用。

(3) 科技园区企业集群代理机构与公共服务机构。集群代理机构指由当地政府及集群成员共同发起设立的机构,如行业协会、企业家协会、质量监督委员会等,它们主要负责集群整体创新网络形成和发展过程中所必需的协调活动以及特定企业活动。公共服务机构指从事集群知识创造、提供管理和技术服务的独立机构,如生产力中心、企业联合中心、技术孵化器及各类实体性事务所等。集群代理机构及公共服务机构为中小企业提供咨询服务,如专业培训、质量管理、融资计划、新产品及工艺发展等。此外,集群代理机构及服务机构为集群企业提供一些创新服务,也协调企业的生产与商业活动,促进和管理集群内及集群外企业之间合作关系的建立。这些机构与集群中的许多企业具有广泛的接触和交流,因此成为集群中信息的集散地,发挥信息枢纽的作用,汇集和发散集群中的信息,加速集群中技术创新的扩散。

(4) 科技园区企业集群的外部知识源。科技园区企业集群是个开放的系统,必须与园区企业集群外进行信息等交换。包括人才流动、学术会议、展览展示等,这都是外部知识溢出的源泉。因此,在考虑园区企业集群内部知识源的同时,也不能忽略园区企业集群外部知识源的作用。拉克什(Rakesh,2002)认为,园区企业集群与外部的联系与集群知识的创造和吸收同样重要,这种外部联系包括与集群外部供应商、竞争者及顾客的联系,新思想与新知识通过外部联系不断进入园区企业集群。

3. 科技园区企业集群的知识溢出途径

知识溢出的主要通道包括集群内人才流动、非正式交流、企业衍生、合作研发、商业刺探、技术授权、专利或技术转让、学术会议及专业杂志、专利出版物等。

(1) 科技园区企业集群内的人才流动。人才流动一直被视为集群内知识溢出的主要途径机制。人才在企业间的流动促进了知识在成员企业间的扩散,外部劳动力的流入为外部知识的溢出提供了可能。这种"人才流"的后面,带来的是源源不断的"技术流""信息流""经验流""知识流",有力地促进了知识,尤其是专业性知识的溢出与扩散。拉克什(Rakesh,2002)认为,员工从集群中的一个企业流动到另一个企业能够形成集群中知识创造与扩散的自增强机制。阿莱梅达和科古特(Alemeida & Kogut,1999)[1]认为,硅谷的工程师和技术员工工作的频繁变换有助于知识溢出。萨克森宁(Saxenian,1994)对硅谷计算机产业进行案例分析,发现雇员高流动性所导致的知识溢出是硅谷计算机产业产生集聚经济效应的重要来源。她较系统地研究了工程师与技术工人在硅谷的高流动率对知识溢出的贡献(在20世纪90年代早期,高技术人力资源的流动率约为20%~25%),认为这种高流动性是硅谷集聚经济的重要来源之一。劳森

---

[1] Almeida P, Kogut B. Localization of knowledge and the mobility of engineers in regional networks[J]. Management science, 1999(45): 905-916.

(Lawson,1999)发现剑桥高技术产业集群中,雇员在企业之间及大学与企业之间的频繁流动,不但能够提供广泛的技术、技能,也能够促进知识的流动。雇员不但本身拥有技术,它们也会与以前工作的大学或企业保持联系,这种具有历史延续性、建立在共同信任及理解基础上的联系,能够促进集群中知识的持续流动。

(2) 科技园区企业集群内企业非正式交流。知识的存在形态直接影响其流动性。默会的、企业专用的、系统嵌入的、非编码化的知识溢出必须通过面对面交流才能实现。而集群是隐性知识产生和扩散的最适宜地区(Alessandro,Federico & Maurizio)。在集群内部,企业的空间相邻使得企业间的面对面非正式交流更为便捷。魏江的实证调查发现,包括企业家、高级管理人员、中层和基层管理人员、技术开发人员等在内的各类人员之间都存在高频率的非正式沟通,为技术和管理知识与信息在集群内部流动提供了最有效的路径。在硅谷,最新的生物科技企业有600家集中在直径50英里(约80千米)的范围内,每天他们相互打电话或一起吃顿饭,便可以获得许多同行业的最新信息,保证本区域发展与外部技术与市场环境的迅速变化相适应(王缉慈,2001)。

(3) 企业衍生。企业衍生是指一个组织(如大学、研究机构、企业等)通过某种方式孕育催生出新企业的现象。科技园区企业集群内企业衍生活动包括:①由以前属于另一个园区企业的员工新成立的企业;②经营观点的分裂导致了从创业初期的企业里分离出来的新企业;③大学或研究机构的人员新创办的企业等。普遍认为,企业衍生加速了集群内部人才的流动和知识溢出。企业衍生出的新企业与母体之间存在着千丝万缕的联系,一方面,它促进了人才的流动,强化了因人才流动而引起的知识溢出与扩散效应;另一方面,它又促进了与当地企业间正式合作关系的建立和非正式沟通,并通过正式合作关系和非正式沟通来促进人才的流动和知识的溢出。

从大学和科研机构衍生出企业是科技园区企业集群最重要的衍生活动。① 世界上几乎所有的科技园区的形成与演变都与邻近大学和研究机构的衍生活动息息相关。硅谷的巨大成功与斯坦福大学的强大的衍生能力密不可分。无论是早期由斯坦福毕业生创办的联邦电报公司(Federal Telegraph Company),利顿工程实验室(Litton)和惠普公司(HP),还是1970—1980年在斯坦福大学工学院的一座楼里先后诞生的升阳微系统(SUN)、硅图(SGI)和思科(Cisco)网络三家公司,还是雅虎(Yahoo),斯坦福大学一直牢牢占据着科技

---

① 王缉慈,宋向辉,李光宇.企业衍生:北京新技术集聚体形成的重要特征[J].中国高新技术企业杂志,1995(6):8-13.

产业化的龙头。斯坦福大学没有直接办一家校办企业,但其师生创办的高科技公司超过1 000家。可以说,从大学与研究机构中衍生企业的这种方式,是连接科研成果与商品之间的桥梁,同时也是促进知识、经验、技术在当地扩散并最终促进科技园区企业集群演化的有效途径。

(4) 其他途径。其他知识溢出途径还包括合作研发、商业刺探、技术授权、专利或技术转让、学术会议、专业杂志、专利出版物等。商业刺探一般指采取某种措施获取竞争对手的技术知识。专利或技术转让及专业杂志、专利出版物等通常是显性知识溢出的途径。

4.3.4 大学知识溢出与企业集群

1. 大学功能的演进与拓展[①]

大学源于12世纪初的欧洲,有关大学功能和理念的讨论随着社会的发展不断深入,从"单功能说""两功能说"到"三功能说",再到大学"第四功能"的说法,大学的功能逐步演进、拓展。一般认为,传统的古典大学是以"传授知识、造就绅士"为目的的"单功能"大学,即"教学型大学"。在维护大学"单功能说"的英国红衣主教约翰·亨利·纽曼(John Henry Newmann)《大学的理想》(*The Idea of a University*)一书1852年问世之时,已经是大学的教学、科研"两功能说"日益高涨之际。真正现代意义的大学起源于德国,德国著名教育家、政治家威廉·冯·洪堡(Wilhelm von Humboldt)不仅是德国现代高等教育之父,而且是对现代大学制度贡献最大的思想家,其理念之一就是教育与研究的结合。由此,大学的功能得以从单一的"教学"功能拓展到"研究"功能。大学的社会服务功能最初是美国大学的突出特征。1862年美国总统林肯签署了《莫雷尔法案》(*Morrill Act*),"目的是向州和准州拨出公地,以使他们能开设重视农业和工艺教育的学院"。学院的目标是"……教授农业和工艺有关的学科,从而促进生活中各行业的工业阶级的文理和实用教育"。在这一法案刺激下,美国大学获得了迅速发展,从1862—1922年,共建立了69所赠地学院,为社会提供服务开始成为大学的又一项主要职能。在来自德国洪堡的强调科学和哲学,强调研究、研究生训练、教授和学习的自由的大学观念影响下,以1876年约翰斯·霍普金斯大学的成立为标志,美国出现了一种新型大学——研究型大学。美国加利福尼亚大学校长克拉克·科尔(Clark Kerr)指出:"德国的唯理智论与美国平民党的主张在新型大学中结合了起来。纯粹的智力与新的实用主义结成了未必牢靠但却是成功的联盟。"随着研究型大学在美国蓬勃发展,更新的全面介入社会活动的大学

[①] 段存广. 基于大学功能演进的大学衍生企业研究[J]. 科学学研究,2007(A02):320-325.

已经出现。大学的"服务"成了另一种新大学的雏形——克拉克·科尔的"Multiversity"正是以社会"服务"宣告了大学"第三功能"的确立。进入20世纪90年代以后,我国学者进一步延伸了大学的功能,提出了"文明交往"[①]"引领文化"[②]及"交流学术"[③]等"第四功能"说,但是教学、研究、服务"三功能说"已成为阐述大学功能的主流并被大家接受的观点。进入新世纪,知识经济社会为大学的发展提供了前所未有的机遇,社会的需要为大学开辟了广阔的发展前景,必须认真审定大学功能,服务社会是现代大学办学理念的必然选择。

2. 大学的知识溢出方式

大学第三功能的实现问题实际上就是大学技术转移问题。根据大学技术转移的经济性质,可以将大学技术转移分为非商业性质的转移和商业性质的转移。前者主要是指通过人才培养、论著发表、学术会议和社会关系网络实现的技术转移,其共同点在于,在技术转让方和受让方之间不存在任何直接的商业交易关系。后者主要包括三种方式(图4.20):一是技术咨询(Technology Consulting),是技术的受托方为委托方就特定的技术项目提供可行性论证、技术预测、专题技术调查和分析评价。大学拥有丰富的知识资源和师资力量,可以为企业提供各类技术咨询和服务,帮助解决企业生产技术难题。通过这个面对面的互动过程,可以实现技术知识的"资本化",也可以实现相关的技术转移,大学在中间起到高科技企业虚拟研究院的作用,是大学转移技术、传递创新思想的重要方式。二是技术许可(Technology Licensing),所谓技术许可就是将科研成果直接转让给现有企业,由后者对该技术进行商业化开发。通过技术许可,大学有关机构和人员可以获得成果转让收入,而产业界则获得相关技术的使用权。因此,作为一种正式的商业性质的技术转移途径,技术许可得到了大学相关机构的高度重视,近年来,

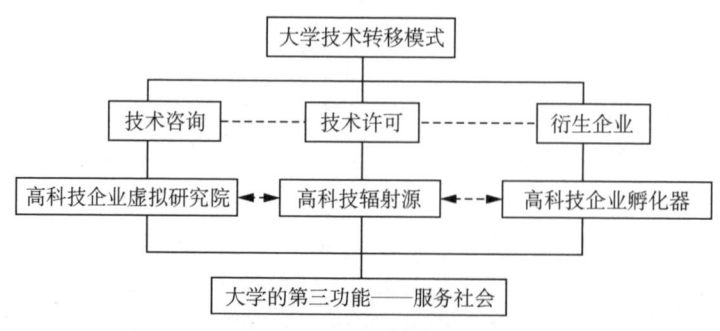

图 4.20 大学技术转移模式

---

① 章仁彪. 文明交往:全球化时代大学的第四大功能[J]. 上海教育,2001(16):16-18.
② 赵沁平. 发挥大学第四功能作用引领社会创新文化发展[J]. 上海教育,2006(22):6-7.
③ 林金桐. 大学的四项功能[Z/OL]. (2007-5-30). http://blog.myspace.cn/e/403115723.htm.

国内外许多大学纷纷建立技术转移组织(Technology Licensing Organization,TLO),旨在促进大学专利成果向产业界的尽快转移,实现大学作为"高科技辐射源"的社会功能。三是衍生企业,衍生企业通过大学的教师或学生连同科技成果一并转移,创办自主的企业,通过这种新企业的创办,大学技术成果得到商业化开发并直接从科学场域转移到经济场域,继续推动技术创新或科技成果的转化与产业化,实现大学作为"高科技企业孵化器"的社会功能。

上述三种商业渠道中,衍生企业是对技术许可的有效代替,相对于技术咨询和技术许可模式,它具有激励性强、促就业、回馈大、易控制等优点,是最直接、最有效途径之一(表4.4),[1]已经成为科技型企业的一种重要形式,一种被广泛接受的有效的技术转移方式。[2] 美国信息产业的飞速发展,硅谷的兴起,就是最好的证明。

表4.4 技术咨询、技术许可及衍生企业的优点、缺点

特点	技术咨询	技术许可	衍生企业
优点	1. 形式灵活多样	1. 可迅速获得回报	1. 为研发人员带来更大的激励
	2. 风险小	2. 不须负担技术商品化所需的资金	2. 创造工作机会,促进地区经济
	3. 企业为主体	3. 被授权者对于市场较为熟悉,容易发现市场机会	3. 得到回馈可能授权较大
	4. 针对性强		4. 对日后技术、市场的发展具有控制权
缺点	1. 规模小	1. 失去对技术的控制权	1. 创业的风险大
	2. 规范化程度低	2. 授权后对于后续活动的涉入程度减少	2. 研发人员的商业概念较差
	3. 约束力弱	3. 难以寻找合适的被授权者	3. 耗费的时间长
	4. 缺少长期激励	4. 签订授权协议的困难度高	4. 不容易取得创业基金
			5. 影响研究机构价值取向的改变

资料来源:王小平、高亮华(2003)

3. 大学衍生企业——基于美国与日本的经验

美国和日本是世界上技术转移和大学衍生企业比较成功的国家。在美国,大学技术向产业界的转移被认为是美国20世纪90年代高新技术出现和高速增

---

[1] 王小平,高亮华.大学技术转移的衍生企业模式研究[J].清华大学教育研究,2003(S1):34-37.
[2] 杨德林,汪青云,等.中国研究型大学衍生企业活动影响因素分析[J].科学学研究,2007,25(3):511-517.

长的关键(Thursby,2002);①在日本,大学与产业界的关联被看作是日本战后工业快速发展的助推器。两国政府不断出台法律和政策,鼓励产学研的合作,促进大学研究成果的技术转移和大学企业衍生,许多做法值得借鉴。

(1) 美国的大学衍生企业。美国是大学承担和实施社会服务职能很彻底、很有成效的国家。"二战"前,美国大学的社会服务主要是通过自身教学、科研的条件和能力"被动"服务于联邦政府,并满足社会提出的现实需要,如技术咨询、技术许可、人员培训等。自20世纪60年代以来,大学主动出击,利用自身的高新技术成果与工业企业建立产学研联合机构,鼓励大学教师、科研人员、毕业生等创办高技术企业。这期间,国家立法促进了大学研究与工业生产之间的联系。1980年美国国会通过著名的《拜-杜法案》(*Bayh-Dole Act*),允许大学和非营利机构对于用联邦资助进行的研究成果申请专利,该法案被称为大学技术转移的"基本宪法"。法案通过以来,几乎所有美国大学都建立了技术转移机构,专门负责大学研究成果的商业化工作。在此背景下,大学衍生企业迅速发展。美国波士顿银行1997年发表的报告《MIT:冲击创新》(*MIT: The Impact of Innovation*)显示,MIT相关公司在美国50个州设有8 500多个工厂和办事处。如果把MIT校友和教师创建的公司组成一个独立的"国家",那么这个"国家"的实力将排在世界第24位。据统计,硅谷60%的企业是斯坦福大学的学生和教师创办的。这些源自大学的科技型衍生企业聚集在某一所或几所大学周边,形成如"硅谷"和"128号公路"等高技术企业集群。这些科技型衍生企业在美国经济中起着重要的作用,大学衍生企业对美国经济活动的巨大作用可以通过权威的AUTM的统计数据得到证明,衍生企业活动持续成为一个技术转移活动的重要方面。在2000年财政年度,121个机构中有454家衍生公司诞生。从表4.5可以看出,自1980年以来,总共有3 376家衍生企业产生。②

表4.5 美国1980—2000年财政年度大学衍生企业数目

财政年度	1980—1993	1995	1996	1997	1998	1999	2000	1980—2000
大学衍生企业数目	1 169	223	248	33	248	344	454	3 376

数据来源:娄成武、陈俊(2005)

---

① Jerry G, Thursby A, Sukanya K. Growth and productive efficiency of university intellectual property licensing[J]. Research policy, 2002, 31(1): 109-124.

② 娄成武,陈俊.解读美日研究型大学衍生企业及对我国的启示[J].科学学研究,2005,23(Z1):125-130.

(2) 日本的大学衍生企业。在日本,大学与产业界的合作被看作是"二战"后工业快速发展的助推器。日本政府不断出台法律和政策,鼓励产学研合作,取得了良好的成效。1995 年,日本颁布《科学技术基本法》,规定了日本在发展科学与技术方面的基本国策和大政方针,要求增强产学研合作,推进基础研究、应用研究和开发研究的协调发展。1999 年,日本颁布《促进大学等的技术研究成果向民间事业者转移法》,该法的核心是鼓励大学设立科技成果转化中介机构(TLO),确定政府从制度到资金方面对其予以支持。该法生效后,各大学纷纷设立 TLO,至 2004 年,经日本文部科学省和经济产业省承认设立的高校 TLO 共有 37 家,其中,以股份公司形式注册的 TLO 有 17 家,以财团法人形式注册的有 1 家,以大学校内组织形式注册的有 7 家,以有限公司形式注册的有 3 家。随着 TLO 的不断创立、大学技术转移力度的日渐强化,大学衍生创业大量涌现。1999 年,《产业活力再支持特别措施法》修订了大学发明专利的归属原则,还规定了专利年费和专利申请手续费的减免特例,以进一步鼓励大学技术转移的积极性与主动性。[①] 2000 年,《教育公务员特例法》有条件地放开研究人员在企业中的兼职限制,2001 年 6 月的"远山计划"[②],更取消了国立大学教职工国家公务员地位,为国、公立学术机构研究人员参与科技创业创造了必要条件。与此同时,日本经济产业省产业构造改革雇佣对策本部提出三年内大学创业企业达到 1 000 家的战略目标,并具体制定了财政补贴和贷款担保政策。

除了立法方面的鼓励,日本政府还在实践中促进技术转移和大学衍生企业。如加大资金投入、减免专利费用、派遣专利流通顾问、组织培训等,[③]使更多的大学专利和成果顺利转移,大学衍生企业的大量涌现和发展。这些措施促进了日本大学衍生企业大幅增长(图 4.21)[④]。

(3) 中国大学衍生企业的情况。20 世纪 80 年代以来,我国大学在国家创新系统中的角色发生了重大的变化,国家实施自主创新、建设创新型国家的战略,大学的社会服务功能有了很大拓展。[⑤] 正如时任教育部部长周济所提倡的:高等教育应当走出深闺,走向市场,主动面向国民经济建设主战场,大学要"顶天立地","顶天"就是要面向国家战略需求与科学技术前沿,解决关系国计民生的和

---

① 何建坤,周立,张继红,等. 研究型大学技术转移——模式研究与实证分析[M]. 北京:清华大学出版社,2007.
② 2001 年 6 月,日本文部科学大臣远山敦子提出《大学(国立大学)结构改革的方针》,又称"远山计划"。
③ 郭飞,等. 论日本高校技术转移的政策模式[J]. 中国科技产业,2005(8):113-115.
④ 娄成武,陈俊. 解读美日研究型大学衍生企业及对我国的启示[J]. 科学学研究,2005,23(Z1):125-130.
⑤ 何建坤,史宗凯. 论研究型大学的技术转移[J]. 清华大学教育研究,2002,23(4):8-12.

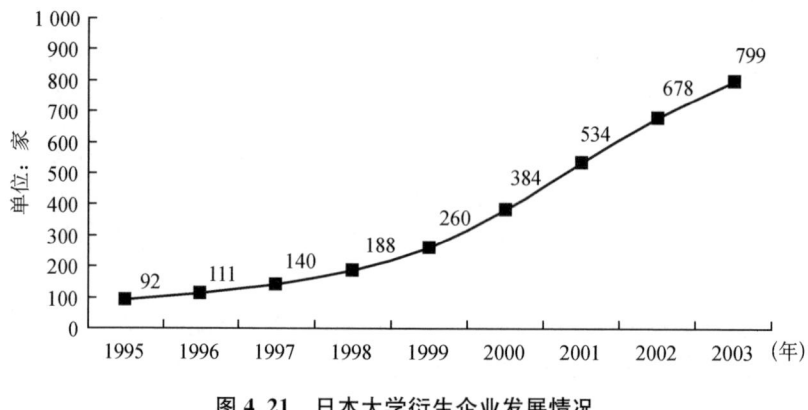

图 4.21 日本大学衍生企业发展情况
资料来源:娄成武、陈俊(2005)

国家安全的重大科技问题。"立地"就是要面向国民经济建设和社会发展的主战场,从现实的紧迫需求出发,切实解决生产、生活中大量的科技问题。①

在上述背景下,我国大学衍生企业迅速发展。据统计,至 2005 年年底,我国共有校办企业 4 311 个(中国高等学校校办产业统计报告中的校办产业与衍生企业在概念上有所差别,但内涵基本一致。因为,通常所指的校办企业已不是传统意义上的校办企业,它们不仅包括产权完全归高校所有的企业,也包括其他一些控股和参股的企业,后两者并不是过去所指的狭义的校办企业,但三者都属于衍生企业的范畴),其中科技型企业 2 429 个,占统计总数的 56.34%;2005 年全国高校校办产业收入为 1 071.34 亿元,比 2004 年度收入总额 969.30 亿元增加了 104.04 亿元,增长率为 10.53%;其中科技型企业收入总额为 909.69 亿元,占全国高校校办产业收入总额的 84.91%,比 2004 年度科技型企业收入总额 806.78 亿元增加了 102.91 亿元,增长率为 12.76%。② 在我国的大学衍生企业中,涌现了一批包括紫光股份、同方股份、方正科技、同济科技、交大南洋、东软软件等 30 家大学及大学控股的高科技上市公司,为国家经济建设和大学发展做出了重要贡献。

尽管我国大学衍生企业得到了很大发展,但与美、日等国家比较还存在一些体制、机制等方面的差别。常向阳(2003)等从驱动机制、行为主体、企业孵化器、创业地点、组织形式、产业结构、人力资源配置、融资模式、管理方式、文化背景

---

① 周济.以服务为宗旨,在贡献中发展产学研结合促进高等教育改革[J].中国科技产业,2007(7):13-17.
② 教育部科技发展中心.2005 年度中国高等学校校办产业统计报告[M].成都:西南交通大学出版社,2006.

10个方面对西方发达国家大学衍生企业与我国大学校办企业的运行特点进行了比较(表4.6)。① 虽然我国衍生企业比表中所列已有了很大的进步和完善,但从比较中我们基本上还能找到中外大学衍生企业的差别。如何借鉴国际模式,建立起适合我国国情的有效的大学衍生企业模式,成为值得思考的问题。

表4.6 中外大学衍生企业运行特点比较

比较 内容	西方发达国家	中国
驱动机制	掌握尖端技术、赢利并重	以创收为主
行为主体	以研究型大学为主	校办企业,部分院、系也有企业
企业孵化器	大学科技园	以大学为主
创业地点	以大学科技园为主	以校内为主
组织形式	以被动参与为主	以自办为主
产业结构	以科技产业为主	以传统产业为主
人力资源配置	与高校完全脱钩	部分员工为校内事业编制
融资模式	以风险投资为主	以银行贷款为主
管理方式	企业化管理	混合型管理,以行政管理为主
文化背景	创业文化	校园文化

资料来源:常向阳、袁靖宇(2003)

4. 大学作为集群知识溢出源

从文献分析和国内外实践来看,大学作为企业集群特别是高科技企业集群的知识溢出源的作用非常明显。奥德雷奇和费尔德曼(Audretsch & Feldman,1996)②考察了三种知识资源——研发投入、技术工人和大学研究对于技术创新、区位选择和产业聚集的影响,通过生产基尼系数、创新基尼系数、自然资源、规模、运输成本、产业R&D/销售额、技术工人和大学研究的相关分析,得出了它们之间的相关系数(表4.7)。表4.7是奥德雷奇和费尔德曼利用美国标准产业目录中16个行业的数据计算得到的结论。从表中的数据可以看出,大学研究与生产基尼系数、创新基尼系数的相关性较大,其相关程度分别是0.873 0和0.510 0,这充分说明大学研究具有很强的知识外溢,对地区经济的发展产生了积极的影响。

---

① 常向阳,袁靖宇.中国高校科技企业现象剖析——兼论中外高校技术转移模式的差异[J].科技与经济,2003,16(5):23-26.
② Audretsch D B,Feldman M P. R&D spillovers and the geography of innovation and production [J]. American economic review, 1996, 86(3): 253-273.

表 4.7 三种知识资源对产业集聚的影响

影响因素	生产基尼系数	创新基尼系数	自然资源	规模	运输成本	产业R&D/销售额	技术工人	大学研究
生产基尼系数	1.000 0							
创新基尼系数	0.009 0	1.000 0						
自然资源	1.129 2	−0.113 0	1.000 0					
规模	0.237 0	−0.115 8	0.100 9	1.000 0				
运输成本	0.207 6	0.101 3	−0.140 0	0.301 0	1.000 0			
产业R&D/销售额	0.324 1	0.225 4	−0.214 8	0.242 0	0.322 5	1.000 0		
技术工人	0.056 3	0.254 0	−0.284 8	0.099 7	0.070 2	0.396 1	1.000 0	
大学研究	0.873 0	0.510 0	0.119 9	−0.107 7	0.081 9	0.194 6	0.023 9	1.000 0

资料来源：Audretsch & Feldman(1996)

硅谷已经成为世界范围内大学与其所在高科技园区相互作用最成功的典范。无论是萨克森宁(2000)[①]、马库森的研究结论，还是李钟文等(2002)的论述，无一例外地把大学研究机构与企业的相互作用作为硅谷企业成长的主要原因。斯坦福大学一方面为硅谷信息产业集群提供人才智力支持，同时通过知识溢出衍生出大量的高科技公司，如 HP、Cisco、eBay、Electronic Art、Gap、Google、Nike、Sun、Yahoo 以及数以百计的美国知名上市公司。通过评估硅谷的几百家公司的经济数据，可以评估斯坦福创业企业在硅谷经济中的作用。查尔斯(Charles H. Krenz)比较了硅谷经济的收入和代表斯坦福创业企业之大部分的 100 家斯坦福创业企业的收入，结果是：如果算上惠普公司，1988 年和 1996 年斯坦福创业企业的收入约占硅谷总收入的 60%，如果不算惠普公司，百分比稍有下降，也达 50%。[②] 可以说，硅谷发展有着诸多原因，如地区工业体系、公司组织、移民及移民文化等，但是大学和产业的有效结合，特别是斯坦福大学的知识溢出是硅谷成功的关键。[③]

作为科技园区企业集群系统中的要素之一，大学对集群的作用不容忽视。大学正经历着从知识生产、传播到成为创业型机构的转变。在知识经济中，它将在促进区域发展中起非常重要的作用。大学的功能已不仅仅是帮助发展现有公司或创建新公司的产业联络办公室或技术转移办公室等，它已被注入创业态度

[①] 安纳利·萨克森宁. 地区优势：硅谷和 128 公路地区的文化与竞争[M]. 曹蓬，杨宇光，等，译. 上海：上海远东出版社，2000.

[②] 李钟文，威廉·米勒，玛格丽特·韩柯克. 硅谷优势：创新与企业精神的栖息地[M]. 北京：人民出版社，2002.

[③] 刘柯杰. 知识外溢、产业聚集与地区高科技产业政策选择[J]. 生产力研究，2002(1)：97-98.

和战略眼光,与区域其他机构合作促进企业衍生。从根本上说,大学的教师应该从新的视角看待自己的教学科研活动,不仅关注学生培养和知识进步,同时致力于技术转移和公司形成。①

4.4 社会资本、创新网络与科技园区企业集群

4.4.1 社会资本的内涵、维度及类型

1. 社会资本的提出及内涵

社会资本(Social Capital)概念是 20 世纪 70 年代后期在物质资本、人力资本概念基础上发展起来的一个与之相对应的理论概念。它将价值判断和文化因素纳入了经济学的分析框架中,不仅对社会行动者的行动动因解释更加全面深入,对于描述和分析宏观层次上的集体行为和长期选择也有很强的说服力。目前,社会资本(Social Capital)概念已经成为社会学、政治学和经济学等多个学科共同的一个重要术语。

对于社会资本概念,国内外许多学者都试图从自己的学科角度对其加以定义和使用,目前还未形成一个统一的定义。法国社会学家皮埃尔·布迪厄(P. Bourdieu,1980)②发表了题为《社会资本随笔》的短文,正式从社会学的意义上提出了"社会资本"这个概念,并把它界定为"实际或潜在资源的集合,这些资源与由相互默认或承认的关系所组成的持久网络有关,而且这些关系或多或少是制度化的"。经济学家格伦·卢里(Glen Loury)在批判新古典经济理论时也提到了这个概念。他虽然没有对这个概念展开论述,却从经济学的角度使用了这个被布迪厄作过社会学解释的社会资本概念。罗伯特·普特南(Robert Putnam,1993)③指出社会资本是一种组织特点,如信任、规范和网络等,它是生产性的,能够通过对合作的促进而提高社会效率。罗纳德·博特(Ronald Burt,1992④)认为,社会资本是"朋友、同事和更普遍的联系,通过它们你得到了使用(其他形式)资本的机会"。博特最早把社会资本由个人层次延伸至企业层次,他认为社会资本是社会行为者从社会关系网络中所获得的一种资源,企业作为有目的的社会行为者,社会资本的逻辑不可避免地会扩展到企业层次。企业内部

---

① 埃兹科维茨,周春彦. 区域创新发动者——不同三重模式下的创业型大学[R]. 新加坡:新加坡国立大学,2007.
② Bourdieu F. Le capital social:notes provisoires[J]. Actes de la recherché en sciences socials,1980:2-3.
③ Putnam R. Making democracy work:civil tradition in modern Italy[M]. Princeton:Princeton University Press,1993:167.
④ Ronald S Burt. Structural holes[M]. Boston:Harvard Universitypress,1992.

和企业之间的关系就是社会资本,它是竞争成功的最终决定者。哈皮特和戈沙尔(Nahapiet & Ghoshal,1998)[①]将社会资本看作能获得的嵌入在个人或社会群体拥有的关系网络中的现有和潜在的资源总和。林南(Lin N,2001)[②]认为,"社会资本是投资在社会关系中并希望在市场上得到回报的一种资源,是一种镶嵌在社会结构之中并且可以通过有目的的行动来获得或流动的资源"。

国内真正提出并具体研究社会资本概念的是张其仔(1997)[③],他主要是围绕社会网络范畴进行研究,一方面把社会网络视为一种最重要的人与人之间的关系,另一方面又把社会网络视为资源配置的一种重要方式,"力图建立一个分析社会网络的规范体系"。但他无疑忽视了制度、规范、信任以及社会道德因素等在社会资本概念中的重要地位。后来也有不少学者对社会资本进行了界定。顾新等(2003)认为,社会资本是指两个以上的个体或组织通过相互联系与相互作用过程中所形成的社会网络关系来获取资源的能力。李惠斌和杨雪冬(2000)认为,社会资本是指与物质资本、人力资本相区别的,以规范、信任和网络化为核心的,从数量和质量上影响社会中相互交往的组织机构、相互关系和信念,是社会机构、社会成员互动作用的具有生产性的社会网络。即处于一个共同体之内的个人或组织通过与内部、外部的对象的长期交往、合作互利形成的一系列认同关系,以及在这些关系背后积淀下来的历史传统、价值观念、信仰和行为范式。林竞君(2005)对社会资本的概念持结构性的立场,他认为结构性的社会资本主要包括两类要素:一是成员间的社会网络。社会关系网络是社会资本的载体,是社会资本赖以实现的媒介,社会资本寓于社会关系网络之中。两者的联系在于社会关系网络是社会资本的一种重要表现形式,社会资本能够用来分析人际关系网络效用及其产生与发展的机制。二是区域价值观、规范、规则以及信任度等文化特征等。它们是社会网络关系互动的宏观准则与背景,对网络中的个体或群体行为产生制约或规范作用。网络作为社会资本的载体,对网络成员的作用正是源于其所承载着的这些文化、价值观念特征,如信任度(并不一定是信任)、合作度或创新意识等。

基于以上观点,本书认为集群中社会资本是指集群中企业或机构之间,以及个体之间的社会网络关系的总和,企业可以通过运用或动员这种网络关系资源而达到获益的目的。集群社会资本的应包含以下要点:①社会资本依附于网络

---

① Nahapiet J, Ghoshal S. Social capital, intellectual capital and the organizationaladvantage[J]. The academy of management review, 1998, 23(2): 242-266.

② Lin N. Social capital: a theory of social structure and action[M]. Cambridge: Cambridge University Press, 2001.

③ 李惠斌. 社会资本与社会发展引论[J]. 马克思主义与现实,2002(2):35-40.

成员之间的社会网络关系之上,随着社会网络系的发展而发展。②社会资本是一种公共物品,除了创造者之外,其他网络成员也能够享受它的益处。③社会资本具有区域根植性特点。区域社会文化背景决定其初始存量,组织间重复交易形成其增量。④社会资本具有非交易性,社会资本地域根植性特点决定其虽是有价的,但难以通过贸易进行交易。⑤社会资本的研究可以分为个人、企业和国家层次,本书对社会资本研究集中于集群层次,既包括集群中企业和机构之间及集群中个体之间的联系,也包括集群内部企业和机构与集群外部的联系。

2. 社会资本的维度、类型

(1) 社会资本的维度。哈皮特和戈沙尔(Nahapiet & Ghoshal, 1998)[1]将社会资本划分为三个维度:一是结构维度(Structure Dimension),又称为结构性嵌入,是指行动者之间联系的整体模式。该维度强调社会关系网络的非人格化一面,分析的重点在于网络联系和网络结构的特点,即网络联系存在与否、联系的强度、网络的密度、中心与边缘、连接性等。二是关系维度(Relational Dimension),又称为关系性嵌入,是指通过创造关系或由关系手段获得的资产,包括信任与可信度、规范与惩罚、义务和期望以及可辨识的身份。该维度强调社会关系网络人格化的一面,即与社会联系的行动者有关,表现为具体的、进行中的人际关系,是行动者在互动过程中建立的具体关系。三是认知维度(Cognitive Dimension),是指提供不同主体间共同理解表达、解释与意义系统的那些资源,如语言、符号和文化习惯,在组织内还包括默会知识等。本书采用上述划分方法,并根据目前学者的相关研究,结合科技园区企业集群的特征,分析每个维度的构成及在集群中所体现出的特性(表4.8)。

表4.8 集群社会资本的维度构成及特征

社会资本的维度	构成	集群中特征
结构资本	网络密度、网络强度	网络结点较多;集群企业、供应商、用户及各种机构强联系;集群内企业与集群外企业或机构之间具有弱联系
关系资本	信任度	地缘与亲缘关系使网络成员之间信任度较高
认知资本	共同语言和背景、共同规则;共同的目标	经常的联系与互动形成大家所熟悉的圈内语言和背景知识;互惠性关系是许多成功集群的共同规范与准则;网络成员自觉维护集群信誉,建立集群品牌效应

资料来源:蔡莉,朱秀梅(2008)[2]

---

[1] Nahapiet J, Ghoshal S. Social capital, intellectual capital and the organizationaladvantage[J]. The academy of management review, 1998, 23(2): 242-266.
[2] 蔡莉,朱秀梅. 科技型创业企业集群形成与发展机理研究[M]. 北京:科学出版社,2008.

(2) 社会资本的类型。参照哈皮特和戈沙尔对社会资本三个维度的划分法,社会资本通常被划分为结构型社会资本、关系型社会资本和认知型社会资本。

——结构资本,是指网络参与者之间联系的总体模式,即与谁联系及联系强度。哈皮特和戈沙尔(Nanapiet & Ghoshal,1998)认为,包括网络联系的属性(Network Ties)、网络密度(Network Density)、网络连通性(Network Connectivity)、网络层次性(Network Hierarchy),其中网络联结的属性是结构资本的最基本构成,通常包括强联系和弱联系两个方面。英克彭和曾(Inkpen & Tsang)认为,结构资本包括网络联系的属性、网络密度等方面。拉杰什(Rajesh)认为,结构资本包括网络联系的属性、网络密度及网络专用性。通过分析发现,几位学者都提到网络联系的属性,在具体分析时,都涉及强联系、弱联系的数量及其影响,而强联系与弱联系的划分依据是网络强度,因此,网络联系的属性涵盖了网络密度与网络强度等两方面特征。可以将上述学者的划分整合为两个方面:网络密度和网络强度,其中网络密度指网络中结点的数量,网络强度是指网络成员间联系的频繁程度。按其频繁程度可分为强联系与弱联系两种,强联系是指主体间情感密切或频繁互动所形成的联系,通常存在于集群内企业或机构之间;弱联系是指主体之间比较松散的联系,通常存在于集群内企业与集群外企业或机构之间。

——关系资本,指网络成员之间的信任程度。与结构资本相比,关系资本不只关注网络联系是否存在,更加关注这种网络联系发展的结果。也就是说,这一维度关注个体或企业之间的特殊关系,如尊敬、信任、友情和亲情等,这些特殊关系会影响个体或企业的行为。两个网络参与者在相同的网络结构中占有同样的网络位置,但如果他们与网络成员之间的信任或情感关系不同,就会使他们的行为产生较大的差别。通过对上述学者观点的分析发现,网络关系中的信任程度是关系资本的主要组成部分,至于尊敬、友情或亲情与信任是密不可分的,网络关系中的尊敬、友情或亲情可以使网络成员之间的信任程度提高。在企业集群中,网络成员之间通常具有较高的信任程度。例如在硅谷,非常推崇一种合作的文化和精神,合作过程中,人与人之间的相互信任超出想象,假如某企业的原料供应短缺时,同行企业可随时提供,而不需要任何商业上的协议。

——认知资本,西科莱尔(Cicourel)认为,认知资本是指网络成员之间表达(Representations)、解释(Interpretations)及共同语言(Systems of Meaning)实现知识的共享。哈皮特和戈沙尔(Nanapiet & Ghoshal,1998)认为,认知资本是指网络成员之间理解能力的相近程度,这一维度主要包括共同目标及共享文化两个方面。斯诺登(Snowden,2002)认为,认知资本包括共享的规则(Shared

Codes)、语言(Languages)及表达方法(Narratives)。根据上述分析,本书认为,认知资本主要包括共同的语言和背景、共同规则及网络成员的共同目标等方面。在企业集群中,认知资本的这几个方面往往具有更鲜明的特征。根植性(Embededness)是高技术产业集群的主要特征之一,集群内企业具有相同或相近的社会文化背景和制度环境,以此为基础,人们之间在经常的联系、互动过程中所采取的各种经济行为深深根植于大家所熟悉的圈内语言、背景知识,因而更容易彼此理解,并具有可靠性、可预见性,避免彼此陌生的人进行交易时可能产生的问题。共同的社会文化环境产生的信任、理解和相互合作,既有效地防止各种机会主义行为,又促进知识的流通和扩散。互惠性关系是许多成功集群的共同规范与准则,在高技术产业集群中,网络成员的共同目标是自觉维护集群的名誉,积极建立集群的品牌效应。例如,硅谷特殊的合作文化氛围使人们在生产过程中自发地进行合作,自我组织,集群中的企业和个体具有较强的归属感,不只对本企业负责,而且相互承诺,甚至对区域承诺。这种商业文化所具有的强烈融入性和在区域内的迅速扩散,确保了知识和理解在各种水平的公司之间和产业之间,从最低水平的技术人员到高级工程师之间的通畅流动。

(3) 结构资本、关系资本及认知资本的关系分析。结构资本、关系资本及认知资本三者之间并不是毫无关联的,它们不是相互独立的,而是彼此之间存在一定的相互作用关系。哈皮特和戈沙尔(Nahapiet & Ghoshal,1998)认为,结构资本会影响认知资本。因为网络密度会影响网络成员之间共同语言、规则的形成及理解能力的提高。通过加强信息交换的频度、深度与广度,企业之间的互动能够促进特殊的共同语言的产生。企业之间重复不断的交流与互动能够创造一种共同的圈内语言,这是认知资本的一个重要特征。因此,可以认为结构资本与认知资本正相关。信任(关系资本的主要特征)会促进网络成员之间交换与合作的意愿,能够提高企业互动的可能性。网络成员之间交流与合作的增加,会提高企业的认知资本,因此关系资本对认知资本具有正影响。

4.4.2 社会网络、嵌入性问题及其关系分析

1. 社会网络

自20世纪60年代以来,社会学大师怀特(Harison White)与其后继者伯曼(Boorman)、布里格(Brieger)和弗里曼(Linton Freeman)等人对社会网络分析方法进行了深入的研究,并且随着格兰诺维特(1973)的弱连接优势、科尔曼(1992)的社会资本理论,以及伯特(1992)的结构洞等代表性社会网络理论的确立,从社会网络的视角分析经济问题成为新经济社会学的一个重要趋势。企业社会网络的研究起始于20世纪70年代,该理论认为,人们的经济活动并非单纯

的买卖关系组成,而是嵌入社会系统的。经济交易受到社会关系和结构的影响,具有社会嵌入性,这种嵌入性会使经济交易偏离利润最大化的目标。长期的互惠形成企业之间的信任关系,这种基于信任的关系如果被制度化,则交易双方便会成为长期盟友,进而演变为网络式组织,形成一种社会网络。林竞君(2005)认为,网络研究同时包括社会网络与经济网络,网络关系根据其性质类别可分为社会关系网络与经济关系网络。社会关系网络可视为是个体在社会性交往过程中形成的社会性联系;经济关系网络可视为是个体在经济活动中形成的经济性联系。网络关系主要研究社会性关系,诸如信任、文化、社会资本等。

学者们把社会学家用来分析社会群体行为规律的网络理论引入了产业集群研究领域,从网络关系的视角来研究产业集群问题(Storper,1997),提出了集群的网络研究范式(Cooke & Morgan,1993),关注集群本地网络组织之间的互动、知识扩散机制、学习行为和群体创新行为等问题。英克彭和曾(2005)认为,由于产业集群包含着一些在相同或相关市场中相互独立运行的企业,这些企业处于同一地理区域内,可以获得范围经济与聚集经济所带来的利益(Brown & Hendry,1998),一个产业集群包含生产者、支撑组织和地方劳动力市场组成的网络(Scott,1992)。即在产业集群中,网络主体是在某一特定领域内相互联系的、在地理位置上集中的企业和机构,包括一批对竞争起重要作用的、相互联系的产业和其他实体(Porter,2000),例如生产者、消费者、供应商、政府部门、集群代理机构、中介机构等(Powell,1996;Gordon and McCann,2000),而其中企业是集群主体最主要的组成部分,企业网络是集群网络体系的核心。

2. 嵌入性问题

嵌入性(Embeddedness)概念最早由美籍匈牙利学者卡尔·波兰尼(K. Polanyi,1957)在《作为制度过程的经济》一文中提出。他认为所谓嵌入性就是"人类经济嵌入并缠结于经济与非经济的制度之中",并且"将非经济的制度包容在对经济的研究中是极其重要的"。也就是说,在对经济现象进行研究时,还应该对嵌入到这种经济现象中的非经济制度或关系进行研究。1985年,《美国社会学杂志》发表格兰诺维特(Granovetter)的论文《经济行为和社会结构:嵌入性问题》,文中提出了嵌入性问题。在随后的研究中,格兰诺维特进一步将嵌入性分为两类,即关系性嵌入(Relational Embeddedness)与结构性嵌入(Structural Embeddedness)。所谓关系性嵌入,是指单个行动者的经济行动是嵌入于他与他人互动所形成的关系网络之中,当下的人际关系网络中的某些因素,如各种规则性的期望、对相互赞同的渴求、互惠性原则都会对行为者的经济决策与行动产生重要的影响。与此同时,行为者所在的网络又是与其他社会网络相联系的,并构成了整个社会的网络结构。因此,从更宏大的意义上讲,行动者及其所在的网络是嵌入于由其构成的社会结构之中,并受到来自社会结构的文化、价值因素的影响和决定的(Granovetter,1992)。本书将主要沿用格兰诺维特关于关系性嵌入与结构性嵌入的划分,并结合后文中关于社会资本的维度划分对科技园区企业集群中的嵌入性问题进行分析。

3. 社会资本、网络和嵌入性的内在联系

首先,嵌入是经济生活的基本事实。这一概念主张考察经济行动不应从行为单位本身出发,而应置于其所在的网络与社会结构大环境下,通过因素间的互动与相互影响,去研究经济行动的规律与经济生活的本质。其次,网络是嵌入性的具象。网络告诉了我们行为单位不是孤立与封闭的个体,而是行动在与他们的互动之中,而行动总是在关系网络之中展开。最后,社会资本是指个体从社会关系网络中动员社会资源的能力。可以说,社会关系网络是社会资本的载体,是社会资本赖以实现的媒介,社会资本寓于社会关系网络之中。两者的联系在于社会关系网络是社会资本的一种重要表现形式,社会资本能够用来分析人际关系网络效用及其产生与发展的机制。

4.4.3 社会资本对集群形成与发展的影响

1. 集群萌芽中的偶然性与历史文化传统的嵌入

在集群形成机理的探讨上,克鲁格曼的观点是较为独特的。他把集群萌芽的原因归结为历史性偶然事件的作用。在《地理与贸易》一书中,克鲁格曼对美国佐治亚州多尔顿(Dalton)的地毯业集群进行研究,研究的结果是美国的地毯业之所以在多尔顿这个小城集聚,最初完全是由历史偶然性因素所致(伊万斯小姐制作植毛的床罩)。除了克鲁格曼之外,波特也是对产业集群萌芽中偶然事件作用尤为重视的学者,他举了美国明尼阿波利斯医疗器械和设备制造业聚集的例子支持自己的观点。拜尔和格勒菲(Bair & Gereffi, 2001)对墨西哥多瑞昂(Torreon)地区牛仔服集群的调查同样说明了偶然性的历史事件在集群诞生中的作用。由上面的例子,我们似乎可以容易得出集群的萌芽是由偶然性或机遇所致的结论,但是正如马丁等人(Martin & Sunley)所指出的:现实却未必如此简单,因为现实世界的"历史"和"偶然"中可能包含着确定性的关键决定因素。集群的萌芽不仅仅是单纯偶然性事件作用的结果,就像在多尔顿地毯业及多瑞昂(Torreon)服装业集群中所看到的,产业集群的产生总是和本区域的历史传统有着某种必然联系。不同的区域具有不同的自然条件、生活习惯和人文精神,而这些又会作为"遗传因子"影响到现代人的思想观念与活动方式。从这一意义上讲,历史文化传统可以视为产业集群萌芽的初始制度诱因。考察集群区域的历史文化传统,对于深入理解集群的内在形成机理具有不可替代的意义。

2. 信任、合作与交易治理

如果说历史文化传统是产业集群萌芽的初始制度诱因，只是揭示了集群有可能在哪里、在何时产生的问题。那么，区域内的社会网络嵌入性以及由此形成的企业之间的相互信任以及合作关系的建立，则是促使集群形成的基础性制度。

信任是经济学与社会学研究的共同主题。在制度经济学的视野里，信任往往被当作非正式制度讨论。新制度经济学仍然倾向于从自利的角度来解释信任形成的动机。经济社会学反对这种对信任起源理性分析的方法，更多地从历史、文化、社会资本的角度对信任产生的原因进行探讨。认为"一切经济制度都是社会建构的"，信任总是在某种社会结构与网络关系的背景下得以产生的，它更多地受到来自其所处关系网络、社会资本状况以及文化氛围的影响和决定。某种意义上，不是交易者以往的经济行为，而是行为人所处的文化及网络结构互动使人们产生了信任。其中关于亲缘、地缘的分析比较多，如林竞君(2005)对晋江鞋业集群的研究。王缉慈(2001)也认为，集群内企业因具有相同或相近的社会文化背景和制度环境而形成的地缘关系，使集群内企业经济行为深深根植于(嵌入)共同地域的圈内语言、背景知识和交易规则，因而具有可靠性、可预见性，容易产生聚合效应并建立制度机制(图 4.22)。

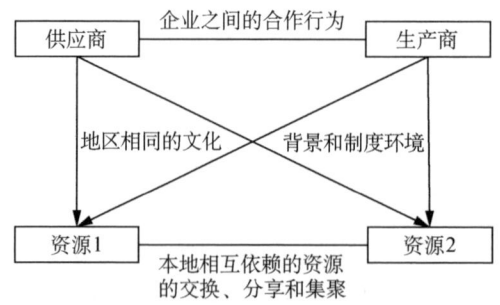

图 4.22 地缘关系对集群企业间合作关系实质的解析

资料来源：李胜兰(2008)

经济学对于交易问题的探讨由来已久。交易的治理问题是分析集群形成机理的关键问题。集群是一种综合的社会分工体系，更是某种特定的交易制度安排，它的形成是嵌入于具体的社会文化、网络关系之中，并深受后者影响的。就集群的形成而言，对交易的关注主要集中于这样两个问题：其一，集群企业间的分工是否会自然而然地导致交易的发展？其二，集群的交易何以能在一定的区域内集中？对于第一个问题的答案是否定的；第二个问题其实是探究集群区域交易的治理机制是如何保证交易双方可以克服彼此的机会主义行为,保持持续合作,从而促进集群的形成的机制的。研究认为,是交易的非正式契约(Informal Contract),常常被称为非正式制度(Informal Constraints),保证了交易的顺利进行。

在正式契约(Formal Contract)的条件下,两个企业合作的前提是对对方信息的充分获取,否则两个企业的合作关系很难建立起来。在信息不完全的市场上,由于个人的信息禀赋,知识存量和信息获取能力的差异,双方当事人不能同等地获得有关合作的信息,从而各方的信息是不对称的(Information Asymmetric),图4.23的模型说明:如果两个企业之间拥有不同的社会关系(社会资本),那么它们所掌握的信息是不对称的,获取信息的交易费用是不同的,导致效率是不同的。

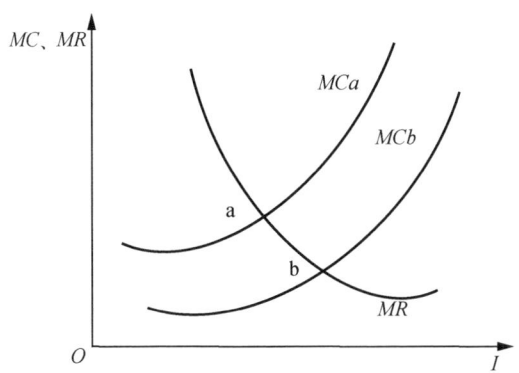

图4.23 加入社会关系后的信息不对称模型
资料来源:李胜兰(2008)

图4.23中,假设b企业比a企业拥有广泛的社会关系网络,在获得同样的信息上成本更低。因为企业a的边际成本曲线MCa比企业b的边际成本曲线MCb在图上的位置更高一些。两家企业随着投入成本的增加获取的信息量也在增加,当边际成本和边际收益相等后,企业收集信息的行动就会停止,因为再继续付出的成本将大于收益。图上,MCa和MCb与MR相交于a、b两点,这两点便是企业a、b收集信息的边际成本和边际收益的均衡点;当a、b企业达到均衡时,很显然$MCa>MCb$,即由于信息成本的不同,企业a比企业b在交易中面临的风险更多。因此,信息优势方可能会利用信息劣势、采取机会主义行为来欺骗对方,提高自己的收益。因此,合作会使得企业受到机会主义的攻击,从而"使当事人陷入一种脆弱的境地"。因此,没有制度保障企业可以低成本搜索信息或

抑制机会主义行为,合作中过高的交易费用可能会超过合作收益而使参与方得不偿失,合作关系就可能难以形成。

本书认为,单靠外部正式契约或制度安排是无法对交易进行有效规范的,交易治理的过程本身是一个社会性的过程,其中信任与网络作为基本规范机制发挥着重要作用。威廉姆森把信任区分为三类:算计性信任、个人信任和制度(或连带字符的)信任。制度信任指的是契约被嵌入其中的社会与组织环境,如文化信任、政治信任、专业化信任、网络信任等。交易扩张过程的背后隐藏着由群体内信任向普遍性信任演进的过程。信任对交易规范作用是在网络主体互动的结构中进行的,或者说,信任的扩展本身是网络结构互动的结果。

3. 集群网络中的规范(Norms)

有关规范的定义有许多,大多数学者都同意佩弗和萨兰锡克(Pfeffer & Salancik)对规范的定义:"规范是共同和广泛分享的行为期望集合……仅仅当大多数社会行为者认可时,我们才说一种规范是存在的。"吉布斯(Gibbs)列举了14种定义,他发现除一种以外,其他13种定义与他的表述一致:"规范在某种程度上是一个社会单位成员所共享的、在特定的情形和环境下应该如何行为的信仰"。作为一种重要的社会资本和非正式制度安排,规范可以对集群发展起重要的促进作用,规范可用来阻止某种形式的机会主义,例如,阻止一个双方在事先既没有接触也不指望将来会进一步打交道的一锤子买卖。前面已经说明企业网络中企业间的正式契约,契约可能减轻一些机会主义行为,但机会主义仍然存在。一些学者考察了许多不同的具体关系规范,他们一致认为,增加交易中的关系内容能鼓励合作并抑制机会主义。

规范和信任是两个不同的概念,尽管有些人用"信任"指称二者。例如,普特南(Putnam)认为,"信任以及个性本身是社会系统自然产生的财产;个人能够信任(并不受骗)是因为有嵌入这些行为之中的社会规范和网络"。列维(Levi)认为,这种不严谨的定义给使用规范一词出了难题,因为它使人对规范产生两种认识,一是使人能预测行为的知识、制度安排和激励系统,另一个是社区本身的一般道德。规范确定什么行为是可接受的,什么是不可接受的。在多尼等人(Doney, Cannon & Mullen, 1998)[1]的分析框架中,文化规范被看作促进或阻止信任产生的前提条件和重要因素,是建立和维持信任的基础。与规范紧密相关联的另一个重要概念是(社会)网络。网络是一种社会结构特征,表明人们之间的相互作用关系,正是人们的互动才使得规范的需要和产生成为可能。信任、

---

[1] Doney P M, Cannon J P, Mullen M R. Understanding the influence of national culture on the development of trust[J]. The academy of management review, 1998, 23(3): 601.

规范和网络反映了整个社会的社会资本特征。

4. 社会资本、网络学习及创新

创新能力是集群竞争优势的来源,但创新是通过创新网络来实现的。研究表明,创新网络中的社会资本对集群创新、集群学习和集群知识溢出有积极的促进作用。托雷和吉莉(Torre & Gilly, 2000)[1]强调集群接近性的两个维度,即空间邻近性和组织接近性,前者指外部联系,后者深深根植于集群中企业的网络联系中。这两个维度使集群中的一系列参与者,如用户、竞争与合作企业、供应商、网络投资公司及知识中心之间产生各种互动,实现深入、广泛的信息交换,从而促进集群创新活动,推动集群不断成长。伊利-连科等人(Yli-Renko, Erkko & Vesa, 2000)[2]研究企业内部与外部社会资本对科技型新创企业的知识获取与创造及企业的国际化成长的影响,使用多元回归方法对56家芬兰科技型新创企业的调研数据进行分析,研究结果表明培养企业内部与外部社会资本对企业知识积累与成长具有积极影响。萨克森宁(2000)[3]比较了硅谷与波士顿128公路区域的集聚,认为双方的网络结构及非正式交流文化是影响此二者创新效率不同的根本原因。萨克森宁还特意强调了集群内部的多种非正式团体在促进集群成员间非正式交往中的作用。她认为,多种多样的地方机构通过举办研讨会、论坛等社会活动,个体(同事、竞争者、前同事、供应商及顾客等)不断见面,使得非正式交往及彼此联系得以形成,从而促进了信息与知识在硅谷中的扩散,使硅谷成为全球范围内最为耀眼的高新技术创新集群。马斯克尔(Maskell, 2001)[4]强调非正式制度的重要性,他认为社会网络、信任、社会规范等非正式制度构成了影响集群创新的环境,它们奠定了相互交流、集体学习和共同解决问题的基础。蔡莉(2008)[5]验证了集群社会资本对知识溢出、企业吸收能力的促进作用,认为集群创新的本质是集群内部的创新主体企业间、企业与服务机构间的知识流动和传递,而知识传递与流动的载体就是集群内部企业间和企业与其他机构间的正式与非正式所组成的关系网络。集群社会资本的存在使集群中成员企业可以获取存在于企业外部,但又内化于整个集群的知

---

[1] Torre A, Gilly J P. On the analytical dimenson of proximity dynamics[J]. Regional studies, 2000, 34(2): 169-180.

[2] Yli-Renko H, Autio E, Tontti V. Social capital, knowledge, and the international growth of technology-based new firms[J]. International business review, 2002, 11(3): 279-304.

[3] 安纳利·萨克森宁. 地区优势:硅谷和128公路地区的文化与竞争[M]. 曹蓬,杨宇光,等,译. 上海:上海远东出版社,2000.

[4] Maskell P. Globalisation and industrial competitiveness: the process and consequences of ubiquitification[M]//Malecki E, Oinas P. Making connections: technological learning and regional economic change. Aldershot: Ashgate, 2001:35-59.

[5] 蔡莉,朱秀梅. 科技型创业企业集群形成与发展机理研究[M]. 北京:科学出版社,2008.

识,尤其是隐性知识。

正如新经济社会学嵌入性观点所揭示的,个体总是嵌入于他人构成的网络关系之中(关系性嵌入),在更宏大层面上,个体所在的网络又是嵌入由这些网络构成的社会结构,如制度、规则、文化特征等之中(结构性嵌入)。正是因为集群内具有浓厚的信任与合作氛围,处于这一文化氛围的集群企业及其人格化代表(结构性嵌入),凭着彼此的信任原则以及互惠的默契,与网络中的其他成员进行着频繁的信息交流与互动(关系性嵌入),促进集群区域知识的高度交流与合作,从而保证了集群区域集体性学习与创新的高效进行。①

5. 嵌入性依赖、网络失衡与集群衰落

路径依赖又称为路径依赖性(Path-Dependence),它的特定含义是指人类社会中的技术演进或制度变迁均有类似于物理学中的惯性,即一旦进入某一路径就可能对这种路径产生依赖。新经济社会学视角下的路径依赖就是嵌入性依赖,关于嵌入性依赖研究所采用的理论框架多是属于社会学的范畴,但它确实较好地说明了内部网络的性质是如何导致本地集群被锁定于某一技术、经济轨道,逐渐失去内在活力,走向消亡的周期演变过程(惠树鹏,等)。林竞君(2005)认为,特定的集群区域文化、价值观以及网络关系等社会资本在为集群形成和发展提供各类资源、信息支持的同时,也可能对集群企业的交易与创新产生限制,导致集群学习的失败、机制的僵化以及创新的退化,使集群被锁定于既有的技术或产业路径,并最终走向衰落。

区域系统的产业文化在集群形成初期可能起到积极作用,但它的演进具有迟滞性及同质性再生的特征,因此,如果集群的文化、惯例等社会资本因素缺乏与外界的互动并及时更新,它可能催生集群整体成员陈旧的思维惯性与共识,导致集群机制的僵化与学习的失败;信任的关系网络是集群交易的重要治理机制,但是过强的信任关系同样可能导致交易的互锁——一方明知与对方的交易缺乏效率,但受限社区共同规范与网络的制约,难以更换交易对象。同样,分工网络的单一化结构也可能使集群发展的风险高度集中于少数核心企业,一旦这些企业外迁或经营不善,可能导致集群整体性的衰落。

信任网络是集群创新优势的源泉(正面效应)。强关系双方的彼此信任可以保证契约的自我执行,有效规避机会主义行为;提高信息共享的意愿,促进集群创新效率的提高与有效扩散,但是过强的关系又可能导致关系双方交易的互锁,

---

① 林竞君.网络、嵌入性与集群生命周期研究——一个新经济社会学的视角[M].上海:上海人民出版社,2005.

并带来交易的确定性风险,降低集群交易的整体效率;导致网络体结构洞数量的缺乏,影响网络信息的有效性,阻碍集群的创新活动。

虽然以信任为特征的强关系可以提高集群网络的信息共享度,但是过强的关系网络可能导致集群网络的同质性与信息的失效。本地化联系有利于集群隐性知识的扩散,促进集群学习效率的提高,但是单一的本地化联系可能导致全球化背景下集群网络的封闭,无法接受外部有效信息的辐射,出现功能与技术的锁定等。在经济全球化进程日益加速的今天,集群要保持强大的学习力与持续竞争优势,解决上述嵌入性依赖问题,集群内部网络结构至少应在强、弱关系以及本地化、全球性联系上保持动态的均衡性。萨克森宁和徐进珏的研究表明,新竹科学工业园区成功的关键因素是在保持着本地化联系的同时,建立与发展跨国的技术共同体联系。一方面,新竹科学园区内部具有良好的信息共享、技术交流及集体学习氛围。园区内 CI 产业以垂直分工的形态、互动的学习网络和大量的公共机构嵌入为特征。厂商专长于价值链某个环节,并通过外包协作的形式完成整条价值链;地域的邻近使得园区成为一个熟人社区网络,厂商在与供应商、客商的合作网络中不断进行互动学习与交流,各公司的员工、技术工程师在科学园区内频繁流动,通过各种非正式交往彼此讨论、交换各种商业、技术信息,寻找解决实际困难的各种方法(王缉慈,2001)。另一方面,在萨克森宁等人看来,台湾 CI 产业的成功还有重要的因素便是它与硅谷所建立的技术共同体联系。20 世纪 80 年代,中国台湾地区政府采取了多种手段,包括提供资金、建立专业协会等方式鼓励海外,尤其是硅谷的华人工程师回台湾地区创业并取得相当的成效。这些创业人才回到台湾地区后,依然与在硅谷的原同事或同学保持密切的联系,并由此构建了横跨太平洋两岸的硅谷——新竹技术共同体。跨集群技术共同体的存在实现了全球两大 CI 集群的优势互补与共同产业升级:"尽管硅谷与新竹的发展水平及专业化程度不同,但这两个地区之间的互动却使彼此受益。只要美国依然保持其最大、最为先进技术市场的地位,在可以预计的未来,硅谷依然是全球新技术产品理念及创新的源头,那么,我国台湾地区的企业便可以继续保持它在设计、改造以及将其他地区开发的技术迅速商业化上的优势。当本地厂商的设计及产品开发能力持续提高时,台湾的企业便可以更好地将硅谷的新产品理念、技术迅速加以整合,并以较低成本投入大批量的生产"。[①]

[①] Saxenian A, Hsu J. The silicon valley-hsinchu connection: Technical communities and industrial upgrading. Industrial and corporate change, 2001, 10(4): 893-920.

4.4.4 科技园区企业集群创新网络分析

1. 科技园区企业集群创新网络系统的单元分析

一般来讲,科技园区企业集群的创新网络系统主要包括企业、大学及科研机、中介服务机构、政府及公共机构等。

(1) 企业。企业是科技园区企业集群的基本创新主体,按照产业价值链划分,主要包各类专业化原材料或半成品供应商、成品制造商以及各类销售代理、营销类及为企业生产直接服务机构。这些企业的数量及规模可能因企业集群的不同而有差异,但它们都是集群创新活动的直接参与者,因此历来都是集群创新网分析的中心内容。

(2) 大学及科研机构。大学及科研机构是集群创新的外部知识供给机构。知识经济蓬勃发展的今天,知识、信息的创造与传播在创新过程中的作用日益突出。作为知识的直接供给机构,大学及科研机构在企业集群,尤其是高新技术企业集群中的作用也越来越大,硅谷的案例已是众所周知的明证。企业集群内的大学及研机构不仅可以为集群的创新提供各种新知识、新思想或新技术,组织并参与集群企业的创新活动之中,而且还扮演着促进集群相关创新信息在整个区域扩散的角色。

(3) 中介服务机构。中介服务机构是集群创新的重要支持力量,包括科技园区企业集群内的行业协会、同业公会、咨询机构、金融服务机构、法律服务机构等中介组织。中介服务机构的完备水平已被视为集群发展成熟程度的重要标志。中介机构兼具市场的灵敏性与公共部门的权威性(如行业协会),可以有效规范集群企业的竞争行为,协助解决企业创新过程中出现的各类经营管理、资本以及法律障碍,促进区域集群创新效率的提升。

(4) 政府及公共机构。从世界各国企业集群的成功实践看,政府是企业集群尤其是高新技术集群创新成败的决定性力量。政府是企业集群内各种大型公共硬件设施,如通信、交通设备的直接供给者,又是各种公共政策、法律制度,如税收、专利制度的设计者与实施者,这些因素都直接影响创新主体的创新积极性和创新效率。此外,研究表明,高效的工作效率与融洽的政企关系可以提高集群内的合作水平与社会资本存量,这些对于发挥区内创新资源、促进信息和知识在集群创新网络中的整合与传播都是至关重要的。

2. 集群创新网络系统的结构分析

集群创新网络各节点对集群创新的作用,是通过彼此间的各种联接构成整体后实现的。对集群创新网络系统的结构性分析,就是分析这些结点间的各种正式与非正式性连接方式。事实上,集群不同于集聚的重要区别就在于区域内网络节点间的连接密度与规模,后者也是衡量集群不同发展阶段的指标以及决定集群创新效率的重要变量。对集群创新网络的结构性分析,有助于从整体上把握集群创新过程中各因素的相互影响与互动关系,从而深化对集群创新本质的理解。

回顾现有文献对集群创新系统的研究,比较典型的有帕德摩(Padmore)、吉布森(Gibson)以及阿歇姆(Asheim)等。帕德摩和吉博森分析提出以集群为基础的区域创新系统的构成要素。他们认为,集群创新系统主要由三类要素构成,即环境、企业及市场要素。环境要素是整个集群创新系统的供应要素,包括两个部分:资源与基本设施条件。前者主要是指集群企业生产过程中所需的要素条件,如劳动力、原材料、资本要素等,后者主要指本区域与生产、创新有关的各种硬件设施及相关制度、政策举措,如实验室、培训系统以及税收、信贷政策等。市场要素是整个系统的需求要素,主要由两种因素构成:一是外部市场,主要指集群区域之外的相关产品或服务市场需求特点、动向及未来发展趋势等;二是内部市场,包括集群现有的市场规模、份额及未来增长前景等。

阿歇姆等将上述分析加以概括,认为区域创新系统主要是由两种类型的主体及他们之间的互动构成的:第一类主体是区域主导集群中的企业及其支撑产业;第二类主体是制度基础结构,如研究机构和大学、技术扩散机构、职业培训机构、行业协会、金融机构等,这些机构对区域创新起着重要的支持作用。

基于以上观点,结合本书第三章提出的科技园区企业集群系统框架,本书认为,作为区域创新网络系统的一种,科技园区企业集群的创新网络系统主要包括如下几个层次。

(1) 核心网络层。企业是企业集群创新的基本主体,集群中的企业创新不是孤立的行为,而是首先发生在与集群内部其他企业的互动关系网络之中。通过与上游供应商的协作开发,企业可以获得最新的原材料与生产技术,保持在市场竞争中的产品质量及生产工艺上的优势;与下游客商,包括终端消费者的信息互动,企业可以直接感知最新的需求变动并间接获得同类竞争者的销售态势,从而迅速在研发、生产、销售等环节上做出调整,以保持必要的生产柔性应付多变的市场。

(2) 辅助网络层。由大学、研究机构与中介服务机构以及政府所组成的网络是集群区域企业创新过程的重要辅助性网络。大学、研究机构作为专业化的知识创造、传播机构,除了可以为集群中的企业提供最新的知识与技术,还可以为企业直接输送创新型人才,或增加集群区域创业型创新企业的数量,提供整个区域显性知识的存量与流量;中介服务机构,尤其是行业协会、咨询公司,对于规范集群企业健康的竞争关系,促进区域内部已有资源的整合和成功经验显性化推广影响重大,而对于集群内的金融服务机构,则可以为集群内部企业的大型技改项目或各类高风险、高收益类创新项目提供资本支持;政府是集群内部各种公共设施及政策的制定与实施者。良好、健康的企业与政府关系有利于改善政府的办事效率,提高政策的针对性及有效性,为集群企业营造良好的创新环境。

(3) 外部网络层。科技园区企业集群的创新网络系统是一个开放性的系统,考察集群内部网络系统的构成时,如果忽视了其与外部经济体或知识体的资源、信息联系,无异再次将集群视为一个孤立、原子式的创新个体。特别是在经济全球化趋势和信息技术迅猛发展的今天,科技园区作为区域创新单位不可能是封闭的系统。即使出于知识产权和企业发展的考虑,集群内本地企业在加强本地网络嵌入性关系的同时,也纷纷与集群外部的企业或知识组织开展联合研发、战略联盟或外包生产网络,寻求在全球范围内最有效地配置内部资源,实现创新。从某种意义上看,科技园区企业集群对于集群外部网络层的控制能力越强,集群的创新能力与发展潜力就越大。

4.5 科技园区企业集群模式与政府他组织动力分析

4.5.1 世界著名科技园区发展模式比较

美国硅谷被认为是世界上最成功的高科技企业集群,而日本筑波科学城则是科技园区不成功的案例,二者经常被学者提起。比较二者可以发现:硅谷是市场驱动模式,而筑波为政府主导模式。班加罗尔软件科技园与新竹科学工业园则作为后发国家或地区科技园区的成功代表,两个科技园区与硅谷有着密切的关系,它们都是由政府主导规划设立,但经过园区企业集群化发展成为专业化的高技术企业集群;中关村科技园区则被认为是中国高新技术企业集群的代表;同济大学周边的环同济科技园区虽然起步比较晚,但发展迅速,已经发展成为以设计为主的专业化企业集群。显然,成功的科技园区的奥秘在于企业集群的存在,但上述各个科技园区企业集群化发展的模式并不相同。

1. 硅谷(Silicon Valley)

硅谷是自组织科技园区的典型,位于美国西海岸北加州,即旧金山以南、圣克鲁斯(San Cruz)以北的狭长地带,总面积约 3 800 平方千米,核心地带南北长 48 千米,宽 16 千米,面积约 800 平方千米,其中北加州第一大城市圣何塞(San Jose)为硅谷的中心。从旧金山的湾区中半岛沿着加州 101 号高速公路往南至圣何塞,被称为"硅谷大道",它的两侧有上千家高科技公司,既有世界知名的领先企业,如2007年美国500强企业中有17家高科技企业位于此处;也有许多依附大公司制造零部件的中小型公司,它们都是硅谷的组成部分。1971年《商业周刊》首次称这一地区为"硅谷",此后该名称被广泛沿用至今。

硅谷的形成和发展不是靠政府规划出来的,或者说硅谷不是计划出来的。硅谷是在市场机制下自行创立发展起来的。在硅谷的集群系统演化中,市场、技术、人员、资金等多种机制相互作用,企业不断自创生。如仙童公司(Fair Child)就衍生出50多家公司。硅谷企业大量衍生、分裂、繁衍、聚集,形成上万家高科技公司集聚的高技术企业集群。数十年来,硅谷不断根据世界技术发展、市场需求变化、发展出新的经济增长点,引领高科技前沿,这都源于其自组织机制的自适应。

2. 日本筑波科学城(Scientific Town of Tsukuba)

筑波是他组织科技园区的典型代表。坐落在日本茨城县筑波市的市中心,西南距东京50千米,距新东京国际机场40千米,北依著名的筑波山(Mt. Tsukuba),东临日本第二大湖霞浦湖(Lake Kasumiganra),南北长大约有18千米,东北宽大约6千米,占地面积28.4平方千米。筑波科学城由文教系统、建设系统、理工系统、生物系统和公共设施五个功能区域组成。以筑波大学为中心,集中了40多所国立研究机构,拥有日本第一流的科学家和最先进的科学仪器设备。1963年9月,日本政府批准在筑波建设科学城。在科学新城的建设蓝图中,计划从1965年起大约10年内完成,将东京的研究机构和大学搬到筑波。但实际进展并没有预想的顺利,到1980年,完成搬迁任务的国家研究机构还只有43个(占80%),迁入的工作岗位9 000多个。自1980年以后,随着各种城市设施建设的稳定发展,私人部门公司开始积极地进驻周边地区工业区。目前,筑波科学城有19万人口和大约300家国家、私人研究机构、公司,雇佣近1 300名科学家,力图成为日本最大研究与研发中心。

筑波与硅谷都被称为高科技基地,筑波也曾经像硅谷一样声名显赫,但不论是形成机制、思想观念,还是创新环境、管理方式,二者在体制和模式上都存在巨大的差距。硅谷是自组织的科技园区、而筑波却是政府他组织主导的科技园区。近年来,硅谷突飞猛进,日新月异,正在领导着世界高科技的新潮流,已成为当今世界高科技产业的象征;而筑波则因发展迟缓,日显僵化,难于实现预期的目标而逐渐被世人遗忘,而且有可能因无所作为而走向失败成为"科技乌托邦"。2003年,美国硅谷的产值达2 700亿美元,而筑波科学城的总产值仅为7 000多亿日元(以2003年日元兑美元的平均汇率换算,约合65亿美元),二者的经济效益和经济指标出现巨大差距。

3. 台湾地区的新竹科学工业园区

中国台湾地区的新竹科学工业园是他组织-自组织科技园区的典型案例。新竹科学园坐落在新竹县、市交界处，距新竹市约 15 分钟车程，距台北 70 千米，至桃园中正国际机场约 50 分钟，往北到基隆港，往南至台中港分别需约 2 小时车程。1976 年开始筹建，1980 年 12 月正式成立，是台湾地区第一科技园。科技园区规划面积 21 平方千米，至 2006 年，开发面积达 7.84 平方千米，逐步形成集成电路、电脑及周边、通信、光电、精密机械、生物技术六大产业，成为台湾地区的高科技基地。2004 年，园区有 384 家企业，年销售收入 323 亿美元，从业人员 11.3 万人。

与硅谷不同，新竹科学工业园一开始便是在台湾地区政府主导下建立起来的。台湾地区政府通过提供较好的投资设厂环境、完善的管理体制、组织方式、客户关系、一元化窗口服务、税收优惠、科技基金支持、人才政策等，效仿硅谷模式成功经验模式来吸引资金和技术流入；同时通过科学规划完整的产业供应链与规模经济使得半导体产业产生群聚效应，发挥出强大的竞争力。

4. 印度班加罗尔软件科技园（Bangalore Software Technical Park）

班加罗尔软件科技园是他组织-自组织科技园区的代表。班加罗尔是印度南部卡纳塔克邦的首府，班加罗尔软件科技园区成立于 1992 年，核心区面积 1.5 平方千米。在印度政府和卡纳塔克邦地方政府的大力支持下，班加罗尔地区已发展成为印度软件之都，成为全球第五大信息科技中心和世界十大硅谷之一。班加罗尔在印度软件业中占据核心地位。2004—2005 财年，印度软件出口 128 亿美元，其中卡邦出口达 62.7 亿美元，占了一半，而卡邦的软件出口以班加罗尔为主。可以说，班加罗尔的软件出口占了整个印度的半壁江山。

班加罗尔模式与硅谷模式相比也有很大的区别。虽然班加罗尔与硅谷相互之间有一定的人缘、学缘和商缘关系，但班加罗尔的政府主导型区别于硅谷的市场主导型，政府改革政策起到重要促进作用。在税收方面，政府制定了《信息技术法》《软件技术园区（SPT）计划》，进入园区所有软件企业 10 年免税。园区企业进口计算机与相关硬件可全部免税。信息技术企业的研发费用可部分抵免所得税。呼叫中心、数据处理、互联网资源开发等信息服务出口实行 100% 免税。实施政府采购和促进消费政策，政府强制性地购置国产 IT 产品。公民个人购买计算机和软件可部分抵免个人所得税。印度政府还制定并实施了多项扶持政策，如"印度信息技术行动计划"等，为软件业发展提供了强有力的支持。另外，印度软件业的发展，得益于印度一大批在美国和欧洲的留学生、低廉而高能的人才资源以及健全的市场体制和民间组织的沟通与促进。

5. 中关村科技园区

中关村科技园区是1988年5月经国务院批准建立的中国第一个国家级高新技术产业开发区,是他组织-自组织科技园区的代表。园区覆盖了北京市科技、智力、人才和信息资源最密集的区域,园区内有清华大学、北京大学等高等院校、中科院为代表的各级各类科研机构。2006年4月,中关村科技园区总面积为23 252.29公顷,包括海淀园、丰台园、昌平园、德胜园(含雍和园)、电子城(含健翔园)、亦庄园(包括通州光机电一体化园区和通州环保园区)、石景山园、大兴生物医药产业基地等,形成了"一区十园"的空间格局。

6. 环同济科技园区

环同济科技园区最初是市场机制下自发形成产业群聚雏形,市场需求引来政府推动,导致了"科技园区"的诞生,他组织动力的作用不断加强,创造了"政府、大学、产业"紧密合作,科技园区自组织-他组织演化推动企业集群发展的"环同济模式"。2007年,在环同济2.6平方千米的土地上,形成1 000余家以设计为主的现代服务业及配套企业、10 000余人的高素质就业人口、近80亿元的年产值、服务辐射全国乃至世界的、全国最大的设计产业集群。[①] 科技部战略研究院的有关专家考察环同济科技园区后认为,"这里的体制与机制创新远远超过了他们的想象,这里的政府与大学关系的密切程度他们没有想到,这里真正是人才、知识等创新要素推动发展起来的,这里在全国所有高新区与产业集群中是最接近理想化的创新集群",这是对环同济科技园区企业集群的客观评价。

从上述国内外科技园区的案例可以看出,并非所有的科技园区都具有自组织行为特征,尤其是他组织模式建立的科技园区。硅谷是自组织动力驱动的科技园区,而日本筑波科学城则完全是他组织动力驱动的。新竹科学工业园区、班加罗尔软件科技园区和中关村科技园区都是以政府的他组织形式推动建立起来的,但又有不同之处。新竹科学工业园区和班加罗尔软件科技园由于遵循了自组织规律、满足了自组织条件,逐步成为自组织机制为主导作用的集群。中关村科技园区介于自组织与他组织之间,正在由他组织向他自组织发展的过程中。环同济科技园区企业集群则是在市场引导下,政府因势利导,形成自组织-他组织演化推动的"环同济"企业集群发展模式。

根据科技园区企业集群演化动力机制的不同,本书把国内外知名科技园区发展分为自组织、他组织、他组织-自组织、自组织-他组织等模式(表4.9)。

---

① 杨浦区人民政府. 申报国家火炬计划《环同济研发设计服务产业基地发展规划方案》[R]. 2008.

表 4.9 国内外科技园区发展模式比较

科技园区	创建时间	面积（平方千米）	产值（亿美元）	产业结构	企业特点	大学与研究机构	动力机制
硅谷	1951年	3880	2700（2003）	计算机和通信、半导体、电子元件、生物医学、软件、创意和创新服务业等	大企业聚集、中小企业创新主体	斯坦福、加州大学伯克利分校、圣克拉拉和圣何塞等8所大学,9所专科学院和33所分校	自组织
筑波	1963年（1987年建成）	28.4	—	大企业为主、中小企业	少有产业界与研究界合作,企业衍生数量少	43个国家研究所（约占日本40%科研机构）和筑波大学等两所大学	他组织
新竹	1980年	7.84	295.4（2005）	集成电路、电子计算机和外部设备、无线电通信产品、光电产品、精密仪器和生物技术	2004年企业数384家,平均雇员数达295人,企业密集度高	台湾清华、台湾交大、工业技术研究院和精密仪器发展中心	他组织—自组织
班加罗尔	1992年	核心区1.5	121.3（2005）	软件业	中小企业为主,同时集聚了一批国内外知名软件企业	印度理工学院、印度管理学院、国家高级研究学院和印度信息技术学院	他组织—自组织
中关村	1988年	232.52	610（2005）	软件、集成电路、网络通信、生物医药、环保、新能源等	以民营、中小企业为主,外资也占比较大比重	清华大学、北京大学等重点高等院校28所;中科院等科研机构270个	他组织
环同济	20世纪90年代开始	核心区2.6	6.4（2005）	建筑设计为主的工程设计、咨询服务业	中小企业为主,80%的企业设计人数少于20人,多为设计企业、专业性强、联系紧密,形成产业链	同济大学、复旦大学等	自组织—他组织

注：2005 年度,环同济科技园区企业集群总产值51.49亿元,为统一标准按照2005年12月31日人民币与美元汇率8.072折合成美元。

资料来源：本书根据相关资料整理

4.5.2 科技园区集群化发展的组织动力

在对国内外科技园区的模式比较分析中,本书虽然提出了自组织、他组织等模式,但并不是说科技园区企业集群演化只是自组织或他组织一种力量推动的,事实上,科技园区企业集群的集群化发展是自组织与他组织两种驱动力共同作用的结果,只是两种驱动力在不同阶段、不同园区的相对地位和作用强度有所差异(图4.24)。

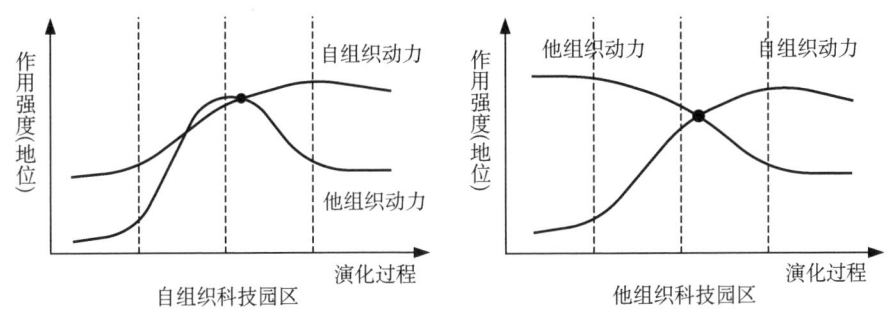

图 4.24 自组织、他组织科技园区演化路径比较

资料来源:参考李志平(2007)[①]

自组织科技园区中,自组织在先,他组织在后。科技园区在发展的初期先靠系统内部各生产要素的组合,形成发展的雏形,后在政府的干预下依靠他组织行为,通过政策、制度、公共产品供给等外部动力,优化产业结构,发展主导产业来加快区域社会经济的发展。他组织科技园区中,他组织在先,自组织在后。由他组织行为创造了科技园区发展的自组织条件,如区域基础设施建设、制度环境营造、产业的市场体系建设等,使得发展的自组织机制逐步发挥作用,科技园区成为自组织发展和高度有序的系统。

通过图4.24可以发现,不管是自组织还是他组织科技园区,在科技园区发展到成熟期阶段初期,他组织动力曲线自组织动力曲线相交,出现两种作用力相同的均衡点。在此之后,自组织动力强度有所增强,而他组织动力强度则持续下降。这说明,在科技园区发展到成熟阶段之后,自组织动力将成为推动科技园区发展的核心推动力,而他组织动力亦是引导和促进科技园区发展的有效推动力,两者共同组成科技园区企业集群化发展的动力机制体系。

---

① 李志平.现代服务业集聚区形成和发展的动力机制研究[D].上海:同济大学,2008.

4.5.3 科技园区企业集群中的政府行为定位

在新竹科学工业园发展的不同阶段,台湾地区政府的作用方式是不同的。根据政策、企业形成及私有部门的投资行为,可以将新竹科学工业园的发展分为五个阶段(王缉慈,2001)。各个阶段的自组织和他组织动力作用见图4.25,图中横坐标表示集群演化过程(时间),纵坐标表示自组织与他组织机制作用强度(相对地位)。

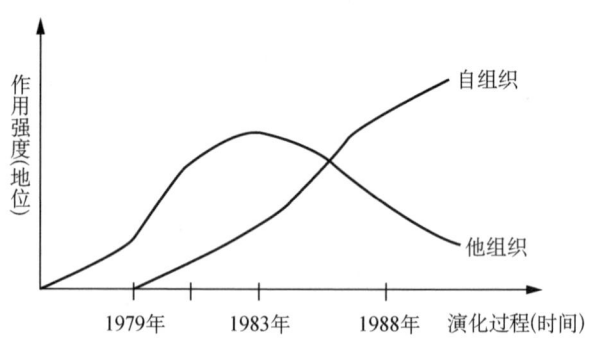

图4.25 新竹科技园企业集群的他组织与自组织机制

1974—1979年,中国台湾地区以筹建建设新竹科学工业园及提供优惠政策等政府行为吸引高技术厂商,他组织机制在集群形成前期占支配地位。随后,IC厂商逐渐增加,内部网络逐渐生成,集群发展的自组织机制产生,但直到1988年,他组织机制仍占主导地位,表现在台湾地区政府意志的电子工业研究所(Electronics Research & Service Organization,ERSO)仍占领导地位。1989年后,自组织机制逐步占据支配地位,企业集群产生的协会、商会等组织代替了台湾省政府的许多功能,台湾地区政府成为集群系统的一部分,而不是指挥支配集群发展的干预力量。20世纪90年代后,台湾地区IT企业集群突破台湾地区政府政治干扰组群式到大陆发展,形成东莞IT集群的事实正是自组织占支配地位证明。

新竹科学工业园成功的关键在于政府行为(他组织)符合自组织规律,为IT企业及相关机构产生高度有序的耗散结构型集群创造了合适条件。实际上,不仅是新竹科学工业园,印度的班加罗尔软件集群案例也体现了政府行为遵从企业集群自组织规律,创造自组织条件而获得建设科技园的成功。

从上述案例可以看出,作为重要的自组织力量,地方政府参与科技园区企业集群的发展应该是一个因势利导的过程,地方政府在科技园区企业集群演化的不同阶段的作用是不同的。如在科技园区建设初期即科技园区企业集群的自组织创生阶段,地方政府在形成环境条件和基础设施上的作用是非常明显的;在科技园区企业集群的自组织成长阶段,地方政府应该致力于促进科技园区创新网络的形成;而在科技园区企业集群的自组织适应阶段,地方政府的作用主要表现在制度供给、公共产品供给、公共服务、维护市场秩序及扶持中介等方面;科技园区企业集群发展到自组织适应阶段后,路径依赖会让科技园区企业集群形成自稳定的系统,对外界反应迟钝,形成刚性。仅仅依靠企业本身是不能顺利实现集群的升级的,此时,政府应该发挥主观能动性,与外界进行积极的互动,吸收外界的新能量与物质。总的来说,地方政府应根据集群自组织耗散结构的特征,遵从企业集群自组织规律。

科技园区企业集群是一个复杂的系统。一个系统的有序程度的高低,在热力学中是用熵这个概念来表示的,熵越大的系统,无序程度就越高。熵的变化可以分为两部分:一部分是系统本身由于不可逆过程而引起的熵产生(dis),这一项永远是正的;另一部分是系统与外界交换物质和能量所引起的熵流(des),这一项可正可负。整个系统总熵 ds 就等于熵产生和熵流这两项之和:de=dis(熵产生)+des(熵流)。从自组织理论的耗散结构论中我们得知集群内部产生的是正熵,说明其演化具有一定的路径依赖性,存在功能锁定、技术锁定和区域锁定等潜在危险,所以要减少科技园区企业集群内部的熵增,提高科技园区集群的有序度必然要求具有一个良好的治理机制,治理目的就是不断地与外界进行物质、能量和信息的交换,降低集群的无序度。外部宏观环境则是为集群提供机会、物质、能量和信息等负熵流的重要来源,但同时也给科技园区集群带来威胁,因此处于园区集群内各单元的所有成员都应参与到治理中,促进科技园区企业集群的演化和保持持续竞争优势。[①]

4.6 小结

本章从共享性资源、专业化分工、知识溢出、社会资本与社会网络以及大学、研究机构以及政府他组织作用等方面论述了科技园区企业集群演化的动力机制。第一,资源是科技园区企业集群形成的基础。集群企业的共享性资源指的是企业集群系统中的异质性的、不完全流动的资源(如人力、知识、社会资本等),具有排他性、非竞争性的特点。共享性资源对集群形成和竞争优势的获取都具有重要意义。第二,分工是集群形成的起点。分工能吸引企业聚集,提高效率,

---

① 刘小平. 我国地方政府在产业集群中的作用分析[D]. 广州:华南师范大学,2007.

促进合作。科技园区企业集群作为一个具有正反馈的、不断演进的动态系统,具有自我增强、自我繁殖的特点。第三,知识作为一种异质性资源,已超越传统资源成为企业集群成长的关键因素,对于科技园区企业集群而言,园区内集中了大学、研究机构、集群代理机构等知识生产或促进机构,知识溢出的意义更加明显。本章论述了集群知识溢出、吸收和集群学习对于集群形成、演化的机制以及大学作为重要的知识溢出源的特殊作用。第四,社会资本是集群企业、机构及个人之间的社会网络关系的总和。社会资本对于集群的形成与演化具有重要作用。科技园区企业集群中的社会资本可以增加信任、促进合作、降低交易成本,推动集群学习,但应防止出现嵌入性依赖、网络失衡而导致集群衰落。第五,对世界著名科技园区的发展模式进行了比较,在案例分析的基础上论述了推动科技园区企业集群演化的自组织与他组织两种力量,并结合新竹科学工业园区案例阐述了地方政府他组织力量在科技园区企业集群不同演化阶段的行为方式转变。

总之,科技园区内共享性资源、专业化分工、知识溢出、社会资本与社会网络以及大学、政府力量等各种因素共同作用,构成科技园区企业集群演化的动力机制,推动科技园区企业集群发展。

第 5 章　环同济科技园区企业集群演化的实证分析

5.1　环同济科技园区企业集群概述

5.1.1　环同济知识经济圈简介

"环同济知识经济圈",又称国家火炬计划"环同济研发设计服务特色产业基地",是科技部 2009 年 1 月正式批复的全国唯一以研发设计服务业为主的特色产业基地。"环同济知识经济圈"由核心圈、扩展区和辐射点三个层次构成,简称"一圈、一区、四点"。核心圈(约 2.6 平方千米)以同济大学四平路校区为核心,包括密云路、中山北二路、江浦路、控江路、大连路围合组成的区域,"扩展区"(约 10 平方千米)以曲阳路、大连西路、大连路、周家嘴路、黄兴路、邯郸路围合组成,"辐射点"包括新江湾城辐射点、共青森林公园辐射点、黄浦江北岸滨江辐射点和黄兴公园辐射点(图 5.1)。

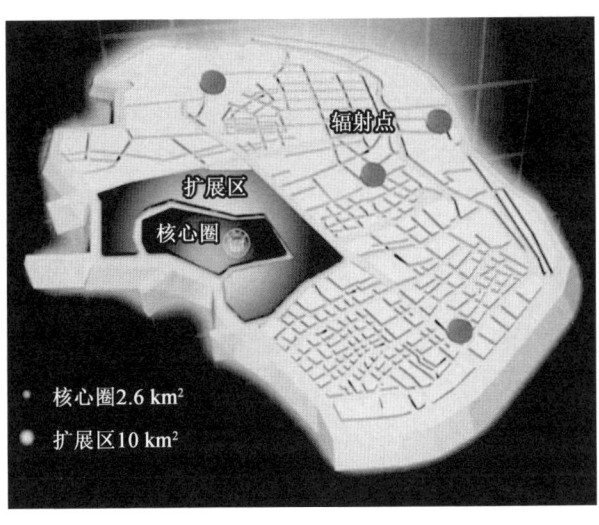

图 5.1　环同济知识经济圈范围示意图

5.1.2 环同济科技园区企业集群的范围界定

"环同济科技园区企业集群"是本书为研究科技园区企业集群的演化机制而设定的一个概念,其地理范围与"环同济知识经济圈"核心圈相同,即以同济大学四平路校区为核心,包括密云路、中山北二路、江浦路、控江路、大连路围合组成的区域。本书界定的环同济科技园区企业集群范围,主要基于以下方面的考虑。

(1)"环同济知识经济圈"核心圈的区域范围内集中了同济大学国家大学科技园(包括赤峰路孵化基地、密云路环保基地、国康路创业基地及上海国际设计中心)、复旦大学国家大学科技园、沪东科技园(已更名为建筑设计工场)、交大昂立创意设计园,鼎世大厦(原为五角场高科技产业园国康路基地,现为上海同济城市规划设计研究院)、同济联合广场等,该区域范围拥有两个国家大学科技园、三个地方科技园或创意园,本书将核心圈的区域范围称为"环同济科技园区企业集群"或简称为"环同济科技园区""环同济",主要载体见表 5.1。

表 5.1 环同济区科技园区企业集群主要载体(2007 年)

序号	名称	地址	面积 (万 m²)
1	同济大学国家大学科技园孵化基地	上海市赤峰路 65 号	1.23
2	同济大学国家大学科技园创业基地	上海市国康路 46 弄	5.70
3	同济大学国家大学科技园密云路环保基地	上海市密云路 588 号	0.36
4	建筑设计工场(原名"沪东科技园")	上海市赤峰路 63 号	0.80
5	交大昂立创意设计园	上海市四平路 1188 号	2.80
6	同济联合广场 A 楼	上海市四平路 1388-1398 号	8.15
7	上海市政工程设计研究总院	上海市中山北二路 901 号	3.15
8	上海邮电设计院	上海市国康路 38 号	1.00
9	鼎世大厦(原五角场高新技术产业园区国康路基地)	上海市国康路 38 号	2.60
10	复旦大学国家大学科技园	上海市四平路 1779 号	5.50
11	同济大学产业用房(包括同济大学校园内的设计院、城规学院 C 楼等)	—	2.00
12	其他	—	1.50
	合计		34.79

资料来源:本书根据刘强(2007)等相关资料整理[①]

---

① 刘强. 城市更新背景下的大学周边创意产业集群发展研究[D]. 上海:同济大学,2007.

(2)"环同济知识经济圈"在不同的发展阶段有不同的称谓,如"赤峰路建筑设计一条街""环同济设计产业带""环同济知识经济圈",以及科技部正式命名的国家火炬计划"环同济研发设计服务特色产业基地"等。王缉慈(2006)[①]把赤峰路的企业集群称为创意设计产业集群,并称之为"规(划)谷"。虽然这些称谓所指的核心区域基本相似,因为出发点不同,其内涵不尽相同。鉴于本书研究的主要对象是科技园区,研究范围不同于"环同济知识经济圈"(一圈、一区、四点),而是将研究范围界定为"环同济知识经济圈"核心圈(该范围是以同济大学国家大学科技园为代表的科技园区的分布范围),本书称之为"环同济科技园区企业集群"。

5.1.3 环同济科技园区企业集群的现状与特征

环同济科技园区企业集群 2.6 平方千米的区域范围内,通过有效集成同济大学优势设计类学科资源,以城市设计等相关研发设计服务为核心,汇集了技术、人才、信息等各种创新要素,形成了学科链—技术链—产业链的相当完整的知识型产业生态链,吸引着近 1 000 家设计企业,形成以设计产业为主的企业集群,收入近 80 亿元(至 2007 年)。该集群呈现如下特征。

1. 环同济科技园区企业集群发展迅速

自 20 世纪 80 年代开始,环同济自发形成了企业集群的萌芽;2000 年前后,在同济旁边的赤峰路形成"现代设计一条街";从 2000 年开始,地方政府和大学以此为基础,开始建设科技园区,拓展企业发展空间,环同济科技园区企业集群逐步形成并快速增长。2002 年,环同济科技园区企业集群设计类产业产值达到 10 亿元。之后迅速发展,2004 年该区域形成总产出 51.49 亿元,其中设计类产业为 20 亿元;2005 年达到 27.2 亿元,每年有超过 5 亿元的增加。2006 年,环同济科技园区企业集群设计类产业实现产出 48.13 亿元(指核心区,较 2005 年及以前统计范围有所扩大,2006 年后统计范围相同,具体范围如图 5.1 所示);2007 年,实现年总产值近 80 亿元,其中设计类产业产值为 58.06 亿元。2008 年前两季度,实现总产值为 49.6 亿元,同比增长 28.7%。完成税收 4.5 亿元,同比增长 29.5%(图 5.2)。

同济大学国家科技园作为环同济科技园区企业集群的核心园区,企业集聚效果明显,产值增长迅速,至 2007 年,园区入驻企业产值已经达到 14 亿元(图 5.3)。

---

① 上海创意产业中心网站:http://www.scic.gov.cn/cms/Article_Show.asp? ArticleID=121.

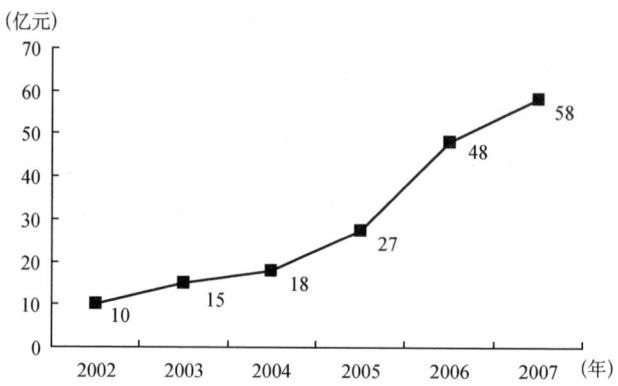

图 5.2　环同济科技园区企业集群设计类产业产值增长图
资料来源:同济大学科技园

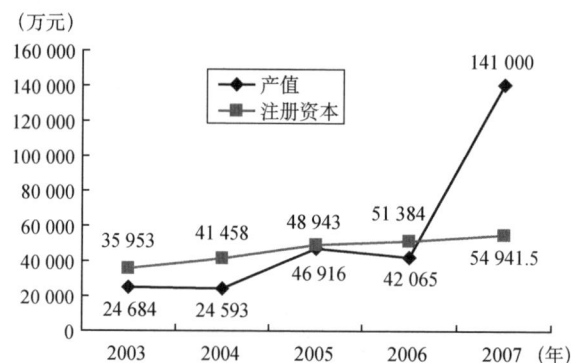

图 5.3　同济大学科技园入驻企业注册资本与产值增长图
资料来源:同济大学科技园

2. 核心产业集中且专业化特征明显

从 2004 年的统计数据来看,在行业分布上,环同济科技园区企业集群的产业主要是以建筑、现代设计业、房地产等为主,依托同济大学优势学科(包括土木工程、城市规划、建筑设计、工业设计、电子信息,以及环境保护、材料等),其中设计产业已形成了完整的产业链;环境保护和新材料产业虽然规模较小,但增长迅速(特别是城市污水处理方面);电子信息业也具备一定的产业基础(表 5.2)。

表 5.2　环同济科技园区企业集群产业分布一览表

行业	产值(亿元)	单位数	人数	所占比例
工业	9.00	22	1 802	17.48%

(续表)

行业	产值(亿元)	单位数	人数	所占比例
建筑	7.50	36	1 548	14.56%
房地产业	2.63	23	719	5.11%
研发和技术服务（主要为现代设计业）	18.96	227	6 135	36.81%
电子信息	2.13	48	714	4.13%
租赁与商务(中介)	3.65	82	727	7.09%
环境保护	0.10	4	82	0.20%
运输仓储邮政等	4.12	3	6 092	8.00%
知识性现代服务	1.00			4.68%
其他	2.41	130	1 652	1.94%
合计	51.50	575	19 471	100%

资料来源：环同济知识经济圈课题组(2007)；刘强(2007)

根据表5.2，从产值来看，以设计产业为主的研发与技术服务产业产值为18.96亿元，占36.81%；2005年设计类产业产值为27.24亿元；2007年，环同济科技园区企业集群总产值为80亿元，其中以设计为主的产业产值为58亿元，占区域总产值的72.69%。从单位数来看，以设计产业为主的知识型、生产性现代服务产业有227家企业，占39.48%。另据潘海啸等(2005)[①]对同济大学周边的企业集群进行的调查结果：土木建筑类设计咨询企业占受访企业总数的40.96%，居受访企业从事行业类型的首位，设计行业在产业集群的行业分布中具有高首位度的特征也说明该集群具有的高度专业化的职能属性，由此来看，环同济科技园区中设计产业是一个高度专业化企业集群。

从环同济科技园区企业集群中同济大学科技园的数据来看，按照行业分类，建筑及等设计类企业占到同济大学科技园所有入驻企业的39%，机电类占14%，电子信息类占14%，环境保护类占7%，行业分布基本与环同济科技园区整体产业分布类似，体现了环同济科技园区的特色专业化集群的特征（图5.4）。

---

① 潘海啸，卢源．大学周边产业形成动因及结构的实证研究——以同济大学周边产业群落为例[J]．城市规划学刊，2005(5)：44-50．

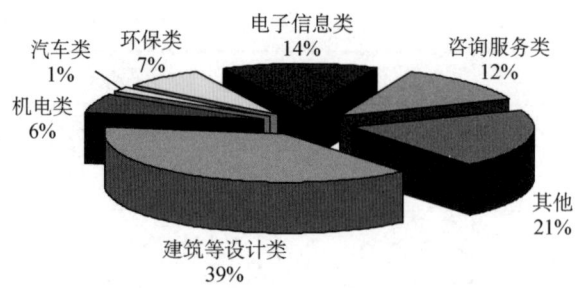

图 5.4　同济大学科技园入驻企业行业分布(2007 年)
资料来源:同济大学科技园

3. 关联行业呈正态分布且集群结构初步形成

潘海啸等(2005)①对同济周边企业集群内企业主要承接的业务分布进行了抽样统计,把调查中所涉及的行业按照建筑设计和城市规划的一般工作流程进行了圈层性的归类:①将设计咨询作为企业集群中的核心行业归入核心圈层;②将设计服务、物品制造、软件制作作为与设计咨询业直接链接的次心行业归入次心圈层;③将房地产、信息服务和企业咨询作为链接的包围行业归入包围圈层;④最后将公关窗口联系服务等作为弱联系的外围行业归入外围圈层。按照圈层结构对集群中的企业进行归类,则企业数量按照其与核心行业的链接强弱形成显著的正态分布。这种分布结构表明该企业集群基本结构已经构建起来,而各种相关行业的分工、协同关系已经在企业集群中普遍存在。在环同济科技园区企业集群范围内,已经形成了从城市规划、建筑设计(包括效果图、图文输出、模型制作、动画制作)到工程施工、监理咨询、建设工程检测等一个高度专业化分工、协同关系的产业链。产业链中每一个环节都有专门的公司来负责,形成竞争与合作关系。另外,产业的繁荣带动了周边餐饮、银行、旅游等休闲娱乐、咨询中介等配套产业的发展。

4. 以小企业为主的企业集群

据调查,截至 2008 年,从企业成立时间看,环同济科技园区企业集群企业中创立年限最长为 50 年(同济大学建筑设计研究院,简称同济设计院),平均创立年限为 5.73 年;从规模结构来看,在环同济科技园区企业集群中的企业中主要是以小企业为主,根据上海市杨浦区发改委所提供的数据库,刘强(2007)计算出在所有的企业中人数少于 20 人(包括 20 人)的小企业占所有企业的 78.32%。

---

① 潘海啸,卢源.大学周边产业形成动因及结构的实证研究——以同济大学周边产业群落为例[J].城市规划学刊,2005(5):44-50.

这既是环同济科技园区企业集群的特点,也是行业的特点。其调查结果与潘海啸等(2005)相符合。潘海啸的调查显示:企业正式员工平均为33人,临时员工平均为8人;成立时平均员工数为9人,成立时临时员工数为9人。从总体上来看,该集群中的多数企业都可以被纳入小企业的范畴,这是这个集群的一个重要的企业业态特征。

5. 集群系统开放且辐射面广

环同济科技园区企业集群基本机构已经形成,企业间的横向纵向联系仍处于成长阶段,相对充分的竞争环境使小企业组成的联系链条具有开放性的特征,开放系统一方面允许新企业个体能够不断地加入这个企业集群系统中,另一方面又使得集群总体具有很强的自我增殖的能力。而系统所处的宏观供需关系背景又为开放的系统提供了充足的生存和发展的空间,使这个系统在特定的历史阶段能够保持持续的增长。同时,环同济科技园区企业集群内设计企业80%以上的项目来自上海以外的地区,业务辐射面广。以集群内龙头企业同济设计院2003—2004年度合同分布为例,上海地区的合同额仅占合同总额的22%,2004年虽有所提高也仅占到34%,另外江苏占11%,浙江占9%,合同比率占4%以上的还有浙江、河南、福建、安徽、辽宁等,其业务市场在不断扩散,逐步面向全国(图5.5)。

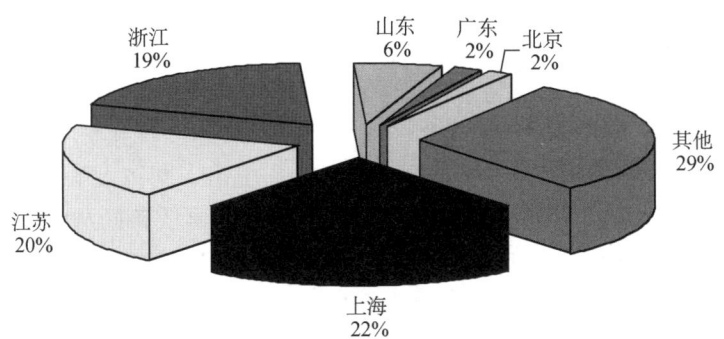

图 5.5　同济大学建筑设计研究院合同区域分布图

资料来源:同济大学建筑设计研究院

6. 原发性与自组织特征明显

环同济科技园区企业集群的发展过程中,很多属于历史机遇和特定产业特性的因素起到了重要作用。先是在市场需求条件下,大学知识与人才的溢出形成了环同济企业集群的雏形,体现在大学具有向心力和辐射力的双重作用。当环同济设计企业为特色的集聚效应日益显现时,政府和大学适时介入,建设科技园区,拓展企业空间,政府他组织动力推动了企业集群的快速成长。

5.1.4　环同济科技园区企业集群的演化过程分析

环同济科技园区企业集群的形成与发展,是科技园区企业集群自组织发展的一个典型案例。根据企业集群演化周期和自组织理论,本书将科环同济技园区企业集群演化的过程划分为自组织创生(形成期)、自组织成长(成长期)、自组织适应(成熟期)与自组织离散(衰退期)四个阶段。

1. 环同济科技园区企业集群的自组织创生阶段(1980—2000年)

该阶段时间范围界定为20世纪80年代初至2000年,是集群的萌芽阶段。如果进一步划分,可分为自组织创生阶段的前期和自组织创生阶段的后期。前期主要是改革开放至1993年第一次全国高校科技产业工作会议的召开,后期是1993年至2000年。在自组织创生阶段,集群内关键创业者开始出现,主导产业中的设计企业开始萌芽,但同一产业的企业集聚还是少量的,且企业之间基本没有相互作用关系,但设计产业将成为未来环同济的主导产业。这一时期,科技园区尚未建立,企业的集聚属于自发的自组织状态,但集群的萌芽为下一步科技园区的建立及企业集群的形成打下了基础。

环同济科技园区企业集群的萌芽最初源于同济大学的校办产业,是大学人才、知识溢出而形成的企业集群。其源头可以追溯到20世纪初叶学校创办的实习工厂,后来经历机械厂、建材厂、仪器厂、附属工厂、机电厂等,虽历经坎坷,但基本功能没有改变,主要是为学校教学科研服务,为学生实习所用。进入20世纪80年代,机电厂开始对外承接生产任务,为学校创收,直到1993年作为上海同济科技实业股份有限公司的全资子公司,参与上市。同济大学最早的设计企业产生于20世纪50年代。1951年,为承担本校基建任务同济大学成立设计处;1953年,为适应全国高校院系调整后基本建设急剧增加的需要,成立"同济大学建筑工程设计处";1958年同济大学率先成立全国第一所高校设计院;后经历"文革"解散外迁;1979年,原国家教委批准成立"同济大学建筑设计研究院"(以下简称"同济设计院");1983年7月,同济设计院迁入同济大学四平路校区,成为环同济企业集群的龙头企业之一。

20世纪80年代初,高校教学科研经费严重不足,国家号召高校弥补教育经费不足,创办科技企业。正是在这个背景下,同济大学的科技产业开始萌芽,并带动同济周边地区的产业发展。1982年10月,同济大学科研处成立非独立法人单位——同济大学科技咨询服务部。这是改革开放后高校第一家科技型校办企业的雏形,拉开了同济大学校办产业从生产型、教学实习型向科技型、服务型转化的序幕,同济大学校内外开始出现少量的设计企业与科技咨询服务企业,之后五年时间内,同济大学校办企业增加至16家;1991年,同济大学校办产业的资产总值达2 827万元,总产值为2 467万元。

1992年,邓小平同志南方谈话以后,我国迎来改革开放的又一个春天。1993年,原国家教委、国家体改委和国家科委联合召开第一次高校科技产业工作会议,进一步促进了大学衍生企业的产生。这个时期,适逢上海浦东开发及全国随之而来的第一次房地产开发热潮,形成了对城市规划与建筑设计的强大需求。在这种背景下,政府鼓励教师和科研人员创办企业的政策相继出台,同济大学校园内出现了不少由教师自行创办的企业和工作室。相配套的电脑效果图、模型制作和电脑打印公司也开始在校园内和校园周边的赤峰路上涌现。

1993年,出现了另一个环同济企业集群的关键企业——上海林同炎李国豪土建工程咨询有限公司(以下简称"林李公司")诞生。林李公司由同济设计院与美国林同炎(中国)公司出资30万美元设立,虽注册地在浦东金桥,但其总部最早设在同济大学化学馆,虽然后来注册地变更为崇明,但其办公地一直没有离开同济大学周边。2007年,林李公司的产值达到1.25亿元,成为环同济企业集群的关键创业者。同年4月,同济大学所属的同济设计院、同济大学建设开发部、同济大学科技开发公司、同济大学监理公司、同济大学爆破公司、同济大学室内设计公司、上海同济房地产公司等11家当时实力最强的校办企业组成上海同济科技实业总公司。9月,上海同济科技实业总公司改制为上海同济科技实业股份有限公司(以下简称"同济科技"),并于1994年3月在上海证券交易所上市。成为继复旦复华、交大南洋之后上海的三家改制成功的高校企业之一。1999年4月,同济科技迁至赤峰路83号,直到2004年4月年迁入国康路的同济科技大厦,作为主要从事房地产、建筑设计和工程咨询的上市公司,对环同济设计类企业集聚起到很大的带动和示范效应。

1996年7月,原上海城市建设学院与上海建筑材料工业学院并入同济大学,上海城市建设学院下属的直管企业6家、国内合资企业1家、托管企业15家和上海建筑材料学院下属的直管企业11家、国内合资企业1家、中外合资企业9家共44家企业全部移交给同济大学。这些企业并入同济大学后,主要集聚在同济大学四平路校区附近(主要是赤峰路)。据统计,两校合并后,与同济大学有资产关系的企业超过160家,从业人员1 600余人。

1999年5月,同济大学与上海市城市排水有限公司、上海公交控股有限公司、上海长城实业公司、上海环保设备总厂等6家单位出资1亿元,组建了上海环保(集团)有限公司,环保集团成为密云路环保类企业的关键创业者。以此为基础,逐步形成同济大学科技园密云路环保基地。1999年10月,同济大学汽车系相关教师出资120万元组建了上海同济同捷科技股份有限公司,从事汽车整车、车身、汽车电子技术等方面的设计与开发,该公司从同济大学科技园孵化毕业,发展成为当时国内最大的专业综合性独立汽车设计工程公司。同一时期,上海同济海纳科技创业有限公司成立,该公司借鉴美国硅谷风险投资公司的运行机制、吸收民营管理模式,在促进科技成果转化与产业化方面进行了积极探索,成为同济大学科技园的重要融资平台。同济大学还参与组建了钢结构、环境保护等方面的高科技公司。

1999年,高校大规模扩招,学校的学生宿舍、教室和办公室用房都出现严重短缺。大量"隐藏"在校园内的企业、工作室也都搬迁出来。整个赤峰路迅速集聚了大量企业。这些企业多是与同济大学优势学科相关的企业。在这一阶段中,同济大学毕业的学生和并非同济出身的设计师也开始在赤峰路上开办设计公司。各种公司或在沿街的经营房,或在周边的居民区,或在办公楼入驻,赤峰路的面貌也开始发生变化,集群的结构与形态初步形成。

这一时期,环同济的企业集聚尚处于自发状态,处于集群发展的萌芽期,地方政府维护集群的和谐有序发展的规制还没形成。至1999年,赤峰路53号的轻纺市场仍然存在,杨浦区政府还在考虑是否规划轻纺一条街或餐饮一条街。同济大学科技园区赤峰路孵化基地现址(赤峰路65号)当时还是上海天和电容器厂厂址,国康路上是上海市第十二服装厂、上海苏艺窗帘绣品厂等,同济大学四平路校门口也是电子厂。此时,具有根植性的社会网络也还没有形成,各个企业间的资源共享程度比较低,基于社会网络的资金和技术协作关系在集群内尚未建立。这一阶段的特点主要表现为发展模式还比较粗放,相关配套机制和整体产业环境与集群的发展还存在一定差距。

2. 环同济科技园区企业集群的自组织成长阶段(2000—2005年)

环同济科技园区企业集群的自组织成长主要是在2000—2005年这段时间。这一阶段,政府他组织力量开始介入,各种科技园区开始建立,环同济科技园区企业集群开始真正"名副其实"。这一阶段企业集群系统表现出了充分的活力,各个方面的发展都步入了一个快速增长的通道。由于专业化分工的发展,环同济科技园区内企业间的联系日益密切,社会网络逐步建立并不断强化,基于社会网络的资金和技术协作关系不断加强,并开始普及。而且由于集群的快速成长,基础环境也相应改善,政府等他组织力量开始出面实施相关的改进措施,从而为集群的进一步发展提供了更大的空间和基础。

1999—2000年,国家层面开始重视科技成果转化与产业化工作。1999年8月,中共中央、国务院发布《关于加强技术创新,发展高科技,实现产业化的决定》;1999年9月,科技部、教育部成立了全国大学科技园工作指导委员会,决定开展国家大学科技园建设试点工作;2000年1月,在沈阳召开的"国家大学科技园试点工作会议"上,全面部署了国家大学科技园的建设试点工作。这一系列的行动,得到了各地政府、高校以及社会各方面的积极响应和大力支持。

同济大学和杨浦区人民政府开始考虑如何将学校知识资源转化为现实生产力的问题。2000年7月,中共杨浦区委六届七次会议做出了《关于依托高校优势推进杨浦经济和社会发展的决定》,对科教兴区、发展科技、振兴杨浦进行了阐述。杨浦区政府也出台一系列的政策,如科技企业税收减免,企业注册一条龙服务,设立企业孵化器等。同济大学方面积极响应杨浦区委六届七次会议精神和区委《关于依托高校优势推进杨浦经济和社会发展的决定》,从校区层面开始沟通、协商。经过双方努力,2000年9月11日,同济大学校长办公会决定将赤峰路65号原天和电容器厂厂区改建成科技园。依托同济大学的智力资源,运用市场机制、将资金与技术及优惠的政策结合起来,促进科技成果转化,以期形成同济大学为辐射中心的高科技产业带。

上海天和电容器厂建于1946年,是具有多年历史的老厂,厂区大楼建筑面积8 760平方米。同济大学收购该厂厂区后,斥资1 017万元将厂区改建成科技园,改建工程于2001年5月完成,作为同济大学科技园的赤峰路孵化基地。首批包括同济同捷、科投同济、同野建筑、同艺图文在内的22家企业入驻同济科技园。杨浦区财政局将同济大学科技园纳入财政扶持范围,推出系列政策(杨财发〔2001〕27号)。政府与大学的推动加快了同济科技园的发展,也促进了环同济科技园区企业集群演进。

2001年,上海同济科技园企业管理有限公司和上海同济杨浦科技创业发展有限公司成立,分别负责同济大学科技园赤峰路孵化基地和国康路创业基地的运营管理。2003年6月,为加快科技园区发展,上海同济企业管理中心(负责经营性资产管理的同济大学全资企业)、同济科技及上海杨浦科技投资发展有限公司三方共同投资组建上海同济科技园有限公司(下称"同济科技园公司")。由同济科技园公司负责同济大学科技园的建设。2003年9月,同济大学科技园顺利通过科技部、教育部的验收,被正式授牌为国家大学科技园。至此,在同济大学周边同济科技园建成赤峰路孵化基地、国康路创业基地、密云路环保基地等,为科技园区企业集群提供了载体空间。

同济大学促进师生创业的系列政策催生了大量企业,加速了企业在环同济科技园区的企业集聚。同济大学于2001年12月出台了《关于加快发展同济科技园,促进科技成果转化的实施办法》(同产〔2001〕072号)。《办法》规定同济大学对科技园区开放学校资源,允许科技园内企业利用学校的实验室、图书馆、出版社、工程中心、计算中心、网络中心、测试中心等进行研究开发;允许科技人员和管理人员兼职或离岗创办科技企业、从事高新技术成果转化工作;同时支持有条件的教师、科技人员带项目兼职参与创办科技企业;支持研究生和大学生入园兼职或休学创业;鼓励各院、系和研究所与科技园的技术合作。各院、系和研究所可与园内企业按股份制联合建立跨院系、学科、开放式的工程研究中心、实验室等,有条件的可改制成科技企业;学校拨专款成立高新技术产业化和孵化基金,主要用于加快发展同济科技园和促进科技成果转化与产业化工作,资助高新技术企业引进优秀人才,保证高新技术成果成功转化。这一系列措施,大大促进了同济师生创业的热情,促进了大学衍生企业的诞生。

同济大学对投资企业的规范化建设和对建筑设计、工程监理和建设工程检测资质进行整合和统一管理,也促进了龙头企业的发展,使环同济科技园区企业集群的专业特色更加凸现。2000年6月,同济大学与上海铁道大学合并组建新的同济大学,原上海铁道大学所属企业全部并入同济大学,企业数量迅速增加。2001年,与同济大学有资产关系的企业已达180家。这些企业行业分布较宽,有些行业严重偏离学校的优势学科;同时,由于多次并校,很多企业业务范围相同,外争市场,内争资源。为此,学校自2002年起开始对投资企业进行规范化建设,将有限的资金用到主营业务突出、具有核心竞争力、适应市场需要、有利学校发展的领域,发挥有限资金的最大效能。

同时,学校对建筑设计、工程监理和建设工程检测资质进行整合和统一管理,相关企业整合壮大快速发展。2001年,同济设计院与上海同济规划设计研究总院合并组建成立新的同济设计院。原同济大学建筑设计研究院已于1993年作为同济科技的全资子公司参加了上市。上海同济规划设计研究总院是1996年在原上海城建学院建筑设计研究院、上海建材学院以及同济大学内低资质、分散在学院、系里的设计力量集中的基础上成立的设计院。两院之间同业竞争、规模都偏小,二者合并后、资质统一管理、资金规模扩大、技术力量更加充实,合并后同济大学收回部分股份,占新同济设计院的股份增至70%。这样,产学一体,强化了同济设计院与大学的联系,为进一步发展壮大打下了基础。

同济大学还将上海同济建设工程监理公司(时为同济科技全资子公司)与上海新同济建设工程监理公司合并,组建了上海同济建设监理咨询有限公司,之后又并入原上海铁道大学的工程建设监理公司,实现了"小监理"到"大监理"的转化,资质、资源整合为同济监理的发展壮大奠定了基础。2006年,同济监理更名为同济工程咨询公司,成为环同济科技园区企业集群中工程咨询业的龙头企业。同时,同济大学还将建设工程质量检测资质统一归口至上海同济建设工程质量检测站管理,使同济检测站成为环同济科技园区企业集群内的龙头检测企业。同济大学的做法无疑促进了环同济科技园区核心龙头企业的产生,这些龙头企业带动了环同济中小企业的发展,促进了环同济科技园区企业的集聚。

在企业整合重组的过程中,同济大学收回的资金继续投入,以控股或参股的形式创办一些高技术公司。如 2001 年 12 月,上海同济企业管理中心与上海汽车工业(集团)总公司、上海科技投资公司、上海工业投资(集团)公司、中国电子科技集团公司第二十一研究所等共同组建上海燃料电池汽车动力系统有限公司;2003 年以来,依托学校优势学科,参与组建了上海同磊土木工程技术有限公司、上海同岩土木工程科技有限公司、上海同杰良生物材料有限公司等。这些高新技术骨干企业落户同济科技园,加快了科技园区企业集群的演化。

这一阶段,从同济大学投资企业的数量与产值变化可以看出科技园区企业集群演化的轨迹。1991 年,同济大学投资企业仅有 16 家,总资产 2 827.74 万元,总产值 2 467.04 万元,利润 493.52 万元。至 2005 年年底,从业人数 4 132 人,投资企业总资产 277 235.6 万元,总产值为 223 906.63 万元,净利润 8 150.48 万元。1991—2005 年,企业产值增长 90 倍,资产增加 98 倍(图 5.6)。据统计,同济大学投资企业中仅注册在杨浦区的企业 1998 年上缴地税 1 566 万元,到 2005 年上缴地税已达 5 777 万元,8 年增长 3.7 倍,年均增长 26%(图 5.7)。

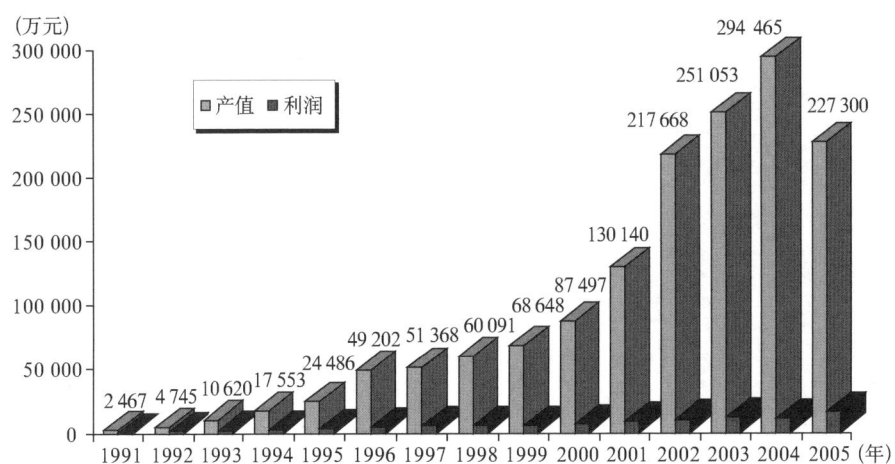

图 5.6　同济大学投资企业产值与利润增长图

资料来源:同济大学产业管理办公室

注:2005 年产值减少是因为同济大学改制企业主营收入纳入上海同济企业管理中心和上海同济新产业发展公司投资收益核算,未列入产值统计范围。

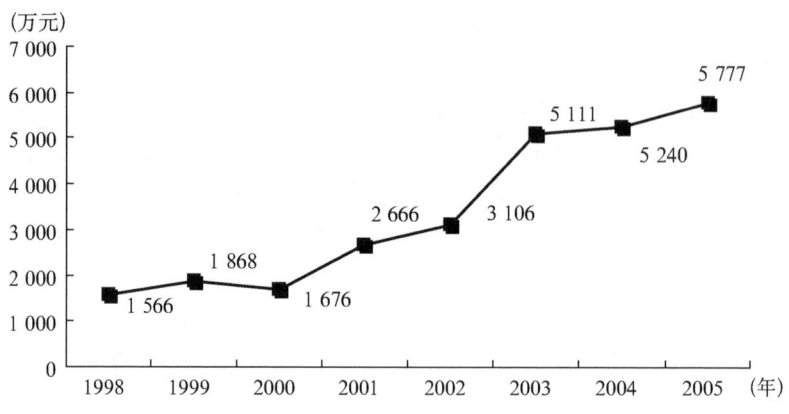

图 5.7 同济大学投资企业地方税收增长图
资料来源:同济大学产业管理办公室

环同济企业的集聚,引起了地方政府——杨浦区政府的注意,自 2000 年开始,杨浦区政府除了支持同济大学科技园的建立外,还支持建立了一些民营科技园区,使环同济科技园区的空间不断拓展。如赤峰路 63 号的"建筑设计工场"由沪东科技信息沙龙、杨浦区四平路街道、上海渔业机械仪器研究所于 2001 年 12 月创建,最初命名为"沪东科技园",后因同济周边设计产业的发展而更名为"建筑设计创意工场"。"建筑设计创意工场"是承接同济大学技术外溢出的重要载体,场内主要集中了建筑设计、城市规划、景观设计、建筑模型以及动漫游戏外包、工厂研发等科技类创意设计产业,已成为设计类产业的聚集区,该设计工场也因此被列为第二批上海创意产业集聚区。

除了建筑设计类产业以外,环同济科技园区企业集群内与市政工程相关的环境设计、环境工程相关产业也得到迅速发展,并呈现出集群发展的态势。同济大学科技园不失时机,于 2003 年初在密云路 588 号设立环保类专业孵化器——同济大学科技园密云路环保基地。密云路环保基地紧邻同济大学环境科学与工程学院、污染控制与资源化研究国家重点实验室、城市污染控制国家工程研究中心等,同济大学衍生出上海环保(集团)有限公司、上海同济水处理技术开发有限公司、上海同济科蓝环保工程有限公司、上海亚同环保实业有限公司以及上海城市污染控制工程研究中心有限公司下属的上海申耀环实业有限公司、上海四方同济净水有限公司、上海益水环保设备有限公司、上海同济饮用水有限公司、上海同济远征环卫机械有限公司、上海博士高环保设备工程有限公司等一大批环境保护及水处理公司。这些公司与赤峰路和国康路的工程设计类公司相互呼应、聚集在建筑与工程设计的产业链上,相互吸附、相互给养。

除了环同济科技园区企业的聚集以及同济大学科技产业的作用外,初始创业者的成功创业和企业的快速成长,形成较强的"示范效应",集聚核形成强劲的集聚势,吸引设计类及相关企业快速集聚。一方面,各类工作室被正式的公司所取代,同时出现了技术人员跳槽或自主创业的裂化现象,工程设计与规划管理类企业进一步集聚;另一方面,工程设计与规划管理企业的集聚形成规模效应,市场需求的发展使得相关的电脑效果图、模型制作和电脑打印等下游行业也开始起步。赤峰路的市场效应吸引大量的设计及相关企业向同济大学周边靠拢,附近的密云路、国康路、四平路也逐渐被"同家军"包围。随着区域内企业的自身繁衍和外部企业的持续集聚,环同济科技园区企业集群逐步形成。

在环同济科技园区企业集群的自组织成长阶段,随着专业化分工的发展,群内企业日益紧密联系,逐步强化了社会网络,同时一些民间自律性的行业组织也开始建立,如由大学、科技园区、政府、社区以及企业、金融机构等成立的"科技经济沙龙",在推动整个环同济科技园区企业集群形成的过程中起到了非常重要的作用。2005年,在同济大学科技园成立了上海新材料协会降解材料专业委员会。杨浦区政府及时介入,推进以同济强势学科为依托的创意设计产业、国际工程咨询服务业、环保节能产业以及汽车设计咨询、IT、高端管理培训等产业发展。

这一阶段,环同济科技园区企业集群系统表现出了充分活力,步入快速成长轨道,整个集群系统逐步趋于有序,企业集群进入发展壮大的生命周期阶段。

3. 环同济科技园区企业集群的自组织适应阶段(2005年—)

从2005年开始,环同济科技园区企业集群逐步进入自组织适应阶段。社会网络基本成熟,政府作用不断强化,规制体系逐步完善,企业集群系统进入有序状态。环同济科技园区中设计类企业以及相关产业的企业大量集聚形成企业集群,这些企业之间存在着大量的信息、知识、技术、资源等方面的交流与互动,它们通过竞争与合作达到协同,从原先零散、杂乱状态走向系统化和有序化,形成有序发展的企业集群,以获得经济效益的增长和竞争优势的增强。

这一时期,企业继续向同济周边集聚、空间也不断拓展。2005年4月,昂立同科经济发展有限公司将位于赤峰路与四平路交叉口的远洋广场大楼整体收购,将其改造成为设计产业为主的昂立创意设计园。该园区建筑面积为28 000平方米,入驻企业40余家,其中80%以上为设计类企业,如东方设计院、日兴建筑设计、博创建筑、源景景观、同设建筑设计、鲁班软件、水石景观、元基工业设计,等等。在建筑设计方面,形成了包括规划设计、公用与民用建筑设计、环境设计、景观设计等在内的完整的设计产业链,并拥有专业杂志、模型设计等相对齐全的配套与辅助服务行业集群。2005年度,入驻园内企业总产值达5亿元,利税总额超5 000万元。昂立设计创意园也成为上海首批十八家创意园区之一。昂立设计创意园以同济大学等高校资源、优势企业和社区资源共同融合,形成创新合力,把自发形成的设计企业聚集区纳入了有序管理的轨道。在园区内,传统设计院、民营事务所、工作室各有所长,互有合作与竞争,它们聚集在一起,就产生了地域品牌效应,因此从某种程度上说它们存在着竞争与合作的关系。

这一时期,设计类龙头企业不断向环同济科技园区集聚。2006年5月,上海邮电设计咨询研究院有限公司(以下简称"上海邮电院")从吴淞路529号迁入国康路38号新址。上海邮电院创建于1964年,拥有通信工程设计、建筑工程设计、建筑智能化系统工程设计、通信工程勘察、工程总承包、工程咨询等甲级资质证书,以及通信信息网络系统集成企业证书、对外经济合作经营资格证书、上海市高新技术企业证书等。上海邮电院的入群使环同济科技园区龙头企业"四大金刚"集聚的格局基本形成(业界惯称的"四大金刚"包括同济设计院、同济规划院、上海市政院、上海邮电院)。

同济大学投资的同济设计院、同济规划院、林李公司三家设计企业的产值变化,反映了环同济科技园区企业集群化发展的过程(图5.8)。

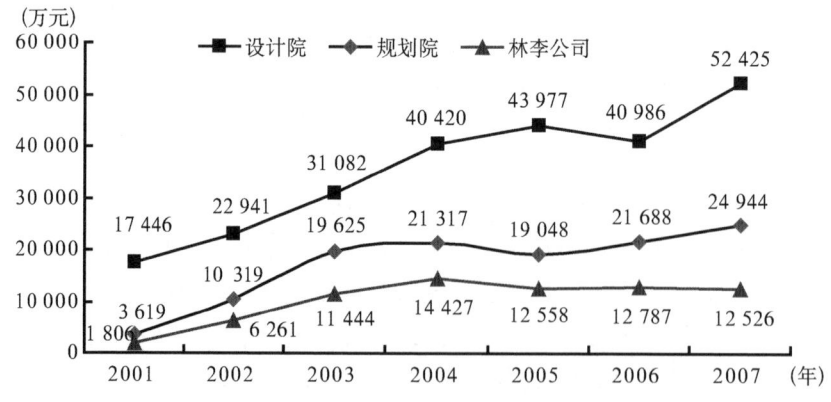

图5.8 同济大学主要设计企业产值增长情况

资料来源:同济大学产业管理办公室

环同济科技园区企业集群中龙头企业的发展带动了整个行业的发展,同时,大量中小企业集聚在这些龙头设计企业周围,至2007年,企业数量近1 000家,产值约80亿元。形成了完整的建筑设计产业链,形成国内独一无二的以建筑设计为主导的企业集群(图5.9)。

环同济科技园区企业集群内各类配套基础设施、各种网络体系渐趋完善,各企业之间的信息和资源得以迅速流动,成本优势、市场优势、人才优势、区域品牌优势得到充分发挥。以"四大金刚"为代表的龙头设计企业一方面依靠自身不断

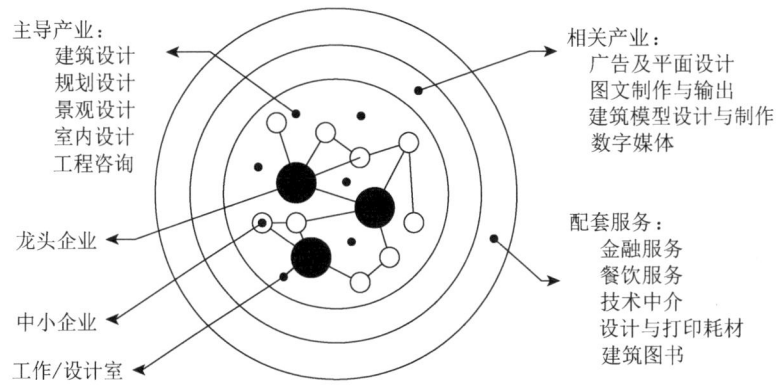

图 5.9　环同济科技园区企业集群结构图

资料来源:参考李志平(2008)绘制

的技术创新,保持自己的核心竞争力,另一方面则不断地把非技术关键性的业务通过中介组织或直接转包给科技园区内的中小企业,彼此之间建立紧密的协作关系,形成纵向的分工协作网络。同时,园区内的各中小企业也通过既竞争又协同的方式维持着集群内的横向分工协作网络,在一种动态的稳定中促使产业生态不断优化。

从以上分析可以看出,环同济科技园区企业集群依托同济大学的人才、知识和信息等初始要素禀赋,充分利用同济大学周边的空间,由建筑设计等专业的师生创办企业或工作室,形成最初的企业集聚核。设计类及相关企业在市场无形之手的自组织下扎堆在一起,形成企业群落;企业群落内各子系统通过竞争与协同等自组织动力,进一步发展成为企业集群。在企业群落发展到一定的阶段,地方政府他组织动力介入,提供了良好的基础设施和政策环境以及资源匹配,促进科技园区企业集群的进一步壮大和发展。环同济科技园区企业集群自组织演化过程(图 5.10)。

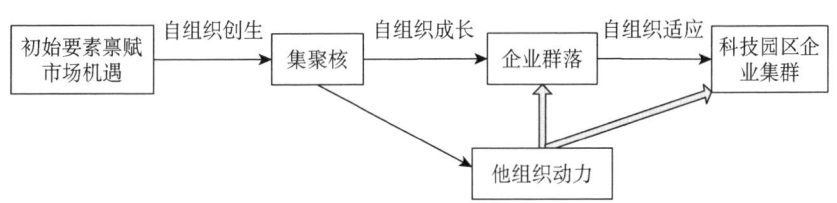

图 5.10　环同济科技园区企业集群自组织演化过程

总之,环同济科技园区企业集群是自组织形成的,发展到一定的规模之后,政府部门因势利导，进行有意识的政策引导和控制，自组织和他组织两种力量共同作用，推动该企业集群的形成和发展。

5.2　环同济科技园区企业集群演化的动力机制分析

5.2.1　环同济科技园区企业集群的资源基础

本书第4章第1节已经探讨了资源特别是共享性资源对于企业集群形成与发展的重要作用。环同济科技园区企业集群形成的初始条件的核心是资源，特别是共享性资源，主要包括：自然条件（如交通、基础设施等）、历史条件（包括上海的创业文化、环同济的社会网络、社会资本）、知识资源（同济大学以及周边复旦大学、上海财经大学等杨浦区众多高校的优势学科、专业及科技成果）、人力资源（环同济人才集聚，包括建筑设计师、规划师、各类注册工程师、企业家、会计师、律师及其他技术人员等）。这些资源在环同济科技园区聚集，成为环同济科技园区集群形成的初始要素禀赋。

1. 环同济科技园区企业集群的自然基础资源

环同济科技园区主要集中在同济大学周边2.6平方千米的范围内，这一区域位于杨浦区与虹口区的交界处，交通便利。杨浦区是上海东北部开放式的重要交通节点，具有"一桥（杨浦大桥）、两环（中环线、内环线）、三隧（军工路、翔殷路、大连路隧道）、四线（轨道交通4号线、8号线、10号线、12号线）"的交通格局；以"五横四纵一长廊"为骨架的城区道路网络的建设和完善，有效地提高了杨浦城区交通的便捷化水平；除了轨道交通外，环同济科技园区内的公交线路更是多达17条之多。

2. 环同济科技园区企业集群的知识资源

环同济科技园区的知识资源丰富，园区所在的杨浦区内拥有同济大学等14所各类高等院校，其数量超过了上海市高校总数的1/3，被誉为"上海学府中央区"。环同济科技园区内除同济大学外，还有与同济大学一路（内环高架路）之隔的复旦大学，以及附近的上海财经大学、上海外国语大学等。至2007年年底，杨浦区各类科技园区共14家，其中7家为国家级大学科技园、软件园和高新技术创业服务中心。在杨浦的科技园家族中，有7家被评定为国家级，其中3家为国家大学科技园（同济大学国家大学科技园、复旦大学国家大学科技园、上海理工大学国家大学科技园），1家为国家级软件园（复旦软件园），3家为国家高新技术创业服务中心（同济大学科技园国家高新技术创业服务中心、上海杨浦科技创业中心、复旦大学科技园国家高新技术创业服务中心）。各类知识资源聚集，为环同济科技园区企业集群提供了源源不断的知识给养。

同济大学更是环同济科技园区企业集群最直接的知识源。作为教育部直属综合性重点大学,国家"985工程"和"211工程"建设高校,同济大学拥有土木、建筑、规划、环境、交通等强势学科,涵盖工程设计类各研究方向,在环同济形成了具备先进设计理念、知识溢出效应、全方位辐射的技术链,对环同济科技园区企业的集聚、发展、壮大起到了强有力的技术支撑作用。近年来,同济大学及时把握产业结构调整的机遇,对设计类相关院系进行调整,重新整合各类学科资源,形成了城市建设与防灾和现代装备制造业两大学科集群,建筑、土木、环境、海洋、车辆、交通等学科处于国内外领先水平。充分发挥了大学对产业的向心力和辐射力的双重作用。

3. 各类高端人才集聚

同济大学师资力量雄厚,人才荟萃。至2022年,学校拥有专任教师2 815人,其中专业技术职务正高级1 093人,中国科学院院士16人(含双聘),中国工程院院士26人(含双聘),第三世界科学院院士及美国、德国、瑞典等国科学院或工程院外籍院士29人次。国家级教学名师5人,教育部"长江学者奖励计划"教授42人,国家杰出青年科学基金获得者72人,国家重点基础研究发展计划首席科学家23人,国家重点研发计划首席科学家150人次,"青年长江""优秀青年科学基金获得者"等四类优秀青年人才253人。国家级教学团队7个,国家自然科学基金创新群体10个,教育部"创新团队发展计划"12个,科技部重点领域创新团队1个。学校有全日制本科生18 536人,硕士研究生11 288人,博士研究生7 668人。另有国际学生3 160人。学校海内外校友近40万人,其中,环同济也聚集了大量的同济校友,同济大学的师生和校友是环同济设计企业创业的主力军(据统计约80%的公司是同济师生和校友创办的)。环同济科技园区企业集群内的同济设计院等龙头企业也集聚了大量建筑设计、城市规划、工程技术人才。如注册建筑师、注册结构工程师、注册规划师、咨询工程师、岩土工程师、造价工程师、建造师、设备工程师、监理工程师、招标代理工程师等各类专业技术人才。此外,环同济还汇聚了大量的企业家、会计师、律师等人才,为企业集聚准备了足够的人力资源。

4. 环同济科技园区企业集群的外部环境

环同济科技园区具有的历史资源首先是上海的创业环境。上海是一座开放的城市,东西方文化在此交融。海派文化是上海文化的代名词。多元和开放是海派文化的主要特征,是海派文化精华所在。上海历来有较好的营商氛围,人们的市场意识、创业意识、契约意识都比较强,为创业企业提供了适宜的环境。中国建筑类高校的"四大金刚"(清华大学、同济大学、天津大学、东南大学)中的其他三所大学周边并没有形成设计产业集聚。李志平(2007)分析认为,主要原因是北京对设计企业的资质控制比较严格;同时,大院因为竞争较小可以收取较高的设计费用,给设计人员的工资也比较高,设计师在北京创业的意愿较弱,也缺少创业的条件。

5. 其他共享性资源的作用

同济大学的图书馆、实验室、技术中心、测试中心等逐步开放,促进了实现资源共享。如同济大学图书馆。同济大学图书馆是国际图书馆协会联合会(IFLA)的团体会员、Calis 成员馆、上海地区文献资源共享协作网成员馆,是教育部批准的首批科技项目咨询与成果查新中心工作站,也是上海 A 级图书馆。同济大学图书馆拥有丰富的馆藏量,包括各种知名的大型综合性数据库、各类权威的专业学会出版物全文数据库。

除了一般数据资源外,同济大学图书馆还有以同济特色专业相关的数据或图书资源。如同济大学情报研究所的《建筑科技与市场》自 1999 年 1 月创刊,除了有学科前沿发展、专业学术论坛外,还有产学研进展等,为企业集群提供最新信息。据 2005 年统计,城市发展研究信息中心重点收藏有涉及中国城市发展战略与城市遗产保护、城市化进程中的可持续发展以及城市治理与制度创新等城市发展研究方向的图书 2 000 多册、中外文期刊 50 多种,并可上网查询大量涉及四大研究方向的数字化文献。同济大学汽车行业信息服务平台是利用公共网络和通信设施建设的一个共享服务系统,主要针对汽车行业提供科技文献的服务,可查到汽车行业相关的各种资讯,第一时间了解业内动态这些专业数据资源或平台,为环同济科技园区的产业发展企业了重要作用,他们可以及时理解行业需求,解决技术难题。

据 2005 年统计,环同济科技园区企业集群内已拥有国家级和省部级重点实验室和工程研究中心 22 个,这些试验室和工程中心根据国民经济、社会发展和市场需要,针对行业、领域发展中的重大关键、基础性和共性技术问题,持续不断地将具有重要应用前景的科研成果进行系统化、配套化和工程化研究开发,为适合企业规模生产提供成熟配套的技术工艺和技术装备,并不断地推出具有高增值效益的系列新产品,推动相关行业、领域的科技进步和新兴产业的发展,培训行业或领域需要的高质量工程技术人员和工程管理人员。同时,环同济科技园区企业实行开放服务,接受国家、行业或部门、地方,以及企业、科研机构和高等院校等单位委托的工程技术研究、设计和试验任务,并为其提供技术咨询服务。如同济大学城市污染控制国家工程研究中心 1995 年成立以来,依托同济大学相关专业人才众多,学科渗透方便,信息交流频繁,合作渠道通畅等优势,在转化、开发环保高新科技成果,提高行业水平,增强企业实力等方面起到重要作用。同时,成立中心有效促进成果辐射和开放服务,除承担科研项目、转化科技成果、推广成果外,还开放设备、开放服务和人员培训,为环同济环保类企业培养了各类急需人才。

另外,环同济科技园区企业集群内还拥有完善的餐饮、会议、娱乐等配套资源。如大学食堂、礼堂、会议室、游泳馆等体育设施等面向科技园区开放,提供了生活上的方便;校园网络也直接延伸到科技园区,为知识与信息资源的汇集与扩散提供了方便。同济大学校园内经常性的国际大师级学者的讲座、研讨会等学术交流活动,开阔了设计师的视野,使他们可以获知最新的思潮和最前沿的技术;各种非正式的沙龙,如《时代建筑》《理想空间》编辑部组织的设计师沙龙等促进了创业的产生。

5.2.2 环同济科技园区企业集群的专业化分工

专业化分工是环同济科技园区企业集群形成和存在的基础。专业化分工促进了环同济科技园区企业集群的发展,集群的发展又将专业化分工从纵向和横向两个维度推向深入,形成了自我繁殖机制。环同济科技园区企业集群的发展历程实际上就是专业分工逐步发展的过程。

专业化分工首先从中小企业之间横向展开,从20世纪80年代开始,以同济大学优势学科为依托的小企业、设计室、工作室等就开始从大学母体中脱离出来,向同济大学周边的赤峰路集聚。20世纪90年代,建筑市场的繁荣,催生了大量中小设计企业,有的从大学实验室、设计室衍生出来,有的从设计机构衍生出来,大量中小企业的集聚,结合成大致"平等"的网络合作关系,集群得以创生。

这一时期,企业还主要是横向或者上下游合作为主。进入2000年以后,环同济科技园区的中小企业有的发展成为大公司(如同济设计院),有的是外区迁入(如上海邮电院)。以这些大中型龙头企业为核心展开上下游、横向等多种分工合作形式,配套产业及服务业也开始发展。如模型制作、效果图制作、多媒体制作、专业书店、专业工具店等;同时产生了相应的劳动力市场,如专业的效果图制作人员、专业的模型制作人员以及专业的设计人员等,引起信息、知识的增加和技术信息的传播(知识溢出)。设计产业链的形成有效地降低了成本,包括信息成本、人力成本、开支性成本甚至是时间成本(比如模型制作的成本从最初的约3万元/平方米下降到约3 000元/平方米、建筑效果图从最初的约4 000元/张下降到约1 500元/张),这进一步吸引了企业的集聚,使产业集群得以成长和壮大。2005年,环同济科技园区企业已经逐步形成完善的专业化分工体系,构建起完善的网络层级关系。

环同济科技园区企业集群已经形成城市规划—建筑设计—图文设计与制作—建筑模型—工程施工(含工程信息化)—工程咨询—工程检测等一条完整的产业链。在每个链条上都有龙头企业引领、小企业集聚,如规划环节的同济规划院,设计环节的同济设计院、上海市政院、林李公司等,图文制作的同昆数码图文、同艺图文设计制作,建筑模型的斯伟模型、同野模型等,工程施工的同济建设等,还有围绕工程施工信息化兴起的工程软件企业如同济启明星、同岩土木、同磊土木、同豪土木、蓝科钢结构等企业,工程咨询的同济工程咨询、天佑监理,工程检测的同济检测等。围绕这条产业链,集聚了上千家的相关企业。产业链的每一个环节则集聚了大量的同类企业,它们之间形成竞争与合作的关系。比如在对外承接大的项目的时候,这些小企业会联合起来,赢得订单。而它们相互之间又存在着激烈的竞争,不得不挖掘自身优势,在集群中生存。总的来说,环同济科技园区企业集群演化推动了专业化分工的进一步深化,而集群的形成无疑是专业化分工内生演进的结果。

5.2.3 环同济科技园区企业集群的知识溢出

尽管许多因素驱动着环同济科技园区企业集群的发展,实际上,其主要产生于知识的外在性。其中,同济大学等高校作为重要的知识溢出源,环同济科技园区企业集群内的龙头企业也起着重要作用。科技园区企业集群内的知识溢出主要通过三个过程来实现:第一,大学通过成果、人才等对园区内企业的知识溢出;第二,龙头企业依靠自身的技术创新,保持自己的核心竞争力,并通过对中小企业的业务转包,人才流动等实现技术转移和扩散;第三,中小企业通过"干中学""用中学",实现技术吸收、消化和再创新。

1. 大学作为重要的知识溢出源

环同济科技园区企业集群的形成和演化过程中,同济大学的知识溢出作用不容忽视。同济大学对企业集群的作用类似于斯坦福之于硅谷的作用,再加上杨浦区知识创新区内的其他高校,如与同济大学仅一路(内环高架)之隔的复旦大学以及附近的上海财经大学、上海理工大学等,知识溢出作用在环同济科技园区企业集群形成的过程中凸现。以同济大学"十五"期间的省部级获奖、论文发表以及专利情况为例(图5.11～图5.13),同济大学在"十五"期间的科技成果呈现快速增长趋势,这恰恰与环同济科技园区企业集群自组织成长相一致,说明了同

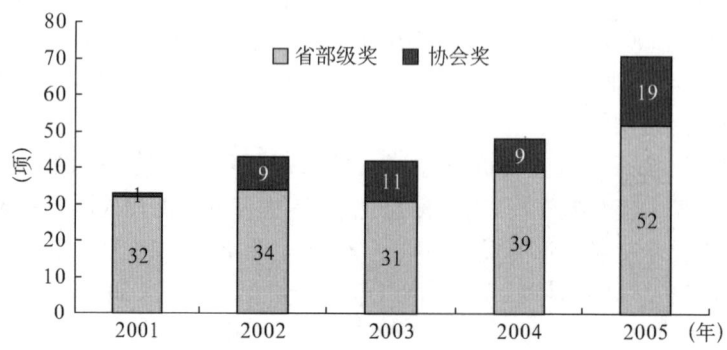

图 5.11 同济大学获奖情况(2001—2005年)

数据来源:同济大学科学技术处

济大学的知识溢出与环同济科技园区企业集群演化的一致性。

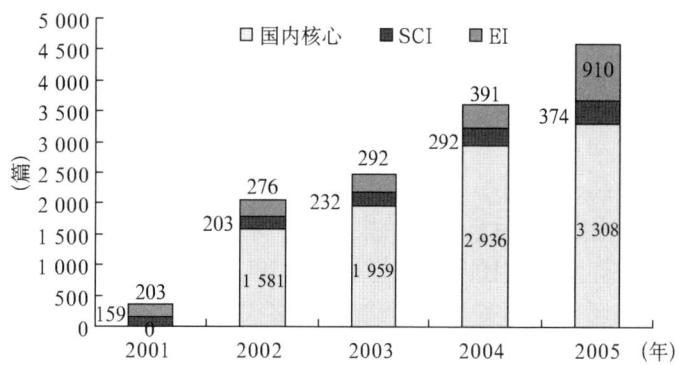

图 5.12 同济大学科研论文情况(2001—2005 年)
数据来源:同济大学科学技术处

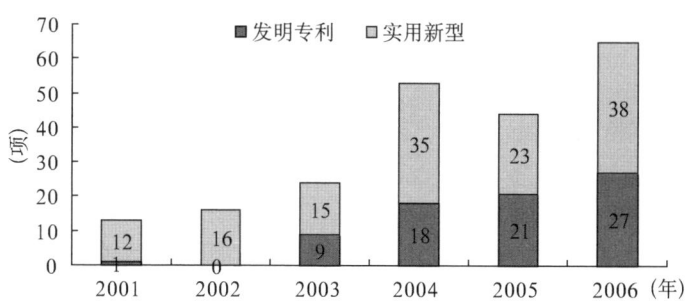

图 5.13 同济大学专利授权情况(2001—2006 年)
数据来源:同济大学科学技术处

实际上,大学技术转移的重要方式之一就是企业衍生,环同济科技园区企业集群中的很多企业就是从大学衍生出来的。同岩土木公司、同磊土木公司、同济启明星公司、蓝科钢结构公司等企业,都是以同济大学土木工程学院教师的科研成果为基础成立的学科性公司。这中间还有同济大学与企业联合的重大项目,如同济规划院承担的 2010 年上海世博会规划,是由同济大学"航空母舰编队"式的设计团队,经过半年多时间的联合攻关而形成的规划方案。2010 年上海世博会规划方案在 26 个招标方案中获得前三名(第一名是英国著名建筑师理查得·罗杰斯,第二名是美国著名建筑设计机构帕金斯·伊思曼),是国内唯一获奖的方案。方案总牵头人就是同济大学建筑与城市规划学院时任院长吴志强教授，他也因此被聘为上海世博会总规划师。正如曾任同济规划院院长的周俭教授所言："这(上海世博会规划)是产学研合作的体现。"也可以说这是同济大学知识与人才溢出的结果。

2. 企业集群龙头企业的知识溢出

企业集群中的龙头企业（或称"高位势企业"）指的是对同一集群的其他企业具有很强号召力和一定的示范、引导作用，并对该集群区域做出突出贡献的企业。简单来说，龙头企业就是行业的领先者。龙头企业与其他中小企业相比具有很大优势。在环同济科技园区企业集群中，以"四大金刚"为代表的龙头企业无论是企业规模还是经营实力，都是集群中的领先者。这些企业具有很强的创新能力，引领着环科技园区企业集群内的产业发展方向，具有很大的示范效应。它们通过知识溢出，对集群演化产生重要影响。

表5.3 环同济科技园区部分龙头企业成果与获奖

企业	部分成果	获奖
同济设计院	钓鱼台国宾馆芳菲苑、南京东路步行街、新天地广场北部地块、上海淞沪抗战纪念馆、浙江省公安指挥中心、同济大学逸夫楼、同济大学研究生院(瑞安楼)等	上海市优秀勘察设计一等奖、建设部优秀勘察设计一等奖、教育部优秀勘察设计一等奖、建筑学会创作奖优秀奖等
同济规划院	北京市中轴线城市设计、上海朱家角镇区控制性详细规划、武汉东湖宾馆更新规划设计、2010年上海世界博览会场址规划设计、上海市衡山路—复兴路历史文化风貌区保护规划、苏州古城平江历史文化街区保护与整治规划等省(市)级奖40项，国家级奖19项	上海市优秀城市规划一等奖、建设部优秀城市规划设计二等奖等
上海市政院	东海大桥(外海超长桥梁)工程关键与应用；常导高速磁悬浮长定子轨道系统设计、制造和施工成套技术研究、上海卢浦大桥设计与施工关键技术研究设计、上海市黄浦江徐浦大桥主桥工程(金奖)、上海杨浦大桥、上海市南北高架道路工程等	国家科技进步一等奖、国家科技进步二等奖、国家级优秀勘察设计奖、詹天佑土木工程大奖等
上海邮电院	广州至福州微波载波小同轴电缆扩容改造工程、中日海底光缆通信系统工程B段中国实施部分、上海-崇明过江光缆、上海邮电公共信息工程、2010年上海世博会信息通信与信息服务发展规划、上海电信数字同步网一期工程等	国家级优秀设计铜质奖、科技进步奖项

除了上述龙头企业"四大金刚"外,环同济科技园区还聚集了设计类的中建国际、林李公司,环保类龙头企业上海环保(集团)有限公司,汽车设计类的龙头企业上海同济同捷科技股份有限公司(同济同捷)、上海燃料电池汽车动力系统有限公司(上燃动力)等,这些龙头企业近年来完成了多项国家重大项目,获得了多项国家或省部级奖项(表5.3)。龙头企业申报的专利数和授权数也在逐步增加(表5.4)。

表5.4 环同济科技园区企业集群内部分龙头知识产权情况

情况 单位	2005年		2006年		2007年	
	申请数/ 其中发明	授权数/ 其中发明	申请数/ 其中发明	授权数/ 其中发明	申请数/ 其中发明	授权数/ 其中发明
上海市政院	46/21	19/2	26(14)	30/1	37/14	18/5
上海邮电院	0/0	7/0	0/0	1/1	1/1	0/0
同济同捷	0/0	3/0	3/0	2/0	2/0	2/0
总数	46/21	49/2	29/4	33/2	40/14	20/5

资料来源:环同济研发设计服务产业基地发展规划方案

龙头企业由于其知识存量及知识创造优势,在集群企业间知识转移中往往处于输出方位置,也就是说龙头企业所拥有的知识在集群中存在着一个扩散效应。主要溢出方式有以下几种。

(1)集群内的人才流动。劳动力资源流动一直被视为集群内知识溢出的主要途径机制。环同济科技园区企业集群内,雇员在企业包括龙头企业之间,以及大学与企业之间频繁流动。如同济规划院的人员跳槽到同济设计院,同济设计院的技术骨干也会跳槽到其他设计公司或成立自己的公司或工作室。即使是同济设计院这样的龙头企业,在设计院每年的工作报告中,都把骨干人才的日趋市场化引起的人才流动问题作为重要问题提出。据了解,每年从龙头企业流向其他企业或另立门户的员工不在少数。环同济科技园区企业集群中的其他中小企业之间的人员流动更加频繁,同济周边的"工作室"是相当频繁的一种组织形式,"工作室"随项目而不断组合、交叉,与群内龙头企业都保持着密切的关系,随客户需要使用资质的不同,挂靠不同的企业。可以说,雇员高流动性所导致的知识溢出是环同济科技园区企业集群聚集经济效应的重要来源。

(2)正式与非正式交流。知识的存在形态直接影响其流动性。显性知识通过口头传授或其他编码方式传播,在集群中多采用正式交流方式。默会的、企业专用的、系统嵌入的、非编码化的知识溢出必须通过面对面交流才能实现。在环同济科技园区企业集群中,企业之间的正式与非正式交流都相当频繁。在环同济科技园区企业集群中,龙头企业除了作为知识的来源地外,往往还作为介绍集群外部新技术以及发布本地新的有用知识产品的"看门人",在技术和知识的扩散中扮演领导者角色。龙头企业如同济设计院、同济规划院、同济工程咨询等之间围绕大项目之间的正式交流一直存在,龙头企业与配套小企业的正式交流也比较普遍。环同济科技园区企业集群 2.6 平方千米的空间范围内聚集了近千家企业,企业的相邻使得企业间的面对面非正式交流更为便捷。龙头企业与其周围的其他同行企业,包括中层管理人员、基层管理人员和技术人员等在内的各类人员之间都保持着高频率的非正式沟通。人际的频繁接触和交流使得行业的秘密不再是秘密,"空气中弥漫着产业的气息"。显然,非正式交流极大地促进了知识技术的外溢效应。另外,环同济科技园区企业集群内的中小企业的创始人或团队主要成员要么是同济大学的师生,要么是同济大学的校友或者是同济设计院、同济规划院曾经的员工,同济大学在整个集群形成和发展中的人才栖息地作用明显,也促进了各种非正式交流的实现,加速了知识的流动。

(3) 企业衍生。企业衍生是指一个组织通过某种方式孕育催生出新企业的现象。集群内龙头企业衍生活动主要是通过员工的"自立门户"而产生新的企业。企业衍生出的新企业与母体之间存在着千丝万缕的联系。一方面,它促进了人才的流动,强化了因人才流动而引发的知识溢出与扩散效应;另一方面,它又促进了与当地企业间正式合作关系的建立和非正式沟通,并通过正式合作关系和非正式沟通来促进人才的流动和知识的溢出。同济设计院等龙头企业对部分技术骨干和经营人才离开企业"自立门户",也抱着开明、开放的态度。他们积累了一定的经验和技术后,友好地离开,去开办小企业,虽然对龙头企业来说可能带来一定损失,但对整个设计行业的发展还是有好处的。

5.2.4　环同济科技园区企业集群的社会资本及创新网络

"对于硅谷而言,起决定作用的是它的社会关系网络。"[①]马克·格兰诺维特(Mark Granovetter)在《硅谷社会关系网络》研究报告中综述分析了经济中的社会关系网络,从劳动力市场、权力和影响、创新知识交流等方面分析了社会关系网络的作用,随后重点分析了社会关系网络的思想和方法是如何对硅谷的主要机构如教育、产业、金融和法律活动产生作用。他将历史研究和专门的网络分析

---

① 李钟文,威廉·米勒,玛格丽特·韩柯克. 硅谷优势:创新与企业精神的栖息地[M]. 北京:人民出版社,2002.

程序技术结合起来,从1957年的肖克利公司的八叛客派生出仙童半导体公司,再从仙童半导体公司到英特尔的历史逐一研究,用MAGE计算机图像程序的动态三维图像来探讨和评估工程师、发明者和企业家的社会关系网络结构,合成的图像表现了行为者及其链条的社会网络。

对于环同济科技园区企业集群而言,这一命题同样成立。在环同济科技园区企业集群2.6平方千米的范围内,以建筑设计类企业为主导,聚集了近1 000家企业,这些中小企业分工协作并初步建立起相对完善的社会网络,形成专业化、知识型的企业集群。与硅谷相似,环同济科技园区企业集群的社会网络中,大学和龙头企业是网络的核心。

1. 形成的传统初始诱因

同济大学在历史发展过程中积淀的自由、开放、宽松的学术氛围和注重实践的教学风格是环同济科技园区企业集群形成的传统初始诱因。同济大学创建以来,培养了几十万名各类人才,特别是设计类人才。在我国当代建筑界和规划界,同济大学占据着"半壁江山"。同济大学建筑系及其文化,影响着环同济企业集群的发展。同济大学建筑系自建系时起,教师们就来自多所高校,具有不同学术背景,曾留学美、英、法、德、奥等不同国家,同济建筑系受各国各院校教学思想的共同影响,在实践中形成了"兼容并蓄,海纳百川"的学术特色。同济建筑系的兼容并蓄、博采众长,造成了它学术视野的开阔。早在1952年创系之初,同济大学就在建筑学专业之外在全国率先开办了都市计划与经营专业,开创了中国城市规划专业的先河。1956年同济大学被批准正式成立城市规划专业,并多年作为中国唯一的城市规划专业存在。1979年,同济大学又在全国建筑院校内率先成立风景园林专业,为形成完整的建筑、规划、景园三专业鼎立局面,迈出了开创性的一步。1986年,室内设计专业和工业设计专业正式成立,同济大学又一次在全国率先实现了"大设计"全息教育体系,即从宏观的城市规划与设计,到中观的建筑设计(这又包含了由建筑而向室外引申而来的风景园林和向室内引申而来的室内设计),再到微观的产品设计内容的全覆盖。这一年,同济大学正式成立建筑与城市规划学院,并同时成为我国建筑院校中专业覆盖面最广、教育层次最全的学院。20世纪80年代以来,同济大学再一次将学术交流的视野转向国际化。早在20世纪80年代初,建筑大师贝聿铭等来同济大学讲学,大大缩短了我国建筑教育与国外的差距。进入20世纪90年代,随着我国的进一步改革开放,上海以开发浦东为标志,进入了一个古今中外都未曾有过的城市建设高潮。中国特别是上海的快速、大规模城市建设为同济的建筑教育事业带来了千载难逢的机遇。在中国建筑界,同济大学被看成是自由、开放、鼓励创新、追求时尚的同义语。有些学者还得出了"北京—清华—正统、上海—同济—

自由"的结论。①

同济大学自由、开放、鼓励创新的传统,使其对待师生创业的态度也非常宽容,如鼓励教育与实践的结合,鼓励学生加强动手能力,鼓励师生创业。改革开放之后,同济大学师生走出校园,创办企业正是这种文化传统的体现。在这个意义上,可以说同济大学的百年传统传承是环同济科技园区企业集群形成的初始诱因。

2. 同济大学与产业界的合作网络

同济大学与产业界之间充满活力的往复运动,模糊了二者的界限,成生了合作的社会关系网络。朱晔(2007)对同济大学包括教学、研究、生产在内的整体生产与创新体系进行考察,提出"同济圈"的概念,认为"同济圈"是指富有同济大学特色的学科链与学科群复合的创新模式。同济大学是中国高校体系中极富代表性与特殊性的生产空间和生产机构:他首先进行着知识与人才的批量生产;其次,作为知识菁英与技术力量集中的场所,他进行着科技生产,并由此衔接直接社会生产;第三,作为直接的生产机构,他按照产业群和产业链的两种模式组织起了各类生产机构,由此形成人才、研究、生产、产业相互交织的庞大网络。正是在这样的学科交织之中,学科的垂直的组织结构得以交汇,创新成为可能。② 上述创新网络可以说就是同济大学与产业界之间合作的社会关系网络。

3. 以同济大学为核心的社会网络

环同济科技园区企业社会网络的形成,首先是因为存在以"同济大学"为核心的社会网络,这是环同济科技园区企业集群宏观层面空间网络得以形成的决定性要素,集群围绕同济大学,在同济大学周边的科技园区得以形成并发展。环同济科技园区企业集群的入驻企业多与同济大学有着特殊关系,许多企业的创始人或主要合伙人是同济大学的师生或校友,以及同济大学投资企业的职工(如同济设计院、同济规划院等)。受到这种特殊社会关系的影响,这些小企业在建立之初,依托同济大学母体的社会联系基础,实质上已经拥有了相当的社会资本。同济大学注重实践的教学传统也使同济大学的各种形式的学生特别是研究生在校期间就深度参与企业实践,在他们离开学校后也能够对环同济科技园区企业集群的增长和拓展产生积极影响。本书在调查中发现,设计企业中约有85%的企业主管人员曾经在同济大学的相应系科内学习过,同济大学的学习经历对这些企业的管理者建立自己的社会资源体系有相当重要的意义。其中一些人是直接利用同济大学投资企业的工作经历为自己单独创立企业积累了社会资

---

① 伍江. 兼收并蓄,博采众长;锐意创新,开拓进取——简论同济建筑之路[J]. 时代建筑,2004(6):16-17.

② 朱晔. 同济圈[J]. 城市中国,2007(18):1.

源和经济基础。而另外一些则是利用在环同济科技园区企业内,与同济大学关系密切的中小企业内兼职的机遇,间接地通过同济大学这个核心节点建立了自己的社会网络并为自己创立企业做好了准备。

4. 集群内企业之间的信任、合作与交易治理

社会网络及企业之间的相互信任与合作关系的建立,是促使集群形成的基础性制度。环同济科技园区企业集群内的企业创建者和从业者很多都有同济背景,甚至有些还是师生、同学、同门,称之为学缘关系。他们相互之间存在基本的信任;没有同济背景的从业者在经历了最初的创业阶段之后,也与同济大学建立了相对密切的业务联系,形成自己的社会网络。一些配套服务产业,在竞争中也以高质量的服务赢得了信誉,从而得以生存。

科技园区企业集群内企业由于地理邻近、企业相同或相近的社会文化背景及制度环境而形成地缘关系,使得集群内企业经济行为深深根植于(嵌入)共同地域的圈内语言、背景知识和交易规则,因而具有可靠性、可预见性,容易产生聚合效应并建立制度机制。

环同济科技园区企业集群逐步完善的产业链,分工体系逐步建立。大学、龙头企业、中小企业甚至工作室、兼职人员之间因为分工合作而形成纵横交错的关系网络,在对外承接业务的过程中逐步强化。同济校园周边的上岛咖啡、迪欧咖啡等为非正式交流提供了空间场所,各种沙龙使社会网络逐步发展,形成环同济特有的地域信任文化,各种关系也逐步嵌入这种文化之中,克服了彼此机会主义的存在。进一步降低了交易成本,降低了创业门槛,促进了集群的发展。

5. 环同济科技园区企业集群群外网络层的建立

环同济科技园区企业集群中设计企业的业务区域范围面向全国,上海之外的业务占很大比例。环同济科技园区企业集群是一个开放的系统,系统外部的资源、信息对集群发展起到重要作用。群内龙头企业在全国各地建有大量的分公司、办事处,这些分公司、办事处独立承接业务或者与当地设计机构合作,利用同济的品牌逐步分享或占领当地市场,为群内企业提供大量的信息资源和社会资本。同济大学的毕业生,虽然离开了地理意义上的大学范畴,扩散到了社会的其他部门,如政府机构、其他设计院、规划院等设计企业,还会给他们的同学、校友等创业者带来及时的信息,使环同济科技园区企业集群核心层的小企业所掌握的社会资源得到了强化。同济大学的品牌影响也扩展到环同济科技园区的企业。同济周边的设计企业名称前大多有一个"同"字,或"济"字,形成了媒体所称的"同家军"。除了其中校友们对母校的情结外,更多的还是对同济品牌的知名度与美誉的借用。"同家军"企业到全国各地承接业务、开拓市场,被外地单位视同同济大学的企业,容易建立信任。

5.2.5 环同济科技园区企业集群的大学作用

作为环同济科技园区企业集群中的关键要素和重要资源,同济大学作为人才和知识溢出源、社会资本推动者以及衍生企业的载体,对集群的发展起到重要作用。这些作用得益于同济大学"服务社会"的办学理念和大学衍生企业的直接作用。

1. 同济大学办学定位的影响

同济大学在百余年的办学历程中,不断探索并逐步形成有自己特色的现代教育思想和办学理念。坚持"人才培养、科学研究、社会服务、国际交往"四大办学功能协调发展,努力强化服务社会的功能,实现大学功能中心化。以国家科技发展战略和地区经济重点需求为指针,促进传统学科高新化、新兴学科强势化、学科交叉集约化。与产业链紧密结合,形成优势学科和相对弱势学科互融共进的学科链和学科群,构建综合性大学的学科体系。

在同济大学"十一五"发展规划中,提出学校的发展战略目标:加快"从知识传递为主到探索为主"的人才培养模式变革;初步构建"集成型学科建设体系框架";推进"优化—集群—交叉—拓展"的学科整合;初步构建"互动型科学研究与社会服务体系框架",完成"内部机制改革"到"区域经济融合"的跨越等。学校将采取不同的集成途径,建设"1+2+3+4+n"个学科群或学科体系(表5.5)。

表5.5 同济大学集成型"学科体系框架"(1+2+3+4+n)

1	1个"城市发展研究创新基地"	同济大学城市发展研究院
2	2个"强势跨学科群"	"城市建设与防灾"学科群
		"现代地面交通装备制造业"学科群
3	2个"交互型跨学科群"	文理交融的"可持续发展学科群"
		医工结合的"医学和生命科学学科群"
		科技与艺术互动的"文化创意学科群"
4	4个"优势学科体系"	海洋地质与深海地学
		电子信息工程
		材料科学与工程
		道路与交通工程
n	n个"战略型新兴学科"	航空航天、新能源、生态学……

资料来源:同济大学"十一五"发展规划纲要

"十一五"期间,同济大学已经初具规模、并且与区域产业形成互动的两大强势型跨学科群是:以四平路校区为基地的"城市建设与防灾"学科群,以嘉定校区为基地的"现代地面交通装备制造业"学科群(图 5.14)。

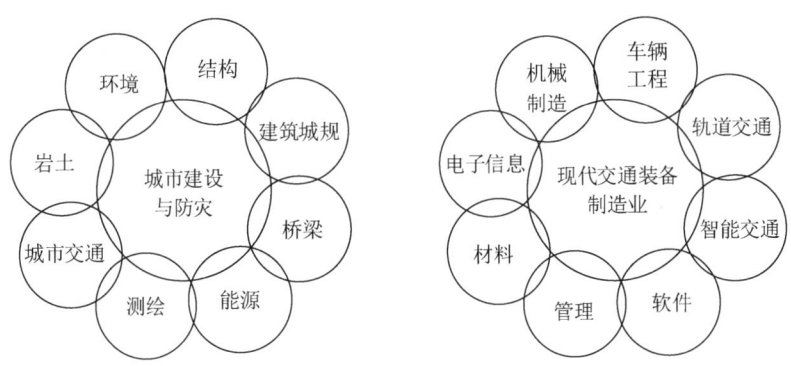

图 5.14 同济大学的 2 个"强势跨学科群"
资料来源:根据《同济大学"十一五"发展规划》

(1)"城市建设与防灾"学科群:依托"985 工程"二期的"城市建设与防灾"国家级科技创新平台,由土木、建筑、城规、测绘、交通、材料、力学、管理及环境等多个主干学科构成。其建设目标是:在 3～5 年内建成具有国际水准和国内实力最强的城市建设人才培养基地,并在大型复杂结构设计、城市生命线工程体系、环境地质和地质灾害防治研究、生态城市建设、全球化进程评估体系、区域整体协调发展机制、高分辨率遥感数据处理、数字城市技术等学术领域居于国际学术前沿、在国内处于引领地位,为本学科群各主干学科的可持续发展奠定坚实基础。建立起国内领先、与国际一流同步接轨的实验室条件和管理体制;建构国内领先、与国际一流同步的多个学科新兴方向上的学术梯队。通过以上的工作,取得一批有国际影响的、国内领先的重大项目和科技创新成果。

(2)现代地面交通装备制造业学科群:依托"现代地面交通装备制造业"国家级科技创新平台,由汽车、轨道交通、机械、交通工程、软件、管理、材料、电子、信息等多个主干学科构成。其建设目标是:建成一个国际一流、能完成国家地面交通工具技术研发、重大地面交通科学基础研究和重大技术开发基地、从而带动全国地面交通运输工程领域的科技创新;能承担重大运输组织技术优化的科研项目,并在这些研究方向上达到和接近世界一流水平。以交通装备信息化及其数字服务业为特色,以现代交通装备制造业的应用材料与技术为切入点,提升信息、材料、管理等学科自身水平;同时,积极争取在大型装备制造、现代精密制造、航空航天等战略领域获得进展,力争 3～5 年内实现相关学科领域以集成化的创新技术为科技自主创新服务的目的。

《同济大学"十一五"发展规划》提出了构建国际知名高水平大学的"科研与社会服务体系框架",认为积极融入国家及区域经济创新体系自主创新已成为国家重大发展战略,在建设创新型国家中,同济大学负有重大历史责任。"十一五"期间,针对同济大学科研及社会服务工作,提出"成果转化计划"——探索不同的学科背景下,产学研合作的长效机制,加快科研成果转化为生产力的步伐。转变技术转移中心和大学科技园区的运作观念,建立成果转化机制,从服务于教授拓展为服务于各类创业人才,从中培养、扶植出与国际市场接轨的现代企业家,把学者从不胜任的市场经营的麻团中解脱出来。"产业环带计划"——紧密结合地区经济发展需求,在四平路校区,继续建设以创意设计、节能环保、绿色建筑为主体的环同济知识经济圈;在嘉定校区,继续加强服务于清洁能源汽车和高速轨道交通产品开发的特大型成套科技研发平台建设。发展潜在的、对下一代新技术有重大战略意义的基础研究,整合校区空间与学科集群资源,形成区域经济创新体系的技术依托。

同济大学在综合考虑周边环境、学科优势以及其他各种因素的基础上,提出的"紧密结合产业链来建设学科链"的发展理念,促进了环同济科技园区企业集群的发展。环同济科技园区企业集群以设计类产业为主导的产业结构与同济大学"城市建设与防灾"学科群实现了对接,取得持续发展的原动力。

2. 衍生企业的直接推动

同济大学在学科链嵌入产业链的同时,还将科技产业纳入学校整体规划,产业链对接学科链,紧紧依托学校优势学科的源头,发展科技产业,直接进行技术转移和科技成果产业化工作。同济大学的衍生企业对环同济科技园区企业集群的发展起到重要的推动作用。在环同济科技园区内的企业中,一部分企业与同济大学具有资产关系,多是原来意义上的校办产业,还包括部分同济创业基金资助的大学生创业企业;另外一部分企业是大学知识溢出形成的在孵新企业,如以同济大学为主的大学师生、校友等创办的企业等,这些都称为大学衍生企业。当然,环同济科技园区还聚集了大量其他企业,尽管它们与同济大学等高校没有资产纽带关系,但与环同济科技园区内的大学衍生企业具有紧密的业务联系,形成了企业集群。

(1) 同济大学投资企业。同济大学投资的企业紧紧依托同济大学优势学科,主要涉及设计与工程咨询、环境、新能源汽车、电子信息、国家大学科技园、现代教育服务业六大板块(注:国家大学科技园不是一类产业,但是同济产业板块的重要部分,为了便于分析,将其列为一类),其中设计与工程咨询占到资产总额的68%,包括环同济科技园区内的龙头企业,如同济设计院、同济规划院、林李公司、同济工程咨询、同济检测等。这些企业紧紧依托同济大学"城市建设与防灾"学科群,产学研紧密结合,成为大学知识溢出、技术转移和产业化的重要平台(图5.15)。

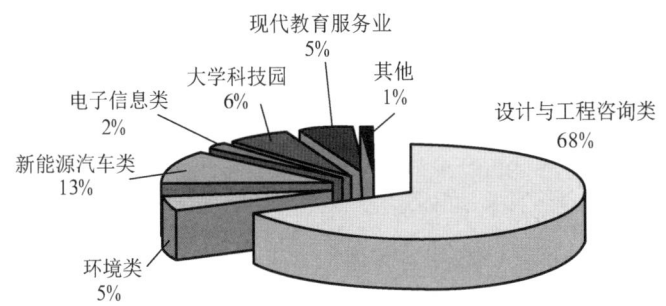

图 5.15 同济大学投资企业领域分布(按净资产计算)
资料来源:同济大学产业管理办公室

同济大学投资的企业在环同济科技园区企业集群中举足轻重。据统计,2007年,同济大学纳入统计口径的35家企业实现主营业务收入263 912万元,企业累计实现利润22 786万元,企业资产总额426 325万元。9家主干企业(包括同济科技、同济设计院、同济规划院、同济工程咨询等5家为设计与工程咨询类企业)占纳入统计企业户数的25%,但资产总额391 202万元,净资产总96 932万元,实现净利润14 874万元,占纳入统计企业总的净利润的96.4%,规模经济效益和集群效应开始显现。对于2007年环同济科技园区企业集群近80亿元的产值来说,同济大学投资企业占了1/3的份额。

(2) 同济大学科技园区入驻企业。同济科技园建于2000年,2003年10月被教育部、科技部正式授牌批准为国家大学科技园。成立以来,根据同济大学"一校多校区"的发展格局以及杨浦区政府提出的"三区融合,联动发展"的核心理念,建立了"一园多基地"的发展规划,先后建立了赤峰路孵化基地、国康路创业基地、密云路环保基地及苏州基地五大基地,总建筑面积约15万平方米,招商面积约6万平方米,完成企业招商约200余家。2007年度,科技园区创造地方税收8 151万元,总产值约3亿元。在孵企业共有116家,重点孵化项目17个。整个园区认定科技企业及现代设计企业123家,其中科技企业76家,现代设计企业45家。

(3) 同济大学大学生创业企业。同济大学把大学生创业作为人才培养与技术转移的重要部分,纳入人才培养和科研与社会服务体系,探索具有同济大学特色的大学生创业模式。从创业课程、创业大赛、创业组织、创业实践及创新创业资金资助方面为大学生搭建创新、创业平台,逐步探索出一条具有同济办学特点的创业教育体系。2006年9月,在教育经费紧张的情况下,同济大学拨出专款与上海市大学生科技创业基金会联合成立同济分基金(简称"同济创业基金"),支持大学生创业。至2008年,同济创业基金规模已达1 100万元。同济创业基金成立后,整合校内校外资源,逐步完善大学生创业支撑体系,在同济大学国家大学科技园内批出2 000平方米场地(其中赤峰路孵化基地1 200平方米,国康路创业基地860平方米),紧紧依托国家大学科技园和国家高新技术服务中心等企业孵化平台,设立大学生创业企业的孵化器——"同济大学大学生创业园",为大学生创业企业提供专业孵化服务。

2006—2008年,同济创业基金受理大学生创业项目122个,其中29个项目获得同济创业基金的投资资助,成立科技型公司,入驻同济大学大学生创业园。大学生创业企业使学校的科技成果有效转化和产业化。在2007—2008年度推荐申报的科技部和上海市中小企业科技创新基金中,同济创业基金资助的5家大学生创业获得无偿资助,总额达200万元。大学生创业企业不断拓宽融资渠道,同天环保等4家公司先后获得后续投资242万元。大学生创业企业申请国家专利18项。大学生创业企业还促进了就业,直接创造就业岗位194个。同济创业基金投资资助的大学生创业企业与同济周边的其他大学生创业企业一起,成为环同济科技园区企业集群中的活跃因子,促进了集群的发展。

5.2.6 杨浦区政府的他组织动力推动作用

环同济科技园区企业集群是自发形成的,在其自组织创生阶段并未受到政府的过多重视,也没有受到过多人为干预。而当这种自发性的产业发展形成了一定的规模、遇到发展瓶颈时,杨浦区政府联合同济大学适时地采取了行动,推动了环同济科技园区企业集群的发展。可以说,杨浦区政府尽管不是集群的缔造者,但它在培育集群发展环境的方面起到了积极作用。

1. 杨浦区的区域的战略选择

环同济科技园区企业集群在2000年之前并没有受到地方政府的重视,随着企业的集聚和衍生,同济大学旁边的赤峰路设计产业的集聚效应开始显现,杨浦区政府也开始逐步跟进。从东方大学城到杨浦大学城再到杨浦区知识创新区建设,杨浦区政府对区域发展战略经历了一个对大学资源不断认识的过程。

杨浦区是上海市工业老城区,工业用地面积为10.6平方千米,占全区总用地的17.6%。区内市属企业有782家,其中市属大中型企业123家;区属企业564家,其中轻工业360家,重工业204家。杨浦区工业大多数为劳动密集型、劳动附加值低的企业,主要集中于食品、服装、纺织、金属、机械、电力、电子行业。

随着经济体制的转轨,又面临来自各方面的市场竞争压力,多数企业经济效益不好,有的面临停产、破产的境况。有些原来效益较好的工业企业,工业利润并不随工业投入增加而呈相应比例的增加。1996—1997年,工业利润不增反降,这说明杨浦区工业结构存在问题,已经不能适应市场经济的发展需要。[1] 同时,杨浦区是上海市最大的科教区、蕴涵着丰富的文化教育科研资源。在杨浦区60.61平方千米的土地上拥有同济大学、复旦大学多所高校,知识密度高,人才荟萃。

——面对传统工业的困境,面临上海市"科教兴市"的政策机遇,2000年7月,中共上海市杨浦区委召开六届七次全会,会议通过了《中共上海市杨浦区委关于依托高校优势推进杨浦、经济和社会发展的决定》,同时也提出要积极支持和服务大工业的改革与调整,并且要将"两个依托"结合起来,共同推进。一场规划和建设大学城的世纪工程由此全面展开,上海杨浦大学城崭露形象。2003年2月16日,在上海市第十二届人民代表大会第一次会议的政府工作报告中明确提出:"全面推进高校布局结构调整,构筑以复旦大学为核心的杨浦大学城……"

——2003年4月15日至2004年4月19日,杨浦大学城的总体规划完成。大学城分为西区、东区和北区三个区域。西区内有同济大学、复旦大学等高校。西区拟划分教学研究、高新技术产业和生活3个功能区。整个高新技术产业园区将由5个园区和一条街构成。其中包括国康路高科技区(同济科技园):规划用地面积4.8公顷;"一条街"就是赤峰路科技服务一条街:规划用地面积约1.25 hm^2,以发展环保、电子技术、建筑技术等高等技术产业。

——2004年4月19日,上海市政府常务会议原则通过上海市城市规划管理局、杨浦区人民政府、上海市城市规划设计研究院联合编制的《杨浦知识创新区发展规划纲要》。2004年5月28日,上海市政府正式批准实施《杨浦知识创新区发展规划纲要》。《规划纲要》以整合大学资源为主线,就地拓展、就近发展,推进大学校区、科技园区、公共社会"三区融合、联动发展",逐步实现区域经济增长方式和城区发展模式的转变。《规划纲要》的核心理念是"三区融合,联动发展"。大学校区:主要为城市和园区提供创新创业人才、项目、手段,为城市经济、社会发展提供科技支持。科技园区:是大学师生和城区市民创新、创业及就业的场所,是园区、城区经济发展的增长极。公共社区:主要为校区和园区提供公共服务,创造适宜交流、创业、居住、休闲的环境。

——2006年2月,杨浦区十三届人大五次会议审议并批准的《杨浦区国民经

---

[1] 李冬生,官远发,陈秉钊.知识经济与上海大学城规划构想[J].城市规划汇刊,2000(6):69-72.

济和社会发展第十一个五年规划纲要(2006—2010年)》明确提出:到2020年基本建设成为知识创新区,在上海实施科教兴市的主战略中发挥重要基础作用,成为立足上海、辐射全国、面向世界的科教中心区、创新型城区和知识经济密集区。"十一五"期间的奋斗目标是:基本形成杨浦知识创新区"三区融合、联动发展"的体制机制框架(图5.16),初步形成城区布局合理、科教主导功能凸现、知识经济优势明显、基础设施网络完善、生态人文环境优良的科教兴市典型示范区域。在自主创新能力方面,初步成为上海知识竞争力的创新、创意、创业高地;在加速知识产业化方面,初步成为上海东北部地区知识经济培育、积聚和辐射基地。

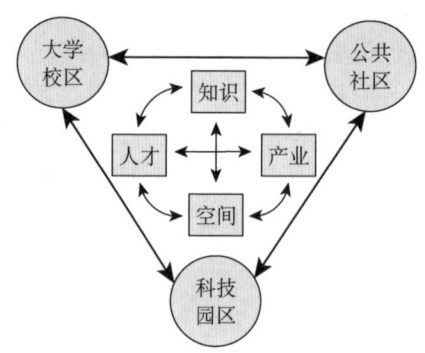

图 5.16 三区联动机制

"三区融合、联动发展"使高校的知识流、技术流,企业的信息流、资金流,以及政府的政策流、服务流,相互交融汇聚,使人才、信息、资金流互补整合成一湖活水,有效地融会了城市创新的血脉,形成高校、政府、企业多赢的局面。从某种意义上说,科技园区是高校与杨浦区利益的结合点,是区校双方加强交流合作的媒介和纽带,正是区校双方在科技园区建设和发展上的共识和利益上的一致,才使得区校之间关系日益密切起来。在杨浦区"服务高校就是服务杨浦,发展高校就是发展杨浦"的理念,以及区域内高校"努力融入并促进杨浦经济和社会发展"的理念指导下,杨浦区与高校在科技园区建设、产学研一体化、干部和人才交流与培养、资源开放与共享、社区共建等方面开展了全方位的合作。在这样的基础上,建设杨浦知识创新区就顺理成章地提了出来,大学校区、科技园区、公共社区"三区融合、联动发展"的核心理念应运而生。

——2007年,杨浦知识创新基地规划建设启动。

——2007年2月,杨浦知识创新基地获上海市政府有关部门正式批准,并被纳入上海张江高新技术产业开发区领导小组协调管理范围,给杨浦新一轮发展带来了难得的机遇。

——2007年1月15日,杨浦区人民政府与同济大学签订《关于进一步加强全面合作联手推进自主创新框架协议》和《实施备忘录》。根据《框架协议》,双方按照"三区融合、联动发展"的理念和"学科引领、优势互补、项目推进、双赢互利"的原则,加强区校合作。将建立起领导定期会商和工作对接机制,成立联动发展领导小组,下设科技成果产业化与产学研结合、教育综合改革与发展、学习型城区建设等若干联合工作组;共同推进"环同济知识经济圈"建设,形成以文化创意、规划设计、新型环保材料及产品设计、节能建筑、建设机械、工程软件为内容、具有同济特色的现代服务业产业结构;合力推进同济大学科技园区建设,拓展同济大学科技园规模,形成集聚效应。到"十一五"期末,杨浦区域内同济大学科技园区建筑面积力争由目前的9.5万平方米拓展到37万平方米;入驻企业由220家增加到700家以上,园区企业总销售收入由目前的20亿元增加到50亿元。合作建设同济大学技术转移中心,推进同济大学科技成果产业化和产学研一体化,探索大学技术转移的新模式和新机制;共同规划建设"同济大学工程技术中心产业化园区"推进同济大学的研究中心的载体建设和实体化、产业化运作,并与国外著名企业联合,形成相关产业集聚效应。合力推进学习型、创新型城区建设,建设资源节约型、环境友好型社区。把同济大学四平路校区建成以三区联动为特色的典型生态示范区;共同营造创新、创业氛围,培育同济师生创新创业精神,为创新创业活动提供财政扶持、担保和奖励等政策支持等。这一协议的签订表明区校联手推进环同济产业发展的决心。

——2007年4月,作为《框架协议》的重要内容,区校联手的"杨浦环同济知识经济圈"课题立项,聘请同济大学经济与管理学院和建筑与城市规划专家进行杨浦环同济知识经济圈的业态规划和形态规划。围绕建筑城市规划学科群,打造上海国际设计中心及创意产业区;围绕土木工程及工程咨询学科群,打造建筑工程技术及咨询产业区;围绕绿色工程技术学科群,打造绿色技术产业区。项目的目标是2015年形成我国城市建设与防灾及创意产业特色品牌,达到产值约300亿元。

——2008年,以"杨浦环同济知识经济圈"规划为基础,杨浦区人民政府联合同济大学申报国家——"环同济研发设计服务产业基地",以进一步推动该区域的知识溢出、技术辐射、产业集聚和人才荟萃,努力形成一个特色鲜明、产业关联度大、技术水平高的研发设计服务的创新产业集群。

顺着杨浦区政府的区域战略定位的不断调整,可以看到政府政策对环同济科技园区的影响不断加大。从东方大学城—杨浦大学城—杨浦区知识创新区的名称改变,从两个依托—服务高校就是服务杨浦—三区联动、融合发展战略的改变,本身体现了地方政府理念的转变。杨浦区的区域政策调整为环同济科技园区企业集群的发展提供了宽松的政策环境,也得到了地方政府不断强化的支持。从同济大学科技园赤峰路孵化基地的建设、国康路创业基地的建设、上海国际设计中心,到同济大学置换巴士一汽地块等,都得益于区政府对用地性质的限制,使同济大学科技园区的范围不断扩大,为集群发展拓展了空间。环同济科技园区逐步成为杨浦区"三区融合,联动发展"发展规划的生动体现。在环同济科技园区企业集群范围内,大学校区(同济大学等)与科技园区(同济大学科技园、昂立创意设计园、建筑设计工场、复旦大学科技园)及所在的公共社区(四平路街道)融为一体、形成知识、人才、产业、空间的联动机制,营造了环同济科技园区企业集群的创新环境。

2. 环同济公共产品的供给

杨浦区政府在环同济基础设施、便利交通等方面起到重要作用。杨浦区科技创新区的规划以整合大学资源为主线,就地拓展、就近发展,实现大学校区、科技园区、公共社区融合联动。杨浦区政府把推进同济大学四平校区的拓展与完善作为建设杨浦知识创新区的重要组成部分。2003年上海航空工业学校划归同济大学管理,同济大学增加了彰武路校区;杨浦区推动巴士一汽四平路停车场搬迁,由同济大学置换巴士一汽地块。该地块搬迁顺利,于2008年6月30日起交予同济大学。该地块规划建筑面积8.05公顷,总建筑面积16.1万平方米,置换后同济大学与杨浦区将其功能定位为国际化高端设计、研发、培训聚集地。这些都为环同济科技园区企业集群的发展提供支撑。

杨浦区以校区、园区、社区"三区融合,联动发展"为核心理念,突破老城区土地资源瓶颈,通过旧区改造、整合资源,大力推进园区载体建设,为同济师生提供了十几万平方米的创业空间。如同济大学科技园国康路创业基地——同济科技大厦,杨浦区初定与"复旦联合基因"合作开发该地块,后来因为土地开发经验和资金问题,转给同济科技与杨浦区共同投资组建的同济杨浦科创公司继续开发,杨浦区政府也起到一定作用。在国康路创业基地二期——上海国际设计中心开发的过程中,杨浦区政府对开发单位的资质和土地开发用途进行了限定,并负责原上海第十二服装厂的搬迁、职工安置,确保了项目的顺利进行和功能实现。在鼎世大厦的改造过程中,地方政府也起到重要作用;杨浦区政府积极通过办公场地购买中的优惠引进了上海邮电设计院(2006年5月迁入国康路现址)、中建国际等龙头设计企业;推动了上海市政设计院的扩建,使其总部顺利迁入国康路;国泰路的复旦科技园总部,是杨浦区以成本价转让给复旦大学的;杨浦区还推动设立了昂立创意设计园、赤峰路63号建筑设计工场等。这些措施进一步增加了同济周边人才、知识的富集程度,提升了环同济科技园区企业集群的层次。

杨浦区还不断改善环同济的基础设施,提升环同济形象,强化服务职能,提供良好的创业环境。2002年,将赤峰路杨浦区段命名为"现代设计一条街",地方政府投资800万元提升赤峰路形象,还通过多主体动作增加了商务办公面积,扫清了发展的障碍。在2007年同济大学百年校庆之际,杨浦区对环同济各项市容环境进行整治。一是拆除各类违法设施工作:共拆除影响市容市貌的违法设施、过期广告招牌达130多处(件)。二是建筑立面和店招店牌的整治工作:建筑立面的粉刷面积达13 000多平方米,部分围墙还进行了手绘艺术图案处理和校庆宣传画的制作;赤峰路沿街商店的形象发生了变化,在整个区域内共装修改建店面达110家,一批新颖、亮丽、整洁的店招店牌取代了原先凌乱、破旧、无序的旧貌。三是道路、桥梁的改造整修工作:对赤峰路的路面进行了铣刨加罩,国康路延伸了非机动车校际绿色通道,对阜新路的车行道和人行道进行了重新铺设,对彰武路的部分路段进行了拓宽改建;另外对周边的四座桥梁进行了装饰处理,中山北路桥、抚顺路桥、本溪路桥和江浦路桥经装修改造后成了该地区的景观新亮点。四是生态环境,绿化景观工作:环同济的绿地成了鲜花盛开的地方,花坛、花池、花园、花穴、花吊组成了绿地景点。五是户外广告的渲染工作。六是赤峰路道路两侧的景观灯光工作。

在杨浦区支持下,960路公交线路改变部分走向,成为"杨浦知识创新区大学一号线",该线连接了同济大学、复旦大学、上海财经大学、上海远程教育集团以及同济大学科技园密云路环保基地、赤峰路孵化基地、赤峰路63号建筑设计工场、昂立创意园、同济联合广场等。北安跨线的开通连接了同济大学四平路校区与嘉定校区,轨道交通十号线更是将杨浦知识创新区的核心、复旦大学、复旦科技园等与环同济科技园区企业集群联系在一起。

3. 公共服务的提供

杨浦区政府整合各方创新资源,推进公共服务平台建设,努力为创新创业者提供高效、便捷、集成的创新服务。杨浦区的公共服务覆盖环同济科技园区,促进了园区的发展。杨浦区与美国旧金山湾区委员会签订合作框架协议,加强在风险投资领域的合作,2亿美元的盛维资本中美投资基金、上海大学生创业基金等项目或机构落户杨浦区,使杨浦区成为风险投资资本集聚、大学生创业服务高地。推进建设上海中小企业研发外包服务中心、上海知识产权公共服务平台、区域金融服务平台和风险投资服务园(仅2007年就为中小企业间接融资1.76亿元),成立或推出上海市大学生创业企业信用担保基金、上海创业者公共实训(杨浦)基地、杨浦知识创新区人才广场、人才发展专项资金、人才租房补贴办法等,举办各类招聘会、人才智力、企业技术项目对接洽谈会等,实施政府购买科教中介服务,推动科技企业提高创新能力并鼓励科技中企业发展等。打造了创新创业投资等功能性公共服务平台。

4. 集群创新网络与创新环境优化

杨浦区政府强化政策导向,开展创新创意创业活动,努力培育、弘扬鼓励创新、宽容失败的区域创新创业文化氛围。同时,市区联动不断加强。积极争取把探索"三区融合、联动发展"新机制纳入科技部与上海市"部市合作"框架协议,市区联手,四个领域加强合作,即把环同济知识经济圈的现代设计产业打造成为国家级特色产业基地、制订创新热点计划、构建创新服务体系、加快推进以创智天地为引领的创新载体和公共服务平台建设等,努力构建区域创新体系等。

5. 财政与人才扶持政策

杨浦区政府先后制定了多项扶持科技园和科技园企业发展的财政支持措施,积极鼓励大学师生、科研院所科研人员等参与创业。如《杨浦区财政局关于同济科技园扶持政策的批复》等,对新办和引进企业实际缴纳属区级财政收入的增值税、营业税和企业所得税等地方三税进行奖励或减免。杨浦区推出《促进企业发展若干政策措施》,对新引进的重点企业、中介服务机构、风险投资企业等进行专项资金扶持;支持企业进行产品研发、品牌创新、专利申请授权、科技成果转化等方面给予扶持等。

根据"十一五"期间杨浦区产业结构优化升级、优先发展科教为特色的知识型、生产性现代服务业和以大学强势学科为支撑的高新技术产业的目标,按照《杨浦区重点领域人才开发目录》确定的重点,以及杨浦紧缺急需的各类人才,实行政策聚焦和服务聚焦,引导人才向重点领域集聚。杨浦人才中心为科技园区企业提供代发工资,代办缴纳住房公积金,代办缴纳社会保险金,代理团体医疗商业保险业务流程,学历、学位证书认定,接收流动人员人事档案,代办招工录用手续等几十项系列服务。杨浦区联合上海市大学生科技创业基金会、科技园区设立大学生创业企业人才服务"绿色通道",为大学生创业企业提供档案托管、代办用退工等人事代理服务等免费服务。在同济大学科技园及环同济其他园区,区人才中心设有受理点。杨浦区还成立人才发展专项资金(鼎元资金),对五类人才进行资助。财政与人才政策加快了企业和人才的聚集。

6. 区域品牌建设

从 2002 年"赤峰路现代建筑设计街"到"环同济建筑设计带"再到 2007 年的"杨浦环同济知识经济圈",杨浦区政府与同济大学一起,打造同济设计品牌。据调查,环同济科技园区企业集群范围内的企业名称中,多为"同"字或"济"字,媒体称为"同家军"。其实这种现象一方面得益于同济大学在建筑设计、城市规划等领域的声誉,另一方面也是因为政府建设区域品牌的作用。杨浦区工商行政管理局与同济大学在"同济"字号上约定:只有同济大学出具关于同意使用"同济"字号的函件,才可以核准含有"同济"字号的企业名称。这样就避免了"同济"

字号的混乱使用,保护了同济大学的品牌和声誉。同时,对包含"同"字或"济"字的名称核准则未进行限制,使环同济出现了"同家军"。"同家军"表明了创业者与同济大学的某种联系,也体现了环同济设计产业的巨大影响力,同济大学在城市规划和建筑设计方面的巨大优势,提高了"同家军"企业在开拓外部市场时的信任度。同时,为了统一协调科技园区管理,统一打造科技园区品牌,2004年3月杨浦区成立了由上海市科委、市科技创业中心、复旦大学、同济大学、上海理工大学、上海水产大学等单位参加的杨浦区科技园区管委会,统一协调园区建设与发展事务。

按照自组织理论,从企业集群自组织演化的阶段性来看,环同济科技园区企业集群正处于自组织适应阶段。在自组织适应阶段后,由于空间的局限、同行企业对市场份额的争夺、资源的稀缺、集群的嵌入性依赖、集群企业学习的失败、交易的低效率等原因,企业集群的发展可能出现由盛到衰的转变。根据本书的调研,下述问题已经开始影响到集群的进一步发展:一是环同济空间的局限。近年来,环同济周边的空间虽然有了一定的拓展,但由于企业的大量衍生和迁入,很多企业已经很难找到合适的办公空间,环同济科技园区企业集群的商务办公资源成为集群进一步发展的瓶颈。据了解,同济大学科技园赤峰路孵化基地的办公资源一直处于饱和状态,即使在同济大学提供了2号和3号办公楼的情况下,需求仍然没有缓解。赤峰路63号建筑设计工场也处于饱和状态,笔者调研时曾从创意工场总经理×先生处了解到,预约登记入住的企业已有几十家,鉴于这里提供的房间偏大的情况(多在100平方米以上),很多初创期小企业难以承受房租压力。另外,有些企业在壮大以后,对大学的依赖也逐步降低,为了创立自己的品牌,转而寻找更大的空间。但是同济大学处在杨浦区和虹口交界的老城区,周边多是居民生活区或是学校等事业单位,拓展的空间比较小,如果不能很好地解决该问题,可能会因为空间限制而导致商务成本提高,迫使企业外迁而导致集群的衰落。二是风险投资等软环境建设的短板。环同济科技园区企业集群中,还缺少风险投资、技术交易、会计师事务所等完善的配套服务,服务能力将是环同济科技园区企业集群进一步发展的制约因素。三是必须防止路径依赖或锁定效应引起的集群衰落。四是环同济科技园区企业集群面临着升级和进一步发展的压力。上述因素都成为环同济科技园区企业集群化的排斥力量,成为集群的自组织离散因素。

为进一步发挥高校知识技术外溢、辐射效应,促进三区融合、联动发展,区校决定联手推进"科技园区企业集群"升级为"知识经济圈"。区校联手成立了"杨浦环同济知识经济圈总体规划研究"课题组。课题组由同济大学相关专家和相关职能处室以及杨浦区相关委办组成。经过一年多广泛深入的调研和研讨,并多次征求区校双方领导及专家意见、建议,课题组最终形成了杨浦环同济知识经济圈总体规划研究报告。2007年5月,同济大学百年校庆期间"杨浦环同济知识经济圈总体规划研究"课题通过专家评审。2007年6月16日"杨浦环同济知识经济圈"建设启动仪式在同济大学举行,"杨浦环同济知识经济圈管理委员会"同时成立,将负责政府、大学、科技园、社区之间的沟通和协调工作。

5.3 杨浦环同济知识经济圈发展规划

"杨浦环同济知识经济圈总体规划研究"课题包括产业规划研究和形态规划研究两个部分。课题在界定环同济知识经济圈的内涵与外延,系统、深入地分析同济优势学科与同济周边产业现状,并借鉴国际成功经验的基础上,提出了"产城一体、两大平台、三区联动"的战略目标,即产业与城市的一体化发展,产业与城市共生、共荣,产业与生活相互融合,和谐共存;使环同济知识经济圈成为同济大学师生创业、创新、成果转化等知识外溢的产业承接平台和以知识与服务为纽带,集聚国内外技术、人才、信息、资本等知识创新要素的开放式综合服务平台;使大学校区、科技园区和公共社区相互融合,联动发展。

课题将环同济知识经济圈的产业,聚焦于创意和设计(含新媒体和珠宝)产业,国际工程咨询服务业,新能源、新材料和环保科技产业三大集群。提出到2015年,环同济知识经济圈将实现年产值300亿元。为实现这一目标,在优化现有产业载体的基础上,在2007—2015年,将分三阶段建设十大新的产业载体。课题还就环同济知识经济圈运作机制(建设主体及其职能、区校协作机制、三区联动机制)和配套政策与措施,以及空间布局等方面提出了系统的设计方案。

杨浦环同济知识经济圈由"一核心圈、一扩展区、四个辐射点"组成(图5.17)。核心圈由密云路、中山北二路、江浦路、控江路、大连路围合而成,面积约2.6平方千米。核心圈与本书研究的环同济科技园区企业集群地域范围相同。扩展区以曲阳路、大连西路—大连路、周家嘴路、黄兴路、邯郸路围合,面积约10平方千米。四个辐射点分别为新江湾城、共青森林公园、滨江和黄兴公园区域。具体为三大类产业载体:一是依托大学和科研机构所形成的综合科技园,如同济大学国家大学科技园。二是依托大学和科研机构所形成的特色园区,如创意设计产业园。三是以技术开发为支柱、以发展高新技术产品的生产为辅助而形成的科研—生产综合体的技术城。如,同济大学的上海城市污染控制工程研究中心大楼已具雏形,但尚缺乏成规模的此类技术城。[①] 上述三大类产业载体主要分三个阶段建设,包括了十大产业载体(表5.6)。

---

① 杨浦区人民政府.申报国家火炬计划《环同济研发设计服务产业基地发展规划方案》[R].2008.

第 5 章　环同济科技园区企业集群演化的实证分析

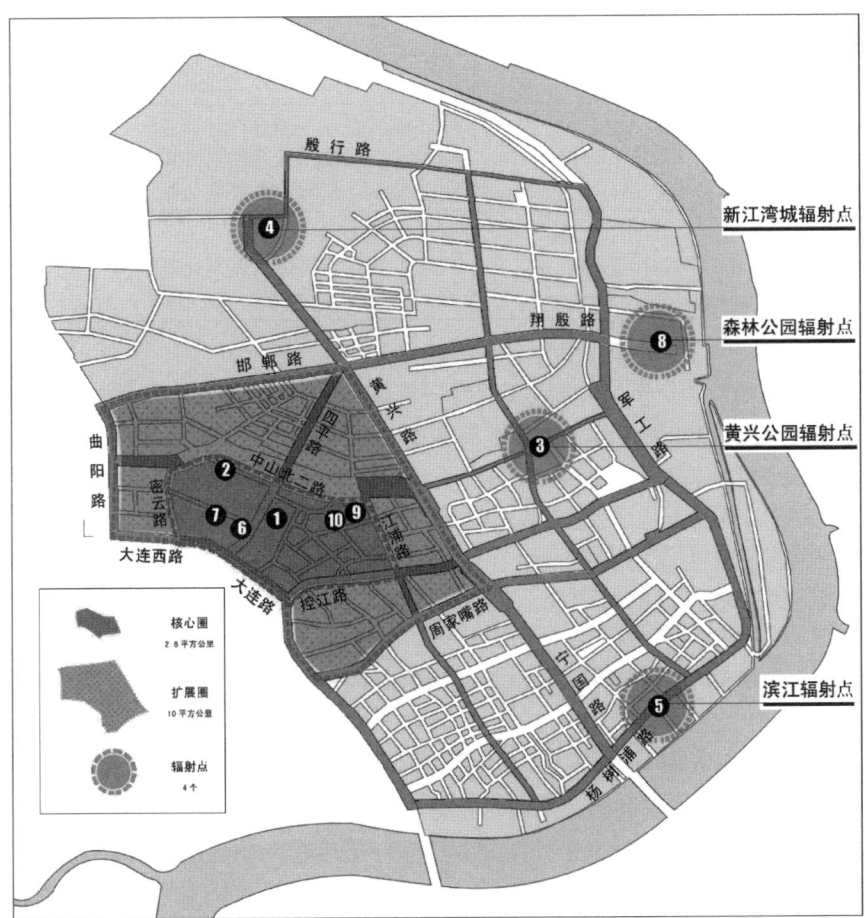

第一阶段：2006—2008
❶ 同济新技术基地
❷ 上海国际设计中心
❸ 黄兴公园辐射点—白玉兰环保广场
❹ 新江湾城辐射点—节能与新能源科技城

第二阶段：2009—2012
❺ 滨江辐射点—创意设计产业园
❻ 同济大学科技园赤峰路第二孵化基地
❼ 同济大学科技园赤峰路孵化基地2号楼

第三阶段：2013—2015
❽ 森林公园辐射点—新材料科学园
❾ 同济大学科技园彰武路孵化基地
❿ 同济工程设计软件园

图 5.17　环同济知识经济圈总体结构图
资料来源：环同济知识经济圈发展规划(2007)

表 5.6　环同济知识经济圈产业载体与建设阶段划分

阶段划分	时间	产业载体
第一阶段	2006—2008 年	同济新技术基地 上海国际设计中心 黄兴公园辐射点——白玉兰环保广场 新江湾城辐射点——节能与新能源科技城

(续表)

阶段划分	时间	产业载体
第二阶段	2009—2012 年	滨江辐射点——创意设计产业园 同济大学科技园赤峰路第二孵化基地 同济大学科技园赤峰路孵化基地 2 号楼
第三阶段	2013—2015 年	新材料科学园 同济大学科技园彰武路孵化基地 同济工程设计软件园

按照规划,2015 年,环同济知识经济圈实现年总产值 300 亿元。但这只是政府与大学的设想,实际上,企业集群在每个演化过程中都可能出现逆转的可能,即无论是自组织创生、自组织成长还是自组织适应期,都有可能由于某个微小的扰动而在演化阶段的各个阈值附近发生突变,从而结束原有的演化周期,最终突变到新的演化周期或者回到上一个演化阶段,甚至导致集群的瓦解。环同济科技园区企业集群的演化也会面临衰落的可能,即系统的自组织离散可能。

5.4 环同济科技园区企业集群的价值分析

20 世纪 80 年代中期开始,我国许多省市相继筹办高技术园区。至 2007 年,经国务院批准建立的国家高新区总数达到 54 个;我国地方政府还设立了为数众多的地方性高新技术园区;自 20 世纪 80 年代末开始,我国许多大学在充分借鉴国外大学创办科技园成功经验和自身创办科技产业实践的基础上,逐渐在校园内部或周边创建大学科技园,至 2006 年 11 月,经科技部、教育部认定的国家大学科技园已达 62 家。建设高新区的初衷是通过各种优惠政策吸引国内外企业进入,引致产业集聚,构建科技园区竞争优势,复制"硅谷"。然而,高新区发展的实践与预期的目标相距甚远:第一,我国高新区的发展在相当程度上是依靠土地扩张和优惠政策的扶持。伴随全球竞争的不断加剧,以及土地使用成本的日渐提高,国家高新区的发展面临着巨大挑战。第二,从国家级高新区的整体发展看,差异化、专业化的特色高新区不多,2003 年 53 个国家高新区的高新技术产品质量同质率高达 80%,产业结构趋向率约为 70%。[①] 根据原国家科委制定的分类标准,高新技术产业共有 11 个领域,但全国高新区的产业却只集中在其中的五六个领域(图 5.18)。产品结构也出现雷同现象,有关部门曾对全国高新

---

① 杨昌荣. 差异化:高新区增强国际竞争力的关键[J]. 国际经济合作,2004(9):18-19.

区3 990种产品进行统计,微电子和电子信息技术产品占32.3%。① 第三,中国高新区尽管数量较多,但创新能力不足,内生机制有待有效促进,空间聚集的优势未能有效发挥,表现为创新能力不强、规模经济、范围经济、关联经济效应不明显,整体上尚未形成真正意义上的企业集群。

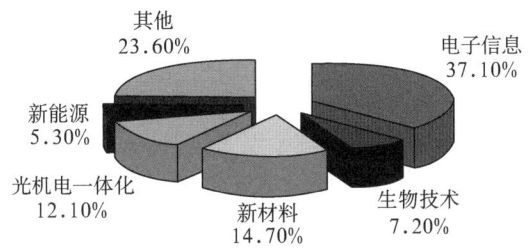

图5.18 国家高新区企业产品销售收入按技术领域分布(2006年)

环同济科技园区企业集群的发展提供了"政府、大学、产业"紧密合作,园区自组织演化推动企业集群发展,有别于"硅谷"的"大学、产业、风险投资"的科技园区发展的"环同济模式"。科技部战略研究院专家在考察了"环同济"后认为:"这里的体制与机制创新远远超过了他们的想象,这里的政府与大学关系的密切程度他们没有想到,这里真正是人才、知识等创新要素推动发展起来的,这里在全国所有高新区与产业集群中是最接近理想化的创新集群。"②

环同济科技园区是一个依托区域内生知识与人才资源,通过知识溢出、人才供给、环境支持而形成的知识创新网络完备、产业链完整的设计特色鲜明的创新集群。其价值主要体现在下面几个方面。

一是大学学科引领。同济大学是环同济科技园区企业集群的知识溢出源、人才集聚地,还拥有丰富的共享性资源、大量的大学衍生企业,处于社会网络的中心。同时,同济大学及时把握产业结构调整的机遇,面向国家战略和区域经济发展,对设计院系适时调整,重新整合各类学科资源,形成了具有同济品牌的强势学科链,在不断创造一流的科学研究成果的同时,也培养了一流的创新人才,凝聚了一批创业企业,充分发挥了大学对产业的向心力和辐射力的双重作用。与环同济科技园区企业集群形成互动、对接,使集群企业发展取得持续的原动力,对集群起到了引领作用。

二是技术创新支撑。同济大学的4个国家级重点实验室和2个国家级研究

---

① 科技部网站:http://www.most.gov.cn/kjtj/index.htm.
② 纪占彩.杨浦环同济知识经济圈:一个创新创业型产业集群悄然崛起[J].今日上海,2008(7):32-33.

中心及 20 个省部级重点实验室与研究中心,涵盖了工程结构抗震应用基础研究等数十个设计类研究方向,在环同济周边形成了具备先进设计理念、知识溢出效应、全方位辐射的技术链,对大学周边产业的集聚、发展和壮大起到了强有力的技术支撑作用。

三是市场需求驱动。同济大学的设计学科和技术创新优势处于价值链的高端,直接面向市场需求,就像一块大磁铁,吸引着千家研发设计企业聚集在同济大学周边,以市场为导向自发形成,在市场竞争中自我发展,在地理空间上产生集聚效应。

四是政府他组织力量适时引导推动。在设计特色产业集聚的初期,作为他组织力量的杨浦区政府积极贯彻"大学校区、科技园区、公共社区三区融合,联动发展"的核心理念,整合区域资源,通过政策引导、资金支持,鼓励中小企业设计创新,积极建设行业公共服务平台和国家级孵化器,创造有利于创业企业发展的外部空间环境,推动了该区域的设计创新和经济增值活力。

五是特色专业化明显。从产业结构方面来看,硅谷、中关村、新竹、班加罗尔的主导产业都集中在电子信息领域。我国国家高新区的高新技术产品质量同质率高达 80%,产业结构趋向率约为 70%。而环同济科技园区企业集群的专业特色比较突出,建筑等现代设计类产业占到环同济科技园区企业集群总产值的 55%(图 5.19)。

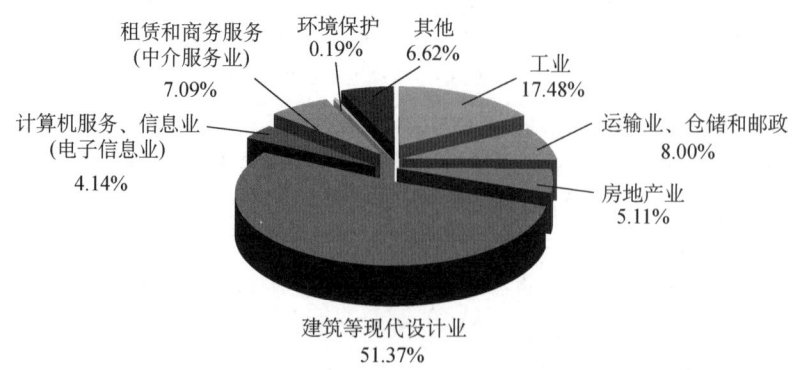

图 5.19　2005 年环同济产业结构(按销售收入)[①]

资料来源:根据环同济知识经济圈规划(2007)绘制

环同济科技园区企业集群最初是市场机制下在环同济地区的形成的产业群

---

① 张茂林,等.杨浦环同济知识经济圈总体规划研究[R].2007.

聚效应,自发形成了企业集群的萌芽。当这个小环境辐射出来的能量触及旧体制的弊病时,强烈的配套制度改革的需求导致了"科技园区"的诞生。从这个意义上来说,"科技园区"建设后发于环同济设计产业的发展需要。地方政府作为他组织力量适时介入,改善环境、创造条件,推动环同济科技园区企业集群发展,自2000年开始,他组织动力的作用不断加强。2003年,杨浦区朝向知识创新区方向发展的战略确立,在大学校区、科技园区、公共社区间的互动中,区校逐步创造出了一个依托区域内生知识与人才资源推动城市更新与产业升级的"三区融合、联动发展"的机制与模式。这样,至2007年,在环同济2.6平方千米的土地上,聚集了1 000余家以设计为主的现代服务业及配套企业、10 000余人的高素质就业人口,年产值近80亿元,形成服务辐射全国乃至世界的全国最大的设计产业集群。[1] 创造了"政府、大学、产业"紧密合作,自组织-他组织力量共同推动科技园区企业集群化发展的"环同济模式",为科技园区发展提供了一个极具价值的案例。

5.5 小结

本章首先对环同济科技园区企业集群的范围进行界定,并对环同济科技园区企业集群的现状进行概述,分析归纳出环同济科技园区企业集群的主要特征。环同济科技园区企业集群是以建筑设计类产业为主导的专业化中小企业创新集群,该集群具有系统开放性,符合自组织特征。其次,利用自组织理论对环同济科技园区企业集群演化过程进行分析,认为该集群经历了自组织创生、自组织成长和自组织适应阶段,已经形成以建筑设计产业为主导的专业化特色企业集群。环同济科技园区企业集群的自组织创生源于市场需求和同济大学的知识与人才溢出,在发展到一定阶段后,政府他组织力量适时介入,为科技园区企业集群提供进一步发展的条件,促进了企业集群的成长。本章还分析了环同济科技园区企业集群演化的动力机制,包括环同济科技园区的资源、专业化分工、社会网络与社会资本以及同济大学、杨浦区政府等对环同济科技园区集群演化的作用机制。接着,对发挥大学知识技术溢出、辐射效应,促进三区联动,推进"环同济科技园区企业集群"升级为"环同济知识经济圈"做了深入分析,对可能出现的系统自组织离散作出提示。最后,本章对环同济科技园区企业集群的价值进行了深入分析。

---

[1] 杨浦区人民政府.申报国家火炬计划《环同济研发设计服务产业基地发展规划方案》[R].2008.

第6章 科技园区企业集群演化的发展思路与政策建议

科技园区与企业集群在理论根源虽不相同,但世界上成功的科技园区背后的共同特征是专业化中小企业集群的存在。本书开篇就提出了我国科技园区发展中的非集群化问题,经过对科技园区企业集群演化过程和动力机制的深入分析以及与世界著名科技园区发展模式的比较,本章提出了科技园区企业集群化发展的思路和政策建议。

6.1 科技园区企业集群演化的发展思路

科技园区企业集群系统是一个开放的复杂自组织系统。尽管科技园区建设的初始禀赋一般是源自政府他组织力量,其目标却是要使集群系统从无序走向有序,由低级走向高级演化,最终形成科技园区企业集群系统。科技园区企业集群演化的过程中,充满了各种不确定的涨落因素,来自外部的扰动更不待言,整个集群系统能够很好地耦合并趋于均衡,是因为市场机制和组织契合的共同作用。在企业集群化发展过程中要遵循如下思路。

1. 市场机制原则

科技园区企业集群系统是由众多企业、大学与研究机构以及集群代理机构、中介机构等行为主体以及它们之间的复杂联系组成的经济系统。该系统具有开放性特征,必须不断地将自身信息与外界环境发生相互作用并加以吸收,调节系统内部各子系统及其关系,同时,根据环境的变迁,还需要调整自身与环境的关系。所以在科技园区企业集群系统发展演化动力中,既有内部推动系统演化的动力要素,又有外部推动系统演化的动力要素,内部与外部动力要素互相作用,共同推动科技园区企业集群系统的发展。

首先,科技园区企业集群系统的外部环境主要是市场环境,系统的发展是以与外界的物质能量交换为原动力,企业集群必须遵循市场经济运行规律,满足市场需求。世界上成功的科技园区之所以成功,关键在于市场机制的驱动。如美国硅谷这样一个以网络为基础的工业生态体系中,企业必须为不断适应市场和技术的迅速变化而加以组织。在硅谷机制下,知识和技术成为最重要的生产要素,发达的市场体系和市场制度为知识、技术要素动员资本、土地、机器等生产要素提供了一套完善的评估、引入和实现公司化、规模化的坚实基础。钱德勒在《看得见的手——美国企业的管理革命》一书中提出:"当管理的协调比市场机制的协调能带来更大的生产力、较低的成本和较高的利润时,现代多单位的工商企业就会取代传统的小公司。"然而,硅谷高科技企业的实践表明,生产资源配置的天平似乎从更多地倾向于大公司的看得见的手又转向看不见的手——市场机制,或者说是看得见的手与看不见的手的互动与交替作用。[①]

其次,科技园区企业集群系统内部也应形成市场机制。市场机制是激励创新的动力,市场的最大功能在于其能够自发地培育创新。一个完备的市场包括以下要素:自由公平交换的规则、价格机制、市场主体法人化、生产要素的自由流动。在市场交换规则下,一个企业必须去了解消费者的要求,针对市场需求进行生产或者提供服务。市场还能减少技术创新的不确定性,它允许多个企业为某一创新产品进行竞争性的研究开发。事实证明,竞争有助于从多条途径进行创新,在竞争环境中大大提高创新的效率。并且,在市场条件下,企业和个人有明确的创新收益、巨大的目标前景,这对企业与个人来说也具有极大的创新激励作用。同时,市场竞争迫使企业不断创新,淘汰创新能力低下者,使科技园区企业集群创新能力不断演进、自动上升。

2. 自组织与他组织动力契合原则

科技园区企业集群系统存在自组织与他组织两种动力作用机制。在科技园区企业集群演化过程中,集群政策是如何发挥作用的呢?协同学提出了"自组织"和"他组织"的区分研究,实际上二者并非对立,而是相互作用的。哈肯认为,有许多自然变化过程只允许朝一个方向进行(不可逆过程),而且许多自组织存在着一种向无序方向演进的倾向。因此,从理论上讲,对于自组织进行适当的他组织化是必需的。基于"可能性越多,越有可能无序"的规律,就要防止集群向无序方向演化。集群的无序化主要体现在:集群内部企业过分强大而产生"一体化"的倾向;集群组织的刚性;集群组织对于资源整合功能的退化以及集群在发展过程中存在"路径依赖"等。因此,集群政策在某种程度上是对集群组织起到"他组织化"的作用,使集群向更有序、更复杂的方向发展。一方面,应该肯定集群是具有自组织性质,另一方面,我们又要防止这种自组织的"非组织化"(无序),通过适当的"他组织化"增强集群的有序性(竞争优势)。集群政策的实施并非让集群成为一个人工组织,更不是制造一个所谓的"人工集群",而是通过集群

[①] 毛蕴诗,周燕.硅谷机制与企业高速成长——再论企业与市场之间的关系[J].管理世界,2002(6):102-108.

政策,让集群这种自组织通过"他组织化"吸收其他组织的优势,减少"均衡性",使其更加健康地发展。

3. 培育专业化特色企业集群

美国的硅谷、中国台湾地区的新竹、印度的班加罗尔等世界知名的科技园区都是专业特色明显,在全球处于领先地位。如硅谷以半导体集成电路和电子计算机为特色;新竹以台基电、华硕、联合微电子等世界著名企业为核心形成半导体、光电、计算机和通信等特色产业;班加罗尔则是软件外包产业的发源地,也是软件外包产业发展最成功的地方;近年来迅速发展的环同济科技园区逐渐形成了设计类特色企业集群等。

我国的科技园区差异化、专业化不够,存在产品和产业结构雷同问题。科技园区多没有依托本地资源优势,实施差异化发展,造成了资源的极大浪费和创新能力的不足。集群没有固定范式,发展科技园区企业集群必须根据目标地区的区位优势、资源特色、历史和文化基础等条件,按照企业集聚的市场规律,制定战略规划,培育科技园区特色专业化企业集群,促进资源有效配置。为此,在科技园区企业集群发展过程中,各科技园区要避免集群的同构化和低层次竞争,应找准战略定位,争取形成有自己特色的极具竞争力的产业。

6.2 科技园区企业集群演化的政策建议

通过分析可以看出,科技园区企业集群系统发展的自组织演化,必须以开放的、远离平衡态的,有外部的物质、能量、信息等"负熵"的输入条件的耗散结构为演化发展的前提,以科技园区企业集群系统内部子系统之间的非线性相互作用所形成的子系统之间的竞争协同效应为基本演化动力,通过内、外部的随机涨落启动进一步支配系统内部的竞争与协同,通过有效地利用外界的"负熵",经历多种渐变和突变过程,从混沌的平衡状态逐渐演化发展成为有序的非混沌、非平衡状态,进而获得更为成熟的企业集群系统结构。

我国的科技园区多是政府主导下建设的,科技园区企业集群的发展不是一个完全或者纯粹"自然"演化的过程,政府他组织力量在推动科技园区发展过程中起到重要作用。鉴于我国科技园区存在的非集群化问题,地方政府适度地进行他组织干预是必要的。但是这种他组织力量,即政府的干预行为不宜过多,要在科技园区企业集群系统自组织演化的前提下,为其提供相协调、相配合的辅助措施。基于自组织理论,本书提出科技园区企业集群演化的政策建议如下。

1. 科学制定科技园区集群规划,合理配置资源

科技园区集群规划的理论基础在于弥补市场失灵和制度失效,政府在科技

园区发展问题上只能制定相应规划而不能刻意创造一个全新集群。科技园区企业集群的发展规划,需要注意以下几个环节。

第一,寻找和识别集群产业。从硅谷的案例来看,硅谷不是政府规划出来的;环同济科技园区企业集群也是自发形成集群萌芽后,政府他组织动力推动的。世界上成功的科技园区的专业化集群都不是完全靠政府规划出来的。而科技园区的建设多是政府推动的,园区企业关联性不强,难以形成竞争与协作关系。科技园区的企业集群在规划阶段就要加以考虑。要准确定位科技园区的产业发展方向,培育优势、形成特色。产业方向的确定不是从市场供给需求概念出发推断应该发展某个产业,也不能盲目地将一些高科技确定为主导产业,而是要根据特定园区的历史和现实,从具有特定园区特色和优势的产业中精准识别,寻找培育对象。运用资源差异化战略开展招商引资活动、形成产业链条、促进企业衍生,形成科技园区的特色。

第二,确定培育重点,然后从资源(包括知识、人才等)、专业化分工等方面进行调查分析,同时,需要分析制约产业发展的因素,有针对性地提出该科技园区产业的发展措施。

第三,开展科技园区特定企业集群培育的专项研究(如同济大学与杨浦区政府开展的"环同济知识经济圈"的研究)。专项研究不是产业规划研究,而是如何培育集群,如何培育集群环境的研究。

第四,规划适当的空间范围。科技园区不是越大越好,不应以"科技园"名义变相圈地。2006年3月,科技部、国土资源部、建设部在公布的国家高新区扩区规范中提出,国家高新区新扩区域或省级高新区升级为国家高新区、规划面积一般不超过10平方千米。① 台湾科学工业园区管理局(2000)的统计数据指出,165个工业开发区的平均面积是2.47平方千米,8个出口加工区的平均面积是0.7平方千米,6个科学工业园区的平均面积是4.48平方千米。依据国际科学园区协会的统计,世界上70%以上的园区面积小于1平方千米。我国的科技园区比较起来面积明显偏大,面积与单位面积的效益存在一种大致的负相关性。王宁提出园区的合适规模应该在1~3平方千米之间,最后发展不要超过5平方千米。因此,科技园区规划时应该以区域空间资源等确定科技园区的空间范围。

第五,科技园区企业集群的发展必须符合区域经济发展的整体需要。注重与地方经济社会总体规划之间的衔接,明确区域特色目标和具体的措施以及支撑条件。如"环同济知识经济圈"的发展规划与杨浦区知识创新区的规划相衔接,形成"三区融合、联动发展"的新模式。

---

① 孙万松.高新区自主创新与核心竞争力[M].北京:中国经济出版社,2006.

2. 强化政府的公共产品供给

科技园区企业集群化的发展，本质上是一个市场化的企业自组织过程。然而，一个不争的事实是，世界上几乎所有成功的科技园区企业集群，都与政府公共产品的有效供给密不可分。中国台湾地区新竹科学工业园区，重视绿化与环保，健全交通和通信网络，建设高档次的住房及配套生活设施。英国剑桥科学园，大力改进园区交通网。因此，地方政府应该为科技园区企业集群化发展提供有效的公共产品供给。首先，科学规划、抓好供水、供电、交通、通信、电力、高速局域网等基础设施建设，营造良好的创业环境。其次，为了促进政策信息最快地传播，应整合各类信息平台，建立统一的信息发布平台，加强产学研各方信息资源共享，逐步完善集咨询、检索、申请、评估、审批、交易、招聘、投融资、交流功能为一体的官方权威产学研联合服务平台，便于各方方便、快捷地了解信息。第三，建设具有科技园区特色的专业市场、设立公共研发机构、教育培训机制等。第四，由政府、企业、金融机构、科研院所、行业协会等各种力量相互配合，建立包括金融服务、信息咨询服务、研发服务、法律服务、技术及人才培训服务等在内的企业集群配套服务框架，为企业集群的发展提供一个具有低成本性质和公共性质的支持体系。

3. 科技园区企业集群化的政府公共政策支持

政府针对企业集群的公共政策就是企业集群导向的公共政策。政府公共政策能促进科技园区企业集群的形成，世界上成功的科技园区的经验已经证明政府对科技园区企业集群的形成、发展和壮大都可以发挥很大的作用，但政府作为他组织力量的作用是有限度的，或者说，政府作用于科技园区企业集群的政策有一定的边界，在边界之内政策的效应可以发挥，超越边界则适得其反。这一政策边界的核心是处理好政府和市场（企业）之间的关系，各司其职，互动互为。

公共政策一般包括正式规制（包括政策、法规与制度等）和非正式制度。实践表明，无论国际还是国内，政策、法规和条例等正式制度的建立与完善对企业集群发展都具有十分重要的作用。在政策设计时，必须处理好对集群个体行为和集群整体行为之间关系的界定，把政策分为针对个体的政策——个体性干预，以及针对集群整体行为的政策——结构性干预。在政策制定中，如何通过对环境的干预，达到激励集群的创建与成长，应成为政策设计的第一目标。第二个目标是保护集群成员企业的利益，保护其创新动力。为此，可以从激励型政策、引导型政策、保护型政策和协调型政策相结合的角度来设计有关的规制政策。激励型政策包括金融政策（如优先贷款和优惠贷款、设立创新风险基金等）、财政政策（如对创新的奖励，对研究开发的投入、拨款等）、税收政策（如减免税等）、分配政策（如从利润中提取创新基金等）、信息政策（如建立区域基础结构，为创新主体及时提供准确信息)、专利政策(如保护创新成果和知识产品的专利制度等)和其他政策(如提供创新所需的基础设施等)。引导性政策包括产业政策(如优先发展高科技的产业政策、产业结构调整政策、科技园区政策等)、科技政策(如科技进步政策、技术市场政策、人才交流政策、技术引进政策、对研发的支持政策等)。保护型政策包括政府采购政策如军事采购对硅谷的作用、专利制度等。协调型政策包括协调集群内部创新矛盾的政策,促进集群内部合作与外部交流的政策等。针对我国科技园区的实际,在制定具体政策时,要关注以下三个方面的政策:一是培育积极的竞争态势,控制恶性竞争和无序竞争行为;建立技术创新保护机制和激励机制;完善税收政策和金融政策导向。[①] 科技园区企业集群化政策的制定过程中,应当确立园区产业重点,有步骤地推进集群发展;同时,在综合性的集群政策之外,要专门针对科技园区企业集群化发展的突出问题,出台专项指导意见或措施,并辅之以相关的鼓励支持措施,解决科技园区发展过程中的主要矛盾,促进企业集群化发展。

非正式制度对科技园区企业集群的形成与演化同样起着不容忽视的作用,主要表现在以下方面:第一,在企业集群内,通过企业的关系网络以及由此产生的信任,有助于降低企业间的交易成本。这是因为,在企业集群内部,业主之间彼此熟识,大多有着共同的传统、文化、风俗习惯等。正是这种长期的交往所形成的非正式合约,使得企业之间在频繁的产品交易中,有时候不用签订合同,甚至不必立即支付现金。这种非正式合约的交易方式有效地降低了企业间的交易成本,提高了企业的生存和竞争能力。第二,在企业集群内,通过企业的关系网络可以创造各种基于资源与技术共享的合作氛围,提高企业的创新能力。创新是企业集群持续发展的内在动力。集群中的企业有着相似的语言、技术态度和解释框架。企业家之间可能是曾经的同事、同学、同门、同乡等,他们能够相互学习和频繁交流,这为集群内产品的升级创新创造了条件,有利于进一步提高企业的创新能力。第三,企业集群是网络关系的综合体,由于地理邻近、产业关联、工作人员的频繁交流,使集群网络具有很强的凝聚力。为了减少风险和不确定性,企业间的交易尽量利用特殊的信任关系。正是这种信任文化背景下的网络关系孕育并推进了企业集群的发展。

4. 构建产学研合作机制,推动大学学科集群与科技园区企业集群协同创新

产学研联合机制是科技园区内企业集群形成和企业能够持续进行创新与保持竞争优势的重要保证。完善产学研联合机制的重点在于建立产学研之间的互

---

① 魏江. 产业集群:创新系统与技术学习[M]. 北京:科学出版社,2003.

动模式,促使大学、科研机构与科技园区内的企业一同成长、相互促进。实际上,我国的科技园区表现为企业与企业间、企业与大学研究机构之间的合作创新关系弱化,产学研合作创新网络的协同创新功能不强,整个区域的创新活力不足。构建产学研合作机制,推动大学学科集群与科技园区企业集群协同创新,成为科技园区发展急需解决的问题。在大学—政府—企业的合作机制中,各行为主体应该各司其职、有效运转,形成协同治理机制。

第一,政府或其他社会组织应重点在科技园区维持或提供低成本、适宜创业的空间载体,推动集群中知识与人才要素的集聚,促进内部各个主体间的互动,在与各利益相关方充分沟通的基础上,发现创新主体的需求、存在问题与发展障碍并采取措施予以解决。具体为:帮助科技园区获得发展所需的资源,从而促进大学知识的生产与人才的培养;为科技园区企业集群建立支持性制度条件;为企业间、企业与大学、研究机构间对话建立平台与渠道,促进知识的交流与合作的产生;通过技术预见研究勾画未来技术发展趋势并对集群进行标杆研究;为吸引与留住企业与人才提供良好的创业环境;提升本地区和科技园区的形象,同时保留低成本的创业空间等。

第二,大学与研究机构要发挥知识与人才溢出源的作用,应该在以知识的生产与人才的培养为目标的同时,进一步明确自身为服务社会的目标与功能,按照产业链整合学科链,开展交叉学科的研究创新。参与产学研结合的大学和科研院所,已经不仅是以个别学科的形态出现,也不仅是以若干学科简单配合的形态出现,而突出的是围绕产业技术创新的战略要求,以众多相关学科所组成的学科集群的形态出现。也就是说,在这种新模式的产学研结合中,与科技园区企业集群相对接的应该是学科集群,是企业集群与学科集群之间的结合。同济大学慎重进行学科规划,按照市场和区域经济发展需求组建学科链,使学科链嵌入产业链;同时,学校还将科技产业纳入整体规划,产业链对接学科链,紧紧依托学校优势学科的源头,发展科技产业的做法值得借鉴。实践表明,只有形成学科集群,才能应对产业集群所提出的复杂的高端技术难题。具体为:作为科技园园区企业集群系统中的主要参与者,大学应该更为开放。大学的发展不应该仅从学校内部的小系统考虑问题,而应该站在一个更大的系统上思考学校的发展,把科技园区的发展看作自身发展的一部分,在与科技园区企业的互动发展中实现学校的发展。同时,在空间上也更为开放,终极目标是拆除围墙,实现与科技园区的完全融合。大学实验室等共享性资源向科技园区开放,将大学的内部网络向科技园区延伸;提升科研水平与对外交流,增加知识富集程度;吸引著名学者并通过著名学者吸引高质量的学生,为科技园区的集群发展提供人才支撑;大学还能成为科技园区企业创新活动的组织者(促成趋同空间和创新空间的形成)。这主要包括参与区域与科技园区发展的规划,与地方政府部门共同探讨区域和科技园区发展中存在的问题、发展的目标、推动科技园区企业集群形成和发展的政策与措施。

第三,企业是科技园区企业集群的主体,企业要努力拓展与大学和科研院所等智力支持部门的合作,通过合作开发、委托开发和人员培训等模式来加强产学研合作。通过产研合作,加速集群内企业的技术创新能力,提高产品的技术含量,增强企业的核心竞争能力。通过产学合作,进一步完善企业人才供应链,保障企业的人力资源供给,并能够利用后续教育等方式对企业员工进行知识更新,从而为企业培养大量储备性人才。一些条件成熟的产业集群,还可以与大学和科研院所合作组建研发基地,为集群内企业的发展提供直接的智力支持。

第四,在机制方面,还应该注意组织管理机制、绩效评价机制、利益分配机制、资源共享机制、信息沟通机制问题等。只有这样,才能调动各方积极性,促进科技园区企业集群化的发展。

5. 促进科技园区内企业的专业化分工,构建特色产业链

分工是企业集群形成和存在的基础,科技园区企业集群的竞争力和生命力主要来源于专业化分工。根据集群的专业分工互补机制,集聚于某一地域的成员企业只从事某一产业或相关产业的生产和服务,成员之间有广泛的劳动分工和紧密的、基于长远关系的合作,并由此构成产业生态系统。我国的科技园区内,完善的专业化分工协作网络体系尚未形成,区内企业"形聚而神不聚",缺乏统一的规划,各自为政,没有产业分工和产业特色,集聚效果不明显,企业与机构彼此间的产业和技术关联不强。为此,必须推进科技园区企业的专业化分工协作,构建产业链条,促进企业集群化发展。

科技园区要依托自身特色,构建特色产业链,发展特色产业。对于申请入园的企业,对其所具有的该产业或相关产业的能力要进行严格的评估,并在此基础上形成专业化分工合作的产业网络,加强企业间的业务联系,中小企业能够在某些产业环节向大企业提供专业化供应配套服务,以实现不同企业间的专业互补。以环同济科技园区为例,建筑与规划、土木工程、工业设计、艺术设计、环境等学科和大型设计院所的集中,使环同济科技园区集聚了一大批在建筑设计产业或相关产业,形成建筑设计为特色的产业链,并吸引了一批具有核心能力的大企业进入,如上海邮电院、中建国际等,形成企业间的纵向和横向联系,企业间形成竞争与合作机制,推动园区集群化发展。

6. 促进基于知识溢出的创新网络发展

弗里曼(Freeman,1991)认为,集群内部存在知识溢出效应的存在是促进

集群创新网络发展和集群经济增长的最根本动力,是集群创新产出和生产率提高的源泉。[1] 科技园区中企业集群中,供应商、竞争者、用户、大学研究机构、中介服务机构以及政府等公共部门以价值链得以联结。这些成员之间联结关系的存在,对集群的创新行为产生关联作用,并由此构成了集群创新网络。知识作为一种异质性资源,已经超越传统资源而成为企业成长的关键因素。尽管诸多因素驱动着科技园区企业的集群化发展,但是这些集群实实在在地产生于信息和知识的外在性。企业集群的层次越高,知识溢出越重要。科技园区作为一个特定的地理空间,是高技术企业的空间聚集载体,同时空间内集中了大学、研究机构等,知识溢出的特征更加明显,这促进了集群的形成与发展。知识溢出的空间局限性正是全球各地纷纷建立科技园区的最好的理论解释。在科技园区企业集群化的过程中,应该重视知识溢出、吸收能力以及知识溢出传导机制、集群学习等,为知识溢出创造条件,促进企业集群发展。

7. 利用集群思路,推进科技园区与周边区域的联动发展

美国旧金山湾区的"硅谷"、波士顿周围的 128 公路,我国的中关村、环同济等科技园区……无一不是以研究型大学为主体、带动周边地区经济结构转型的良好范例。目前我国科技园区多为新建区,由政府在连片的土地上统一规划、统一建设、统一管理,创造良好的投资环境,吸引企业进入园区开发生产。这些科技园区与周边区域相互割裂,资源配置无效对接。大学科技园虽然多集中在大学周边,但因为多方面原因,与周边区域互动不足。上海市杨浦区"三区融合、联动发展"的理论与实践值得借鉴:"三区联动"是大学校区、科技园区与公共社区三者紧密结合、互动发展的区域创新网络。"三区联动"应包括"三区融合"和"联动发展"两层含义。所谓"三区融合"是指地理上紧邻的大学校区和科技园区与二者所在的公共社区之间在资源和功能上紧密结合,这种结合可以通过制度性安排(如互相参股、成立管理委员会等)以及非制度性安排(如文化环境)达到。所谓"联动发展"是指大学校区、科技园区与公共社区三者在共同目标的指导下,通过资源共享、功能分工、协同发展,形成强有力的区域创新集聚,从而强化和提高各自以及整体的创新能力。"三区联动"是一个以大学校区为依托,以科技园区为平台,以资源在公共社区的集聚、共享、融合为抓手,形成强有力的区域创新集聚氛围的区域创新网络。其中,大学校区是源头,科技园区是主体,公共社区是保障。"三区联动"可以更好地促进大学发挥科技、知识和人才的"溢出效应",促进科技园区发挥科技成果转化的孵化功能,提高社区的人才素质和产业结构

---

[1] Freeman C. Networks of innovators: a synthesis of research issues[J]. Research policy, 1991, 20, 499-514.

升级,推动城市和国家自主创新能力的提高。在"三区融合、联动发展"过程中,大学校区主要承担知识创新、人才培养的职能,为科技园区创新发展、城区繁荣进步提供知识、智力支持和人才保障;科技园区重点承担科技孵化、技术创新和产业培育的职能,是产学研相结合的重要场所、大学师生创新创业的基地和城区经济发展的增长点;城市社区主要承担为大学校区、科技园区提供公共服务的职能,为科技园区产业延伸发展和关联产业发展提供成长空间,为大学校区和科技园区发展提供政策支持,创造一个适宜创新、创业、居住、交流、休闲、发展的社会环境。

8. 建立健全科技园区的社会服务体系

密集的中介服务机构、公共服务机构,是促进科技园区企业集群演化的环境支撑。中介服务机构技术交易、律师事务、会计事务等在内的各种形式的中介机构,兼具市场的灵活性与公共服务性等两方面的特点,其主要功能不仅表现在有效协调与规范企业的市场行为,促进资源的合理配置,更重要的是能有力地促进科技园区内企业之间的网络联接、产学研之间的网络化合作创新。公共服务机构指从事知识创造、提供管理和技术服务的独立机构,如研究机构、政府实验室、生产力中心、企业联合中心、技术孵化器,等等。集群代理机构指由当地政府及集群成员共同发起设立的机构,如行业协会、企业家协会、质量监督委员会等,它们主要负责集群整体创新网络形成和发展过程中所必需的协调活动以及特定企业活动。科技园区的行业协会本身就是区内企业交流的平台,不仅能维护区内企业的利益,还能打通同类企业间的联系的障碍,建立规则与外部沟通,制定重要的标准与接口信息,制定符合园区企业发展的标准,强化园区企业与区外伙伴的联系,将园区内企业凝聚成一个整体,并将园区与外部科技创新链连接起来,如环同济科技园区的上海新材料协会降解材料专业。上述服务机构对科技园区企业的集聚和成长有十分重要的作用。对我国的科技园区来说,当务之急是降低中介机构的设置门槛,营造公平竞争的商业环境,使园区科技企业有更多的选择,获得很好的服务。

9. 塑造促进科技园区企业集群化成长的园区文化

成功科技园区的经验表明,一个成功的科技园区企业集群,需要一种与科技园区企业特征相容且相促进的区域文化来支撑。早在20世纪50年代中期,128公路地区就成为美国半导体生产的中心,与硅谷相比,无论创新能力、产业规模、从业人员都要胜过一筹。但20年后,这种比较关系已经倒置,硅谷后来居上,一跃成为半导体产业的龙头。128公路地区被硅谷超越的原因是多种多样的,但正如萨克森宁所指出的,主要是其保守、厌恶风险、等级森严、忠于企业而非忠于专业以及不重视合作的地域文化观念和缺乏非正式的文化交流等。而硅谷的成功则大大受益于它那鼓励冒险也接受失败、专业忠诚而非企业忠诚以及讲求合作和重视非正式交流等的硅谷文化。中国台湾地区的新竹科学工业园区,塑造奉献、勤劳、自律、自强的中国特色企业文化。中国大陆的科技园区应大力鼓励以下这些文化要素的生长与植根:一是敢冒风险、富于进取的企业家精神。由于科技园区的产业多为高新技术产业或创新创意型产业,失败的概率很高,而中国人的传统观念中总是难以接受失败,现实中很多人就是因为害怕失败而不敢创业。因此,必须鼓励冒险,也要接受和容忍失败。二是信用与合作观念。传统文化中缺乏彼此信任、相互合作的观念,科技园区企业集群发展需要信任与合作。信任与合作可以促使迅速整合信息和资源、降低成本、降低风险等。政府应该致力于建立社会信誉体系,对于信誉丧失的个人或组织,予以严厉惩罚,提高其破坏信誉的成本,用健全信誉体系来培养相互信任与合作的文化氛围。

10. 汇聚风险资本、建立和完善风险投资体制

国外成功科技园区的经验表明,风险投资的聚集对企业聚群的形成至关重要,风险投资在扶植科技园区高科技产业、推动高新技术产业化的发展中起到了举足轻重的作用,特别是在高新技术企业创建期和成长期,风险投资的作用是不可替代的。在硅谷生态系统中,风险投资机构扮演了不断促进创新和创业的重要角色。首先是金融支持,其次是人才支持,最后是管理支持。风险投资家们为注资的企业带来技术技能、操作经验和行业接触网络以及现金资本。硅谷风险投资的聚集还得益于具有提供社会融资和资本退出的创业板市场。创业板市场为硅谷的高科技企业的社会融资提供了条件,使硅谷高科技企业能聚集大量的社会资本,同时也为风险资本退出高科技企业创造了条件。

我国科技园区企业集群演化的过程中需要大量的风险投资公司进入区内。一方面要积极吸引国外风险投资资本,同时也要充分利用国内资金来源成立更多的由多元投资主体构成的风险投资公司和投资基金。风险投资的退出机制在整个风险投资体系中处于核心地位。我国的风险投资仍然处于起步阶段,退出机制不健全、渠道不畅通。现有条件下,应该不断创造人才、科技、社会经济、法律等各方面的条件,逐步扫除障碍,促进退出机制的完善。例如,提供宽松且可行的法律和财会、税收等政策环境,吸引多渠道、多方面的资金进入风险投资市场;建立符合法律与投资习惯的资金组织形式;完善中介服务机构体系,包括行业自律组织、科技项目评估机构、技术经纪机构、风险投资咨询顾问机构、法律与会计服务机构等;培养有冒险创新的精神、诚实经营的信用环境以及尊重个人价值和权益的人文环境。不失时机地建立多层次、多渠道的风险投资退出机制,促进科技园区企业集群的形成和发展。

6.3 小结

本章根据前文对科技园区企业集群动力机制的分析和各科技园区的比较研究,提出了科技园区企业集群化发展的思路,即科技园区企业集群演化过程中要遵循市场机制原则、自组织和他组织契合原则,要依托资源优势,实施差异化发展,培育专业特色化企业集群。本书认为,科技园区企业集群的发展不是一个完全或者纯粹"自然"演化的过程,政府在推动科技园区发展过程中起到重要作用,地方政府适度的他组织干预是必要的,但政府作为他组织力量,干预行为不宜过多,要在科技园区企业集群系统自组织演化的前提下,为其提供相协调、相配合的辅助措施。本章基于自组织理论,提出科技园区企业集群演化的十条政策建议。

第7章 回顾与展望

2007年以来,我国包括国家高新区和国家大学科技园在内的科技园区又经历了十几年的发展,科技园区的数量和发展等都发生了巨大变化,特别是科技园区集群化发展逐步成为各方的共识。在各级政府的推动下,科技园区集群化发展取得显著成效。此时,回顾总结本书的研究成果和我国科技园区新发展显得特别有意义。希望对照我国科技园区近十几年的新发展,对科技园区的下一步发展和相关研究有所启示。

7.1 回顾总结

7.1.1 国家高新区的新发展

1988年是国家高新技术产业开发区建设和发展的元年,当年5月,国务院批准设立第一家国家高新区——北京市新技术产业开发试验区(北京中关村高新区);1991年和1992年国务院分两次集中批复全国共51家国家高新区建设;1994年2月,国务院批准设立苏州工业园区;2007年1月,国务院又批准宁波市科技园区升级为国家高新区,国家高新区总数达到54个,至此,基本完成国家高新技术产业开发区的总体布局。2007年以来,国务院在全国范围内分不同阶段和不同批次又陆续批复新的国家高新区建设,尤其是2012年后,国务院批复国家高新区建设的速度进一步加快,这使得国家高新区的队伍和规模不断发展壮大。[1]目前,国家高新区总数达到173家,较2012年增加84家。[2]

近十年来,国家高新区深入实施创新驱动发展战略,为创新发展贡献了"高新力量"。国家高新区生产总值从2012年的5.4万亿元增至2021年的15.3万亿元,增长1.8倍;占我国国内生产总值(GDP)的比重从2012年的10.1%增至2021年的13.4%,提高了3.3个百分点;2021年,国家高新区以全国2.5%的建设用地创造了13.4%的GDP。近十年来,国家高新区内企业营业收入增长超过

---

[1] 王胜光,朱常海.中国国家高新区的30年建设与新时代发展——纪念国家高新区建设30周年[J].中国科学院院刊,2018,33(7):693-706.
[2] 新华社.总数达173家:十年来国家高新区为创新发展贡献"高新力量"[EB/OL].(2022-09-15). http://www.gov.cn/xinwen/2022-09-15/content_5709857.htm.

2.9倍,净利润增长超过3.4倍,营业收入超过1 000亿元的国家高新区数量从2012年的54家增至2021年的97家;同时,国家高新区内企业持续加大研发投入。国家高新区研发经费投入十年增长了3.7倍,2021年首次超过1万亿元,占全国企业研发经费投入的48.2%;国家高新区的高新技术企业数量十年增长了6.4倍,从2012年的不足2万家,增至11.5万家。另外,国家高新区聚集了84%的国家重点实验室、78%的国家技术创新中心、56%的国家科技企业孵化器和43%的国家备案众创空间。一大批有世界影响力的创新型产业集群在国家高新区形成,如中关村的新一代信息技术、武汉东湖的光电子、张江的集成电路、天津的风能产业等。①

国家高新区建设发展三十多年来,经历从基础设施和招商引资发展的要素集聚阶段、植入创新元素的创新驱动发展阶段、全面创新发展与生态建设的综合性园区三个阶段。国家高新区以"发展高科技、实现产业化"为宗旨,成功走出一条具有中国特色的高新技术产业发展道路,成为凝聚国家竞争优势的重要载体。近年来,随着高新区产业结构、产业布局以及技术创新能力不断增强,在高新区规模与经济体量不断扩大的过程中,开始呈现出产业集群化的发展态势,涌现出一批世界级新兴产业集群,从源头创新到产业落地,加快培育创新型产业集群成为关键发力点。

科学部火炬中心作为主管国家高新区的政府管理部门,承担国家高新区的日常管理工作,成为推动国家高新区企业集群化发展的他组织力量。2013年,科技部正式启动创新型产业集群试点工作,积极推动创新型产业集群建设。在2013年度创新型产业集群试点(培育)单位工作座谈会上,时任科技部火炬中心常务副主任张志宏提出:火炬中心将根据产业集群所处的不同区域、不同领域、不同发展阶段,有序推进创新型产业集群建设。要把集群建设理论和试点实践相结合,把集群试点培育与试点建设相结合,把集群试点工作与政策资源相结合,把集群试点推进与评估淘汰相结合。② 这体现了科技部对推进新型产业集群的重视以及工作思路。目前,科技部已在全国布局了109个创新型产业集群,包括48家创新型产业集群试点(培育)建设单位和61家创新型产业集群试点单位。其中,95家集群单位布局在国家高新区内,占总数的87%。

2020年4月,科技部火炬中心印发《关于深入推进创新型产业集群高质量发展的意见》,提出要在现有创新型产业集群试点和培育基础上,充分发挥国家高新区的产业集聚作用,以"一区一主导产业"为布局原则,重点建设100个国家

---

① 科技部. 国家高新区"稳增长、高质量发展"[EB/OL]. (2022-09-15). https://www.most.gov.cn/xwzx/twzb/fbh22091401/twzbwzsl/202209/t20220915_182417.htm.
② 科学部火炬中心网站:http://www.chinatorch.gov.cn/cyjq/xwdt/yjlist.shtml.

级创新型产业集群,形成若干万亿级产业规模和一批千亿级产业规模,掌握关键核心技术、产业技术体系完备、大中小企业融通发展、处于国际国内领先地位的创新型产业集群。2020年11月6日,科技部火炬中心印发《创新型产业集群评价指引(试行)》,要求按照"一区一主导产业"加快建设创新型产业集群。进一步聚焦国家重大战略需求,着力攻克产业链关键核心技术;着力推动产学研用协同创新和大中小企业融通发展;着力提升产业基础能力、创新能力和产业链现代化水平,打造区域现代化经济体系,促进高新技术产业实现高质量发展。

未来一个时期,在新一代信息技术、生物医药、智能制造、节能环保、新能源汽车、新材料、新能源、生物农业等战略性新兴产业中,按照国家战略与地方需求相结合、政府引导与市场主导相结合、科技创新与产业发展相结合、自主培育与扩大开放相结合的原则,在现有创新型产业集群试点和培育基础上,重点建设100个国家创新型产业集群,形成若干万亿级产业规模和一批千亿级产业规模,掌握关键核心技术、产业技术体系完备、大中小企业融通发展、处于国际国内领先地位的创新型产业集群。

7.1.2 大学科技园的新发展

1991年,我国第一所大学科技园在东北大学建立,此后,大学科技园如雨后春笋般在全国各地兴起,模式日益多元,规模不断壮大。1999年年底,科技部、教育部联合组织开展国家大学科技园建设试点工作;2001年5月,科技部、教育部首批认定清华大学科技园等22个大学科技园为"国家大学科技园";2003年至2006年,科技部、教育部分四批共认定国家大学科技园40家,国家大学科技园总数达到62家;2007年以来,科技部、教育部又分六批陆续认定国家大学科技园78家,至2021年5月,科技部、教育部发布第十一批国家大学科技园认定结果,国家大学科技园总数增加至140家。

经过三十多年的探索和发展,大学科技园已经成为我国创新创业的核心载体、校企资源融合共享的枢纽平台和支撑创新驱动发展的重要力量,成为高校科技成果转化、科技企业孵化、创新创业人才培养和服务区域经济发展的重要平台。大学科技园依托高校优势,不断强化核心功能,在创新资源集成、科技成果转化、科技创业孵化、创新人才培养、开放协同发展等方面取得显著成效。

世界上成功科技园区的共同特征是专业化中小企业集群的存在。近十几年来,国家科技和教育主管部门积极推动,国家大学科技园依托所属高校和所在地方政府,打造企业集群,实现创新发展。科技部、教育部于2010年发布《国家大学科技园认定和管理办法》,并于2019年对该办法进行修订完善;科技部、教育部于2019年还制定《关于进一步推进国家大学科技园建设与发展的意见》,进一步完善相关政策环境。该意见明确要求国家大学科技园强化"创新资源集成、科技成果转化、科技创业孵化、创新人才培养、开放协同发展"五大功能;要求国家大学科技园加强与产业集群的互动;发挥依托高校学科优势,整合产业链资源,服务创业企业和产业集群,鼓励孵化成熟的企业向产业园区转移;结合新兴产业发展趋势,培育新技术、新业态和新模式企业,推动互联网、大数据和人工智能与实体经济深度融合,促进区域产业创新与转型升级。① 除此之外,科技部、教育部还对认定的国家大学科技园进行绩效评价,发挥导向和指挥棒作用。如2021年10月29日,科技部、教育部发布对115家国家大学科技园绩效评价的结果,对评价结果为优秀的国家大学科技园予以通报表扬,而评价结果为较差的国家大学科技园,则要认真梳理存在的突出问题,深刻分析原因并进行为期一年的重点整改,整改期结束后评价结果仍不合格的,将被取消国家大学科技园资格。②

各地政府也积极发挥作用,推进大学科技园高质量发展。如上海市高度重视大学科技园建设,以推进大学科技园持续高质量发展为切入点,于2020年10月发布《关于加快推进我市大学科技园高质量发展指导意见》,围绕"优化大学科技园功能及布局""发挥高校的主体支撑作用""加强大学科技园能力建设""增强区域创新服务和承载能力""完善大学科技园治理体制机制""强化组织协调与配套保障"6个方面,提出了21项任务,明确了主要目标:力争到2025年,基本形成多层次、开放性的大学科技园体系,全力打造3~5家具有一定影响力和品牌效应的大学科技园示范园,辐射带动高校周边高新园区、产业园区等形成若干个产值规模达到千亿元级的创新创业集聚区,孵化培育1万家有发展潜力的科技型企业。《指导意见》明确大学科技园依托高校及所在区的主体责任,提出打造创新创业共同体,形成良好的创新创业生态,推动"政产学研金服用"等要素加快集聚,促进大学科技园与区域经济发展深度融合。③

目前,上海各区根据《关于加快推进我市大学科技园高质量发展指导意见》,围绕"千亿元级"目标,推进"环高校"各类集聚区建设。上海市闵行区制定《闵行区关于加快推进大学科技园高质量发展、打造"环高校科创带"的实施方案》,根据闵行区与上海市科委、上海交通大学三方共同研究形成的《大零号湾全球创新

---

① 科技部 教育部印发《关于促进国家大学科技园创新发展的指导意见》的通知[J]. 中华人民共和国国务院公报,2019(21):58-62.
② 科技部 教育部. 科技部 教育部关于发布国家大学科技园绩效评价结果的通知[EB/OL]. (2021-10-29). https://www.most.gov.cn/xxgk/xinxifenlei/fdzdgknr/qtwj/qtwj2021/202110/t20211029_177626.htm.
③ 沈湫莎. 上海加快推进大学科技园高质量发展,力争五年打造若干千亿元级创新创业集聚区[N]. 文汇报,2020-10-22(005).

创业集聚区建设方案》,在环交大、华师大周边区域建设创新创业集聚区。上海市杨浦区制定发布《关于加快推进本区大学科技园高质量发展的实施意见》,并与区内复旦大学、同济大学、上海财经大学、上海理工大学、上海海洋大学、上海电力大学、上海体育学院等七所高校签署合作框架协议,区校共同打造各具特色的大学科技园集群。杨浦区政府和同济大学于 2021 年 9 月 30 日签署新一轮全面战略合作协议,区校双方立足"十四五"新一轮重大发展机遇,进一步深化"三区联动、三城融合",开启全方位、宽领域、多层次的区校战略合作关系。杨浦区政府规划了环同济在"十四五"发展中力争 2025 年实现总产出 1 000 亿元的战略目标。① 2020 年 7 月 6 日,嘉定区人民政府与同济大学签署《共同建设"嘉定同济大学科技园"合作协议》。区校双方将紧紧围绕上海加快建设具有全球影响力科技创新中心的总体目标,对标国际最高标准、最高水平,把嘉定同济大学园区建设成为具有全球影响力的科技创新中心的重要策源地和承载区。目标是到 2025 年,"嘉定同济大学科技园"(同济大学科技园嘉定园区)在新能源与智能汽车、智能制造、智能出行与智能网联、智慧医疗等产业领域取得长足发展,达到千亿级规模。②

7.1.3 环同济科技园区企业集群的新发展

2007 年 6 月,同济大学与杨浦区签订合作协议,正式启动"环同济知识经济圈"建设,并联合发布《环同济知识经济圈总体规划纲要》。规划纲要指出,"杨浦环同济知识经济圈"由核心圈、扩展区和辐射点三个层次构成,2015 年将形成创意设计、国际工程咨询、环保科技三个产业集群,建成辐射全国、面向世界、年产值 300 亿元的知识经济圈。2009 年 1 月,科技部正式批复同意杨浦区建立国家火炬计划"环同济研发设计服务特色产业基地",环同济成为科技部唯一以现代服务业为主的特色产业基地。环同济知识经济圈从一条街、几个点到一个圆,逐步形成了以建筑设计、规划设计、工程设计等为核心的知识型服务业集群,成为知识、人才、产业与城市空间互动发展的经济高地。

2007 年环同济知识经济圈总产出 79.8 亿元;2015 年,完成规划纲要提出的实现产值 300 亿元的目标;2020 年,环同济实现总产出 495 亿元,如期实现"十三五"末接近 500 亿元的发展目标;环同济 2021 年总产出 563.75 亿元,同比增长 13.9%(图 7.1)。①

---

① 陈强,等.环同济知识经济圈新一轮发展规划研究报告[R].2022.
② 薄小波.嘉定区与同济大学深化校地合作,建设人民城市,打造千亿级科技产业园[EB/OL].(2020-07-06). https://wenhui.whb.cn/third/baidu/202007/06/359137.htm.

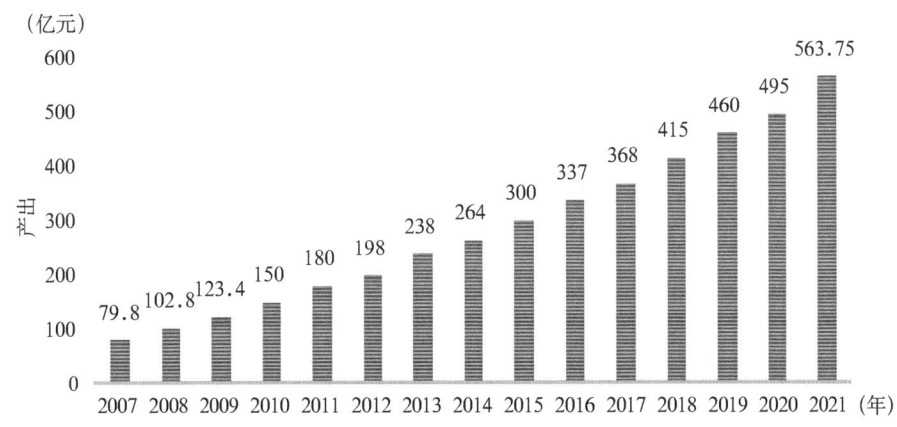

图 7.1　环同济科技园区企业集群总产出情况
资料来源:环同济知识经济圈新一轮发展规划研究报告(2022)

环同济的产业发展始终与同济大学优势学科与科教资源紧密结合,创造了"政府引导、学科支撑、企业主体,市场运作"的产业发展新模式。截至2021年年底,环同济核心区内有3 600余家企业。环同济核心区和拓展区内有高新技术企业372家,占全区高企总量的33.7%;上海市科技"小巨人"(含培育)企业累计49家,占全区市级"小巨人"企业总数的43%;杨浦区"小巨人"(双创和科技)企业累计117家,占全区区级"小巨人"企业总数的38.6%;拟上市企业24家,跨国公司地区总部、研发机构4家,各级企业技术中心21家。①

从产业特色来看,环同济形成了以建筑与环境设计、产品设计为主导的产业集群,其中建筑与环境设计产业占区域内现代设计产业比重达到45.8%,产品设计产业占比22.4%。从企业和创业者分类看,环同济80%的企业为设计类中小企业,80%的创业者为同济师生。环同济已经发展成为上海乃至全国标志性现代设计产业集群与创新创业集聚区。

从产业生态来看,环同济内设计产业链完整,种群完备。在原来"四大金刚"(同济设计院、同济规划院、上海市政院、上海邮电院)基础上,又有上海勘察设计研究院(集团)有限公司(简称"上勘集团")和上海联创设计集团股份有限公司(简称"联创设计")等设计集团迁入或成长为龙头企业,形成以上述设计集团为龙头企业,众多中小企业遍布的企业集群。不同规模企业和谐共生,企业间联系紧密、与同济大学相关学科互动深入,形成了"上下楼就是上下游,不出园就有产业链"的"热带雨林"式设计产业创新生态系统。

---

① 陈强,等.环同济知识经济圈新一轮发展规划研究报告[R].2022.

7.2 未来展望

本书把科技园区企业集群的演化过程分为自组织创生(形成期)、自组织成长(成长期)、自组织适应(成熟期)和自组织离散(衰退期)四个阶段。正像前文所述,在科技园区企业集群的演化过程中,需要注意一个问题,那就是在每个演化阶段都有出现逆转的可能,即无论是自组织创生(形成期)阶段、自组织成长(成长期)阶段还是自组织适应(成熟期)阶段,都有可能由于某个微小的扰动而在演化阶段的各个阈值附近发生突变,从而结束原有的演化周期,而突变到新的演化周期或者回到上一个演化阶段,甚至导致集群的瓦解。科技园区企业集群的演化过程并非完全的连续性路径演化,而是在路径演化中存在多路径选择的连续性和间断性相结合的演化过程。

对于环同济科技园区企业集群来说,进入自组织适应(成熟期)阶段后,可能会进入自组织离散(衰退期)阶段或者出现逆转,这是值得警惕的。科技园区企业集群的自组织离散是集群组织无序化的过程。在自组织适应(成熟期)阶段后,由于同行企业对市场份额的争夺、资源的稀缺、集群的嵌入性依赖、集群企业学习的失败、交易的低效率以及替代技术或产品的发展等原因,企业集群的发展可能出现由盛到衰的转变。当企业集群进入自组织适应(成熟期)阶段的末期时,企业集群系统内部可以通过政府等他组织力量和行业协会的引导,积极进行集群的再造尝试,避免进入企业集群的自组织离散阶段,而是在自组织适应阶段结束前直接突变到新的企业集群演化周期。此时的政府、中介服务机构,以及行业协会等他组织力量急需转变角色,从企业集群的扶持者转为企业集群的改造者,积极推动企业集群的转型升级,在考虑原有优势的情况下主动实施企业集群再造,尽快使企业集群从自组织离散(衰退期)阶段突变到下一个企业集群演化周期中去,实现企业集群的升级或跃升。

在过去的十多年中,"环同济"的快速发展,得益于整个国家的城镇化进程。持续高强度的固定资产投资、大规模的基础设施建设、繁荣的房地产市场,带来了城镇化率一年一个百分点的增加,为"环同济"企业赢得源源不断的商机。当前,城市发展范式发生变化,由高速增长向高质量发展的转变以及城市数字化转型的加速,在放缓规划、房地产开发等需求增速的同时,又带来了数字化、人工智能、智慧城市、绿色低碳、创意设计等领域的新需求,在这样的背景下,环同济从 500 亿元迈向 1 000 亿元,从 1.0 版到 2.0 版,如何实现?这是亟待解决的根本问题。

杨浦区政府已经认识到这些问题,并且开始从集群的扶持者向集群的改造者转变,积极推动杨浦环同济企业集群的转型。杨浦区政府已经委托同济大学经济与管理学院陈强教授课题组开展"环同济知识经济圈新一轮发展规划(2023—2025)"研究,陈强教授课题组经过大量的调研、访谈,已经基本完成规划方案。

陈强教授课题组在对环同济发展成效与瓶颈以及环同济新一轮发展形势进行深入分析基础上,提出环同济新一轮发展思路和目标。将环同济定位为:世界级"大创意"产业核心区、国家级创新创业集聚区及上海未来生活引领区。课题组提出,环同济将紧紧围绕上海"四大功能"、杨浦区"四高城区"建设总体目标,在规划期内基本建成特色鲜明的世界级"大创意"产业核心区和国家级创新创业集聚区,努力实现个、十、百、千、万的战略目标。即"十四五"期间,"环同济"将打造1个示范区,扶持10家以上科技企业上市,打造100个以上新技术应用场景,培训1 000家以上有潜力创新企业,集聚10 000名以上高层次人才,力争2025年实现总产出1 000亿元的目标。同时,布局"一核一圈多点",即核心区外,以大连路、密云路、中山北二路、松花江路、邯郸路、黄兴路、周家嘴路围合成10平方千米的"一圈"区域,并在杨浦区其他区域设置与环同济产业相关的多个辐射点。此外,还将进一步发挥同济大学的专业优势,拓展在社区更新、社会治理、美丽家园、智慧城市建设的场景应用,实现大学与社区、城区共融。①

陈强教授课题组进一步提出环同济新一轮发展九项重点任务:一是持续强化顶层设计与品牌建设;二是不断增强同济大学创新策源能力;三是做大做强现代设计产业集群;四是积极培育三大战略新兴产业;五是加快发展校友经济生态圈;六是推动同济大学国家大学科技园高质量发展;七是构建赋能"大创意"产业发展的创新生态;八是推进街区有机更新;九是新一轮发展期间环同济重点建设项目和功能平台清单。陈强教授课题组列出了在规划期内环同济将重点推进的重点项目和功能平台,以确保各项发展目标顺利完成。

环同济从20世纪80年代初起步,是在市场机制下在同济大学校园周边地区形成产业群聚效应,自发形成了企业集群的萌芽,集群企业强烈的配套制度改革的需求,促使地方政府作为他组织力量适时介入,联手大学设立"科技园区",在政府的干预下依靠他组织行为,通过政策、制度、公共产品供给等外部动力,改善环境、创造条件,推动环同济科技园区企业集群发展,形成自组织发展和高度有序的企业集群系统。从一条街、几个点到一个圆,逐步形成2.6平方公里范围内,聚集3 600余家企业,年产值500多亿元的知识型服务业集群,创造了"政府、大学、产业"紧密合作,自组织-他组织力量共同推动、集群化发展的"环同济

---

① 陈强,等.环同济知识经济圈新一轮发展规划研究报告[R].2022.

模式"，为科技园区发展提供了一个极具价值的案例。

进入"十四五"时期，在"环同济知识经济圈新一轮发展规划（2023—2025）"指导和政府他组织力量的积极推动下，期待环同济科技园区企业集群顺利实现企业集群的升级或跃升。

7.3 研究不足及进一步研究建议

科技园区发展是一项复杂而重要的问题，相对于企业集群理论的研究，科技园区企业集群的形成和发展动力机制研究在国内研究还不够深入，本书在已有的研究基础上做出的是尝试性的和浅显的工作，还存在诸多不足；特别是随着科技园区的进一步发展，在实践中将会发现更多值得深入研究的问题。本书认为，在本书所做研究的基础上，以下几个方面还有待进一步深入研究。

（1）科技园区企业集群作为一个复杂的经济、技术系统，其集群演化在开放环境下受到诸多因素的影响。尽管本书基于自组织理论构建了科技园区企业集群系统，并对科技园区企业集群演化的动力机制进行了较为深入的研究，但还远远不够，还需要进一步收集数据，以复杂科学对系统的自组织演进进行仿真，展现科技园区企业集群形成、发展路径和其演进过程中的动力机制。

（2）本书研究视野中的科技园区还比较笼统，应进一步对科技园区进行分类研究，并提出有针对性的政策建议。本书的科技园区概念主要涵盖我国的国家高新技术开发区、国家大学科技园等。实际上，我国还有数量众多的省级高新区、大学科技园等。这些科技园区在地域、主导产业、地方政策、资源禀赋、地域文化与社会网络，以及大学和研究机构等方面都不尽相同，甚至科技园区之间具有很大差别。有的在郊区或城乡接合地带，有的在老城区、有的处于沿海发达地区、有的则在西部欠发达地区，有的是围绕大学与研究机构等而建，有的则少有大学的因素……林林总总，不一而足。只有进行更有针对性的研究，集群政策才更加符合实际。

（3）加强对科技园区评价的研究。科技园区的评价最初是出于考核的需要，是由政府推动的。无论政府还是学术界关于科技园区的评价多重视硬件指标，而某种程度上忽视了微观机制，对有助于科技园区企业集群化成长的区内企业专业化分工、创新网络、产学研合作等因素重视不够。用合理的定量方法清晰和系统地描绘科技园区企业集群进行识别，并对各个科技园区的进行发展阶段、竞争力等的全面评价成为亟须进一步研究的问题。

（4）加强科技园区的案例研究。广泛的案例研究有助于加深我们对科技园区集群化发展规律的认识，更好地指导科技园区的建设和发展。以环同济科技园区企业集群为例,受外部市场环境及空间载体限制等影响,该集群也面临着自组织离散的风险,政府等他组织力量已经开始从集群的扶持者向集群的改造者转变,积极推动企业集群的转型和跃升。从 500 亿元迈向 1 000 亿元,从 1.0 版到 2.0 版,环同济科技园区企业集群能否避免陷入自组织离散？或者直接从自组织离散突变到下一个企业集群演化周期中,实现产业升级和跃升？都需要进一步的跟踪研究。

参 考 文 献

1. 中文文献

[1] 阿林·杨格,贾根良.报酬递增与经济进步[J].经济社会体制比较,1996(2):52-57.

[2] 埃弗雷特·M.罗杰斯,朱迪思·K.拉森.硅谷热[M].范国鹰,等,译.北京:经济科学出版社,1985.

[3] 埃兹科维茨,周春彦.区域创新发动者——不同三重模式下的创业型大学[R].新加坡:新加坡国立大学,2007.

[4] 安纳利·萨克森宁.地区优势:硅谷和128公路地区的文化与竞争[M].曹蓬,杨宇光,等,译.上海:上海远东出版社,2000.

[5] 保罗·克鲁格曼.地理与贸易[M].张兆杰,译.北京:北京大学出版社,2000.

[6] 鲍克.中国开发区研究[M].北京:人民出版社,2002.

[7] 蔡杰,龙志和.知识溢出研究的比较分析[J].科技进步与对策,2007,24(9):91-93.

[8] 蔡莉,朱秀梅.科技型创业企业集群形成与发展机理研究[M].北京:科学出版社,2008.

[9] 蔡宁,吴结兵.产业集群与区域经济发展——基于"资源-结构"观的分析[M].北京:科学出版社,2007.

[10] 常向阳,袁靖宇.中国高校科技企业现象剖析——兼论中外高校技术转移模式的差异[J].科技与经济,2003,16(5):23-26.

[11] 陈柳钦.国内外关于产业集群技术创新环境研究综述[J].贵州师范大学学报(社会科学版),2007(5):6-15.

[12] 陈文华,刘善庆.国外产业集群研究的新成果及启示[J].企业经济,2005(7):73-76.

[13] 陈晓萍,徐淑英,樊景立.组织与管理研究的实证方法[M].北京:北京大学出版社,2008.

[14] 陈益升,欧阳资力.国家高新区考核评价指标体系设计[J].科研管理,1996(6):1-7.

[15] 陈忠,盛毅华.现代系统科学学[M].上海:上海科学技术文献出版社,2005.

[16] 仇保兴.企业集群化与科技园区发展[J].规划师,2002(12):5-9.

[17] 仇保兴.小企业集群研究[M].上海:复旦大学出版社,1999.

[18] 段存广.基于大学功能演进的大学衍生企业研究[J].科学学研究,2007(A02):320-325.

[19] 范德成,张巍.大学科技园评价指标体系研究[J].科学学与科学技术管理,2005,26(12):65-69.

[20] 方玉琴.内生型集群成长及动力分析——以浙江市场主导集群为例[J].科技管理研究,2006,26(5):57-60.

[21] 符正平. 中小企业集群生成机制研究[M]. 广州:中山大学出版社,2004.
[22] 盖文启. 创新网络——区域经济发展新思维[M]. 北京:北京大学出版社,2002.
[23] 甘碧群,何西军. 印度软件业的发展模式及其启示[J]. 经济学动态,2002(5):87-90.
[24] 高闯. 高技术企业集群治理结构及其演进机理[M]. 北京:经济管理出版社,2008.
[25] 顾朝林,赵令勋. 中国高技术产业与园区[M]. 北京:中信出版社,1998.
[26] 关伟,胡艳慧. 基于市域范围的高新技术产业布局模式研究[J]. 人文地理,2008,23(3):92-96.
[27] 郭飞,宋伟. 论日本高校技术转移的政策模式[J]. 中国科技产业,2005(8):113-115.
[28] 郭利平. 产业群落的空间演化模式研究[M]. 北京:经济管理出版社,2006.
[29] 韩晶,王迎军. 产业集群学习能力的动态模型[J]. 经济学研究,2005(3):26-31.
[30] 韩野,范旭. 世界大学科技园区发展的四大问题研究[J]. 桂海论丛,2003,19(2):36-38.
[31] 何建坤,史宗凯. 论研究型大学的技术转移[J]. 清华大学教育研究,2002,23(4):8-12.
[32] 何建坤,周立,张继红,等. 研究型大学技术转移——模式研究与实证分析[M]. 北京:清华大学出版社,2007.
[33] 胡佛. 区域经济学导论[M]. 王翼龙,译. 北京:商务印书馆,1990.
[34] 黄省志. 产业集群的动力机制分析[J]. 中国科技论坛,2007(9):36-39,54.
[35] 纪占彩. 杨浦环同济知识经济圈:一个创新创业型产业集群悄然崛起[J]. 今日上海,2008(7):32-33.
[36] 蒋言斌,勾瑞波,吴爱祥. 国家大学科技园创新体系建构[J]. 现代大学教育,2003(2):96-99.
[37] 教育部科技发展中心. 2005年度中国高等学校校办产业统计报告[M]. 成都:西南交通大学出版社,2006.
[38] 金镭,沈玉志. 资源枯竭型城市的产业集群再造[J]. 技术经济,2005(1):20-21.
[39] 金镭. 产业集群的形成和演化机制研究[D]. 阜新:辽宁工程技术大学,2006.
[40] 金祥荣,朱希伟. 专业化产业区的起源与演化:一个历史与理论视角的考察[J]. 经济研究,2002(8):21-25.
[41] 景俊海. 科技工业园发展的五元驱动理论[N]. 科技日报,2001-05-31.
[42] 科技部 教育部印发《关于促进国家大学科技园创新发展的指导意见》的通知[J]. 中华人民共和国国务院公报,2019(21):58-62.
[43] 科技部. 国家高新区"稳增长、高质量发展"[EB/OL]. (2022-09-15). https://www.most.gov.cn/xwzx/twzb/fbh22091401/twzbwzsl/202209/t20220915_182417.html.
[44] 科技部 教育部. 科技部 教育部关于发布国家大学科技园绩效评价结果的通知[EB/OL]. (2021-10-29). https://www.most.gov.cn/xxgk/xinxifenlei/fdzdgknr/qtwj/qtwj2021/202110/t20211029_177626.html.
[45] 李冬生,官远发,陈秉钊. 知识经济与上海大学城规划构想[J]. 城市规划汇刊,2000(6):69-72.
[46] 李刚. 试论产业集群的形成和演化——基于自组织理论的观点[J]. 学术交流,2005(2):

78-82.

[47] 李惠斌.社会资本与社会发展引论[J].马克思主义与现实,2002(2):35-40.

[48] 李建军.硅谷产学创新系统及其集群效应[J].山东科技大学学报(社会科学版),2003,5(3):7-10.

[49] 李仕明,韩春林,杨鸿谟,等.大学科技园的功能与定位[J].研究与发展管理,2002,14(4):77-80.

[50] 李亦亮.产业集群与企业集群概念辨析[J].商业时代,2007(14):105.

[51] 李湛.上海科技企业孵化器20年发展报告[M].南昌:江西教育出版社,2008.

[52] 李志平.现代服务业集聚区形成和发展的动力机制研究[D].上海:同济大学,2008.

[53] 李钟文,威廉·米勒,玛格丽特·韩柯克.硅谷优势:创新与企业精神的栖息地[M].北京:人民出版社,2002.

[54] 梁琦.产业集聚论[M].北京:商务印书馆,2004.

[55] 梁琦.高技术产业集聚的新理论解释[J].广东社会科学,2004(2):46-51.

[56] 林金桐.大学的四项功能[Z/OL].(2007-5-30).http://blog.myspace.cn/e/403115723.htm.

[57] 林竞君.网络、嵌入性与集群生命周期研究——一个新经济社会学的视角[M].上海:上海人民出版社,2005.

[58] 刘波.基于自组织模型的高技术产业组织政策研究[D].上海:同济大学,2005.

[59] 刘恒江.基于动力机制的我国产业集群发展研究[J].经济地理,2005,25(5):607-611.

[60] 刘巨钦.企业集群成长机理与竞争优势培育[M].北京:中国经济出版社,2007.

[61] 刘柯杰.知识外溢、产业聚集与地区高科技产业政策选择[J].生产力研究,2002(1):97-98.

[62] 刘力,程华强.产业集群生命周期演化的动力机制研究[J].上海经济研究,2006(6):64-68.

[63] 刘强.城市更新背景下的大学周边创意产业集群发展研究[D].上海:同济大学,2007.

[64] 刘小平.我国地方政府在产业集群中的作用分析[D].广州:华南师范大学,2007.

[65] 娄成武,陈俊.解读美日研究型大学衍生企业及对我国的启示[J].科学学研究,2005,23(z1):125-130.

[66] 罗良忠,史占中.从美国硅谷小企业集群看上海高科技园区的发展[J].当代财经,2003(3):70-73.

[67] 马克思,恩格斯.马克思恩格斯选集(第4卷)[M].北京:人民出版社,1995.

[68] 马歇尔.经济学原理(上卷)[M].朱志泰,译,北京:商务印书馆,1997.

[69] 迈克尔·波特.国家竞争优势(中文版)[M].李明轩,邱如美,译.北京:华夏出版社,2002.

[70] 迈克尔·波特.竞争论[M].北京:中信出版社,2003.

[71] 毛蕴诗,周燕.硅谷机制与企业高速成长——再论企业与市场之间的关系[J].管理世界,2002(6):102-108.

[72] 苗东升. 他组织——系统科学的另一片视野[N]. 光明日报,1999-03-02.
[73] 苗东升. 系统科学精要[M]. 2版. 北京:中国人民大学出版社,2006.
[74] 潘海啸,卢源. 大学周边产业形成动因及结构的实证研究——以同济大学周边产业群落为例[J]. 城市规划学刊,2005(5):44-50.
[75] 潘照安. 浅析"三元参与理论"在中国的发展——以深圳高新园区为例[J]. 法制与经济(下半月),2007(9):78-79.
[76] 钱颖一. 硅谷的故事[J]. 经济社会体制比较,2000(1):28-35.
[77] 钱颖一,肖梦. 走出误区:经济学家论说硅谷模式[M]. 北京:中国经济出版社,2000.
[78] 沈湫莎. 上海加快推进大学科技园高质量发展,力争五年打造若干千亿元级创新创业集聚区[N]. 文汇报,2020-10-22(005).
[79] 盛洪. 分工与交易:一个一般理论及其对中国非专业化问题的应用分析[M]. 上海:上海人民出版社,1994.
[80] 斯图尔特·W. 莱斯列,罗伯特·H. 卡冈. 推销硅谷:弗里德科克·特曼的地域优势模型[J]. 经济社会体制比较,2000(1):36-44.
[81] 孙万松. 高新区自主创新与核心竞争力[M]. 北京:中国经济出版社,2006.
[82] 孙勇. 组织演化和经济长波的方法论问题[J]. 南开经济研究,1993(2):50-55.
[83] 孙志海. 自组织的社会进化理论——方法和模型[M]. 北京:中国社会科学出版社,2004.
[84] 孙志强. 高新区域发展的国际比较研究[D]. 北京:中共中央党校,2006.
[85] 陶一山,姚海琳. 产业集群的阶段性演进机制分析[J]. 湖南大学学报(社会科学版),2006(6):89-93.
[86] 王步芳. 企业群居之谜:集群经济学研究[M]. 上海:上海三联书店,2007.
[87] 王发明. 产业集群的识别界定——集群度[J]. 经济地理,2008,28(1):33-37,43.
[88] 王缉慈,宋向辉,李光宇. 企业衍生:北京新技术集聚体形成的重要特征[J]. 中国高新技术企业杂志,1995(6):8-13.
[89] 王缉慈. 创新的空间:企业集群与区域发展[M]. 北京:北京大学出版社,2001.
[90] 王缉慈. 高新技术产业开发区对区域经济发展影响的分析架构[J]. 中国工业经济,1998(3):54-57.
[91] 王缉慈. 关于北京中关村发展模式的深层思考[J]. 北京联合大学学报,2000(1):54-57.
[92] 王今,侯岚,张颖. 产业集群的识别方法及实证研究[J]. 科学学与科学技术管理,2004,25(11):117-120.
[93] 王胜光,朱常海. 中国国家高新区的30年建设与新时代发展——纪念国家高新区建设30周年[J]. 中国科学院院刊,2018,33(7):693-706.
[94] 王小平,高亮华. 大学技术转移的衍生企业模式研究[J]. 清华大学教育研究,2003(S1):34-37.
[95] 王永生. 技术进步及其组织:日本的经验与中国的实践[M]. 北京:中国发展出版社,1999.

[96] 王振.基于集群理论的科技园区发展机制研究[D].上海:上海交通大学,2004.
[97] 王铮.理论经济地理学[M].北京:科学出版社,2002.
[98] 魏江,申军.产业集群学习模式和演进路径研究[J].研究与发展管理,2003,15(2):44-48.
[99] 魏江.产业集群:创新系统与技术学习[M].北京:科学出版社,2003.
[100] 魏守华.产业群的动态研究以及实证分析[J].世界地理研究,2002,11(3):16-24.
[101] 魏守华.集群竞争力的动力机制以及实证分析[J].中国工业经济,2002(10):27-34.
[102] 魏心镇,王缉慈.新的产业空间——高科技产业开发区的发展与布局[M].北京:北京大学出版社,1993.
[103] 吴德进.产业集群论[M].北京:社会科学文献出版社,2006.
[104] 吴林海.中国科技园区域创新能力研究[D].南京:南京农业大学,2000.
[105] 吴彤.自组织方法论论纲[J].系统辩证学学报,2001,9(2):4-9.
[106] 伍江.兼收并蓄,博采众长;锐意创新,开拓进取——简论同济建筑之路[J].时代建筑,2004(6):16-17.
[107] 西·昆斯.剑桥现象——高技术在大学城的发展[M].郭碧坚,樊长荣,殷正坤,等,译.北京:科学技术文献出版社,1988.
[108] 谢国忠,杨松华.高科技园区发展理论探讨[J].中外企业文化,2000(8):56-60.
[109] 徐康宁.产业聚集形成的源泉[M].北京:人民出版社,2006.
[110] 徐康宁.当代西方产业集群理论的兴起、发展和启示[J].经济学动态,2003(3):71-74.
[111] 徐顽强,刘毅.高科技园区创新平台的运行过程分析[J].管理学报,2005,22(6):235-238.
[112] 徐小钦,陶星洁,王永宁.基于层次分析法和动态聚类法的大学科技园评价[J].重庆大学学报(自然科学版),2004,27(12):152-155.
[113] 许庆瑞,刘景江.硅谷科技企业家的生成机制及其现实启示[J].商业研究,2003(9):58-59.
[114] 许志国.系统科学[M].上海:上海科技教育出版社,2000.
[115] 颜鹏飞,马瑞.经济增长极理论的演变和最新进展[J].福建论坛(人文社会科学版),2003(1):71-75.
[116] 杨昌荣.差异化:高新区增强国际竞争力的关键[J].国际经济合作,2004(9):18-19.
[117] 杨德林,汪青云,孟祥清.中国研究型大学衍生企业活动影响因素分析[J].科学学研究,2007,25(3):511-517.
[118] 杨浦区人民政府.申报国家火炬计划《环同济研发设计服务产业基地发展规划方案》[R].2008.
[119] 叶建亮.知识溢出与企业集群[J].经济科学,2001(3):23-30.
[120] 余光胜.以知识为基础的企业理论的产生及其演化过程[J].上海管理科学,2005,27(2):26-29.
[121] 张东风.基于复杂性理论的企业集群成长与创新系统研究[M].北京:中国社会科学出

版社,2007.
- [122] 张雷.国外科技园运行模式对我国大学科技园发展的启示[J].东北大学学报(社会科学版),2002,4(3):39-41.
- [123] 张茂林,等.杨浦环同济知识经济圈总体规划研究[R].2007.
- [124] 张庭伟.高科技工业开发区的选址及发展——美国经验介绍[J].城市规划,1997(1):47-49.
- [125] 张忠德.高新区发展理论探析[J].西安邮电学院学报,2004,9(4):75-80.
- [126] 章仁彪.文明交往:全球化时代大学的第四大功能[J].上海教育,2001(16):16-18.
- [127] 赵海东,吴晓军.产业集群的阶段性演进[J].理论界,2006(6):50-52.
- [128] 赵沁平.发挥大学第四功能作用引领社会创新文化发展[J].上海教育,2006(22):6-7.
- [129] 甄翠敏,丁日佳.产业集群学习的路径及内在机理分析[J].科技管理研究,2007(11):48-49.
- [130] 郑健壮,叶峥.基于资源观的产业集群政策研究[M].上海:上海三联书店,2007.
- [131] 钟坚.世界硅谷模式的制度分析[M].北京:中国社会科学院出版社,2001.
- [132] 周晖.我国高科技园区发展分析[J].证券市场导报,2003(9):72-75.
- [133] 周济.以服务为宗旨,在贡献中发展产学研结合促进高等教育改革[J].中国科技产业,2007(7):13-17.
- [134] 周维颖.新产业区演进的经济分析[M].上海:复旦大学出版社,2004.
- [135] 周伟林.高科技园区比较研究[R].2000年上海市科学技术发展基金软科学项目:006921029.
- [136] 朱华晟.浙江产业群:产业网络、成长轨迹与发展动力[M].杭州:浙江大学出版社,2003.
- [137] 朱晔.同济圈[J].城市中国,2007(18):1.
- [138] 左大培.外向型经济刍议[J].经济学动态,2002(7):79-83.

2. 英文文献

- [1] Ahokangas P, Hyry M, Rasanen P. Small technology-based firms in a fast-growing regional cluster[J]. New england journal of entrep-reneurship, 1999(2): 19-25.
- [2] Albert N Link. University-related research parks[J]. Issues in science and technology, 2003, 20: 79.
- [3] Almeida P, Kogut B. Localization of knowledge and the mobility of engineers in regional networks[J]. Management Science, 1999(45): 905-916.
- [4] Amin A, Thrift N. Globalisation, institutional "thickness" and the local economy[M]//Healey P, Cameron S, Davoudi S, et al. Managing cities: the new vrban context. New York: John Wiley & Sons, 1995.
- [5] Arrow K. The economic implications of learning by doing[J]. Review of economics studies, 1962, (29): 155-173.

[6] Audretsch D B, Lehmann E, Warning S. University spillovers and new firm location [J]. Research policy, 2005, 34(7): 1113-1122.

[7] Audretsch D B, Feldman M P. R&D spillovers and the geography of innovation and production[J]. American economic review, 1996, 86(3): 253-273.

[8] Bair J, Gereffi G. Local clusters in global chains: the causes and consequences of export dynamism in torreon's blue jeans industry[J]. World development, 2001, 29(11): 1885-1903.

[9] Baker W E, Sinkula J M. The synergistic effect of marker orientation and learning orientation on organizational performance[J]. Journal of the academy of marketing science, 1999, 27(4): 411-427.

[10] Becattini G. The marshallian industrial district as a socio-economic notion[M]//Pyke F, Becattini G, Sengenberger W. Industrial District and inter-Firm Cooperation in Italy. Geneva: International Institute for Labour Studies, 1990: 37-51.

[11] Bourdieu P. Le capital social: notes provisoires [J]. Actes de la recherché en sciences socials, 1980: 2-3.

[12] Bruno A V, Tyebjee T T. The environment for entrepreneurship[M]//Kent C A, Sexton D L, Vesper K H. Encyclopedia of entrepreneurship. Englewood Cliffs: Prentice-Hall, 1982: 288-315.

[13] Bruso S. The idea of industrial districts: its genesis[M]//Pyke F, Sengenberger W. Industrial districts and cooperation. Geneve: ILO, 1990.

[14] Camagni R, Camagni R, Crevoisier O, et al. Innovation networks: spatial perspectives [M]. London: Beelhaven-Pinter, 1991.

[15] Caniels M C J. Knowledge spillovers and economic growth[M]. Cheltenham: Edward Elgar Publishing, 2000.

[16] Capello R. Spatial transfer of knowledge in high technology milieux: learning versus collective learning processes[J]. Regional studies, 1999, 33(4): 353-365.

[17] Chen C N, Tzeng L C, David D C. Tarn: how companies choose scientific parks: an empirical study in Taiwan[J]. International journal of management, 2004, 21(3) 338.

[18] Cohen W M, Levinthal D A. Absorptive capacity: a new perspective on learning and innovation[J]. Administrative science quarterly, 1990, 35, 128-152.

[19] Cooke P. Regional innovation systems: an evolutionary approach[M]. London: UCL Press, 1996.

[20] Dijk M P V. Small enterprise clusters in India and Indonesia, an evolutionary perspective[Z]. European Institute for Comparative Urban Research, Erasmus university rotter-dam, 1997.

[21] Doney P M, Cannon J P, Mullen M R. Understanding the influence of national culture on the development of trust[J]. The academy of management review, 1998, 23

(3): 601.
- [22] Fallah M H, Ibrahim S. Knowledge spillover and innovation in technological clusters [C]. Washington, D. C. : IAMOT 2004 Conference, 2004, 6.
- [23] Feldman M P, Francis J, Bercovitz J. Creating a cluster while building a firm: entrepreneurs and the formation of industrial clusters[J]. Regional studies, 2005, 39: 129-141.
- [24] Fornahl D, Menzel M P. Co-development of firm foundings and regional clusters[J]. Hannover economic papers (HEP), 2003, 71(1): 1-33.
- [25] Freeman C. Networks of innovators: a synthesis of research issues[J]. Research policy, 1991, 20, 499-514.
- [26] Giuliani E. Cluster absorptive capability: an evolutionary approach for industrial clusters in developing countries[Z]. Druid, 2002.
- [27] Griliches Z. R&D and productivity: the econometric evidence[M]. Chicago: The University of Chicago Press, 1998: 382.
- [28] Grossman G, Helpman E. Innovation and growth in the global economy[M]. Cambridge: MIT Press, 1982.
- [29] Guerrieri P, Pietrobelli C. Models of industrial districts' evolution and changes in technological regimes[R]. Paper Prepared for the DRUID Summer Conference, 2001.
- [30] Hall P, Markusen A. Silicon landscapes[M]. Boston: Allen and Unwin, 1985.
- [31] Harrison B. Industrial districts: old wine in new bottles? [J]. Regional studies, 1992, 26(4): 469-483.
- [32] Jerry G, Thursby A, Sukanya K. Growth and productive efficiency of university intellectual property licensing[J]. Research policy, 2002, 31(1): 109-124.
- [33] Kokko A. Foreign direct investment, host country characteristics and spillovers[R]. Stockholm: The Economic Research Institute, 1992.
- [34] Lin N. Social capital: a theory of social structure and action[M]. Cambridge: Cambridge University Press, 2001.
- [35] Lyon Fergus. Trust, networks and norms: the creation of social capital in agricultural economies in ghana[J]. World development, 2000, 28(4): 663-681.
- [36] Malecki E J. Technology and regional development: some thoughts on policy[Z]//VU University Amsterdam, Faculty of Economics, Business Administration and Econometrics, 1987.
- [37] Markusen A. sticky places in slippery space: a typology of industrial districts[J]. Economic geography, 1996, 72: 293-313.
- [38] Maskell P. Globalisation and industrial competitiveness: the process and consequences of ubiquitification [M]//Malecki E, Oinas P. Making connections: technological learning and regional economic change. Aldershot: Ashgate, 2001:35-59.

[39] Michael P. Clusters and the new economics of competition[J]. Harvard business review, 1998.

[40] Molina-Morales F X. European industrial districts: influence of geographic concentration on performance of the firm[J]. Journal of international management, 2001(7): 277-294.

[41] Nahapiet J, Ghoshal S. Social capital, intellectual capital and the organizational advantage [J]. The academy of management review, 1998, 23(2): 242-266.

[42] Nonaka I, Takeuchi H. The knowledge-creating company: how Japanese companies create the dynamics of innovation[M]. Oxford: Oxford University Press, 1995: 56-61.

[43] Nunzia C. Innovation processes within geographical clusters: a cognitive approach[J]. Technovation, 2004, 24(1): 17-28.

[44] Piore M, Sabel C. The second industrial divide: possibilities for prosperity[M]. New York: Basic Books, 1984.

[45] Premus R. Location of high technology firms and regional economic development[Z]. Washington, D.C.: US Government Printing Office, 1982.

[46] Putnam R. Making democracy work: civil tradition in modern italy[M]. Princeton: Princeton University Press, 1993: 167.

[47] Putnam R. The prosperous community: social capital and public life[J]. The American prospect, 1993, 13: 35-42.

[48] Ronald S Burt. Structural holes[M]. Boston: Harvard University press, 1992.

[49] Saxenian A L. Regional advantage: culture and competition in silicon valley and route 128[M]. Boston: Harvard University Press, 1994.

[50] Saxenian A L. The origins and dynamics of production networks in Silicon Valley[J]. Research policy, 1991, 20(5): 423-437.

[51] Saxenian A, Hsu J. The silicon valley-hsinchu connection: Technical communities and industrial upgrading[J]. Industrial and corporate change, 2001, 10(4): 893-920.

[52] Scott A J, Storper M. High technology industry and regional development: a theoreticalcritique and reconstruction[J]. International social science journal, 1987, 112: 215-232.

[53] Scott A J. Technopolis: high-technology industry and regional development in southern california berkeley [M]. California: University of California Press, 1993.

[54] Sternberg R. Regional growth theories and high-tech regions International [J]. Journal of urban & regional research, 1996, 20(5): 518-538.

[55] Stiglitz J E. A new view of technological change[J]. Economic journal, 1969(79): 116-131.

[56] Stopper M, Scott A J. The geographical foundations and social regulation of flexible production complexes[M]//Wolch J, Dear M. The power of geography: how territory

shapes social life. Winchester: Unwin Hyman, 1989: 21-40.

[57] Swann G, Prevezer M, Stout D. The dynamics of industrial clustering: international comparisons in computing and biotechnology[M]. Oxford: Oxford University Press, 1998.

[58] Swarm P. Clusters in the US computing industry[M]// Swann G, Prevezer M, Stout D. The dynamics of industrial clustering: international comparisons in computing and biotechnology. Oxford: Oxford University Press, 1998.

[59] Tewari M. Intersectoral linkages and the role of the state in shaping the conditions of industrial accumulation: A study of ludhiana's manufacturing industry[J]. World deveolpment, 1998, 26(8): 1387-1411.

[60] Thomas O'Neal. Evolving a successful university-based incubator: lessons learned from the UCF technology incubator[J]. Engineering management journal, 2005, 17(3): 11-25.

[61] Tichy G. Clusters: less dispensable and more risky than ever[M]//Steiner M. Clusters and regional specialisation. Londan: Pion Limited, 1998.

[62] Todtling F, Kaufmann A. Innovation systems in regions of Europe—a comparative perspective[J]. European planning studies, 1999.

[63] Torre A, Gilly J P. On the analytical dimenson of proximity dynamics[J]. Regional studies, 2000, 34(2): 169-180.

[64] Upadhyayula R S, Kumar R. Social capital as an antecedent of absorptive of firms[Z]. Paper to be presented at the DRUID Summer Conference 2004 on Industrial Dynamics, Innovation and Development. Elsinore, 2004.

[65] Yli-Renko H, Autio E, Tontti V. Social capital, knowledge, and the international growth of technology-based new firms[J]. International business review, 2002, 11(3): 279-304.

[66] Zahra S A, George G. Absorptive capacity: a review, reconceptualization, and extension [J]. Academy of management review, 2002, 27: 185-203.

后 记

本书是在笔者博士论文基础上修改而成的。搁置多年,本书能够出版,心中充满感慨和感谢。感慨列入出版计划却没能及时修改而搁置的书稿又重拾出版,感慨之外,心中更多的是感谢,是方方面面的鼓励、支持和帮助,促使书稿得以正式出版。

感谢我的博士生导师霍佳震教授,从研究选题、结构布局、研究方法、案例选择到文稿的撰写、修改,都倾注了霍老师大量的心血。感谢经济与管理学院陈强教授对我的研究和工作给予的持续鼓励和大力支持,记得曾经和陈老师商议策划"环同济研究丛书",后因各自忙碌而搁浅,当陈老师得知我计划将博士论文整理出版的想法时,给予充分肯定和热情鼓励,并第一时间慷慨提供环同济研究最新成果——《环同济知识经济圈新一轮发展规划(2023—2025)》,以及其他环同济方面的相关研究成果,使我对环同济的新发展有了更加深入的认识,丰富了本书的内容。感谢经济与管理学院张茂林副教授、刘强副教授,两位老师提供的"杨浦环同济知识经济圈总体规划研究"和"同济大学周边设计创意产业集群"相关资料给本书的案例研究提供了借鉴和启发。感谢李志平博士在"集群形成和发展动力机制"上的探讨和启发。笔者曾在同济大学从事科技园区管理工作十余年(2003—2015),科技园区相关研究是笔者感兴趣的研究领域,科技园区管理也曾是笔者的工作内容,感谢曾经给予工作支持,以及在课题调研、资料收集方面给予帮助的领导和同事。最后,感谢本书责任编辑翁晗老师耐心细致的工作,使本书得以顺利出版。

本书的出版跨度比较长,我国科技园区建设发展方面的情况和笔者博士研究阶段相比发生了很大变化,尽管科技园区近年的发展与当时设定的研究框架和研究成果相契合,但一些数据未能及时更新、后续跟踪研究还不够深入,期待学界和业界同仁给予批评指正,也期待更多关于科技园区企业集群演化机制的研究和成果。